元史

四部備要

史部

中華書局據武英殿本校刊

桐鄉　陸費逵總勘
杭縣　高時顯
　　　吳汝霖輯校
杭縣　丁輔之監造

元史卷七十三

明翰林學士亞中大夫知制誥兼修國史宋　濂等修

祭祀志第二十四

祭祀二

郊祀下

儀注之節其目有十一曰齋戒祀前七日皇帝散齋四日於別殿致齋三日其二日於大明殿一日於大次有司停奏刑罰文字致齋前一日尚舍監設御幄於大明殿西序東向致齋之日質明諸衞勒所部屯門列仗晝漏上水一刻通事舍人引侍享執事文武四品以上官俱公服詣別殿奉迎晝漏上水二刻侍中版奏請中嚴皇帝服通天冠絳紗袍晝漏上水三刻侍中版奏外辦皇帝結佩出別殿乘輿華蓋繖扇侍衞如常儀奏引至大明殿御幄東向坐侍臣夾侍如常一刻頃侍中前跪奏臣某言請降就齋俛伏興皇帝降座入室解嚴侍享執事官各還本司宿衞者如常凡侍祠官受誓戒于中書省散齋四日致齋三

日守壝門兵衛與大樂工人俱清齋一宿光祿卿以陽燧取明火供爨以方諸取明水實尊二曰告配祀前二日攝太尉與太常禮儀院官恭詣太廟以一獻禮奏告太祖法天啓運聖武皇帝之室寅刻太尉以下公服自南神門東偏門入至橫街南北向立定奉禮郎贊曰拜禮直官承傳曰鞠躬曰拜曰興曰拜曰興曰平立又贊曰各就位禮直官詣太尉前曰請詣盥洗位引太尉至盥洗位曰盥手曰帨手曰詣爵洗位曰滌爵曰拭爵曰請詣酒尊所曰酌酒曰請詣神座前曰北向立曰稍前曰搢笏曰跪曰上香曰再上香曰三上香曰授幣曰奠幣曰執爵曰祭酒曰祭酒曰三祭酒祭酒於沙池訖曰讀祝舉祝官搢笏跪對舉祝版讀祝官跪讀祝文畢舉祝官奠祝版於案執笏興讀祝官俛伏興禮直官贊曰出笏曰俛伏興曰拜曰興曰拜曰興曰平立曰復位司尊彝良醞令從降復位北向立奉禮郎贊曰拜禮直官承傳再拜畢太祝捧祝幣降自太階詣望瘞位太尉以下俱詣坎位焚瘞訖自南神門東偏門以次出三曰車駕出宮祀前一日所司備儀從內外仗侍祠官兩行序立於崇天門外太僕卿控御馬

立於大明門外諸侍臣及導駕官二十有四人俱於齋殿前左右分班立俟通事舍人引侍中奏請中嚴俛伏興皇帝服通天冠絳紗袍少頃侍中版奏外辦皇帝出齋室卽御座羣臣起居訖尙輦進輿侍中奏請皇帝升輿華蓋繖扇侍衞如常儀導駕官導至大明門外侍中進當輿前跪奏請降輿乘馬導駕官分左右步導門下侍郎跪奏請進發俛伏興前稱警蹕至崇天門外門下侍郎奏請權停敕衆官上馬侍中承旨稱制可門下侍郎傳制稱衆官上馬贊者承傳衆官出櫺星門外上馬門下侍郎奏請進發前稱警蹕華蓋繖扇儀仗與衆官分左右前引教坊樂鼓吹不作至郊壇南櫺星門外侍中傳制衆官下馬贊者承傳衆官下馬下馬訖自卑而尊與儀仗倒卷而北兩行駐立駕至櫺星門侍中奏請皇帝降馬步入櫺星門由西偏門稍西侍中奏請升輿尙輦奉輿華蓋繖扇如常儀導駕官前導皇帝乘輿至大次前侍中奏請降輿皇帝降輿入就次簾降侍衞如式通事舍人承旨敕衆官各還齋次尙食進饍訖禮儀使以祝冊奏請御署訖奉出郊祀令受之各奠於坫四曰陳設祀前三日尙舍監陳大

次於外壝西門之道北南向設小次於內壝西門之外道南東向設黃道裀褥
自大次至於小次版位及壇上皆設之所司設兵衞各具器服守衞壝門每門
兵官二員外垣東西南櫺星門外設蹕街清路諸軍諸軍旗服各隨其方之色
去壇二百步禁止行人祀前一日郊祀令率其屬掃除壇之上下太樂令率其
屬設登歌樂於壇上稍南北向設宮縣二舞位於壇南內壝南門之外如式奉
禮郎設御版位於小次之前東向設御飲福位於壇上午陛之西亞終獻飲福
位於午陛之東皆北向又設亞終獻助奠門下侍郎以下版位壇下御版位之
後稍南東向異位重行以北爲上又設司徒太常卿以下位於其東相對北上
皆如常儀又分設糾儀御史位於其東西二壝門之外相向而立又設御盥洗
爵洗位於內壝南門之內道西北向又設亞終獻盥洗爵洗位於內壝南門之
外道西北向又設省牲饌等位如常儀未後二刻郊祀令同太史令俱公服升
設昊天上帝位於壇上北方南向席以藁秸加神席褥座又設配位於壇上西
方東向席以蒲越加神席褥座禮神蒼璧置於繅藉青幣設于篚正位之幣加

燎玉置尊所俟告潔畢權徹畢祀日丑前重設執事者實柴于燎壇及設籩豆簠簋尊罍匏爵俎坫等事如常儀五曰省牲器祀前一日未後二刻郊祀令率其屬又掃除壇之上下司尊罍奉禮郎率祠祭局以祭器入設于位郊祀令率執事者以禮神之玉置於神位前未後三刻廩犧令與諸太祝祝史以牲就位禮直官分引太常卿光祿卿丞監祭監禮官太官令丞等詣省牲位立定禮直官引太常卿監祭監禮由東壝北偏門入自卯陛陞壇視滌濯司尊罍跪舉冪曰潔告潔畢俱復位禮直官稍前曰請省牲太常卿稍前省牲畢退復位次引廩犧令巡牲一匝西向折身曰充告充畢復位諸太祝俱巡牲一匝復位上一員出班西向折身曰腯告腯畢復位禮直官引太常卿光祿卿丞太官令丞監祭監禮詣省饌位東西相向立禮直官請太常卿省饌畢退還齋所廩犧令與諸太祝祝史以次牽牲詣廚授太官令次引光祿卿監祭監禮等詣廚省鼎鑊視滌溉畢還齋所晡後一刻太官令率宰人以鸞刀割牲祝史各取血及左耳毛實於豆仍取牲首貯於盤用馬首俱置于饌殿遂烹牲刑部尚書涖之監實水

納烹之事六曰習儀祀前一日未後三刻獻官諸執事各服其服習儀于外壝西南隙地其陳設樂架禮器等物並如行事之儀七曰奠玉幣祀日丑前五刻太常卿設燭於神座太史令郊祀令各服其服升設昊天上帝及配位神座執事者陳玉幣於篚置尊所禮部尚書設祝冊于案光祿卿率其屬入實籩豆簠簋尊罍如式祝史以牲首盤設于壇大樂令率工人二舞入就位禮直官分引監祭禮郊祀令及諸執事官齋郎入就位禮直官引監祭禮按視壇之上下退復位奉禮贊再拜禮直官承傳監祭禮以下皆再拜訖又贊各就位太官令率齋郎出詣饌殿俟于門外禮直官分引攝太尉及司徒等官入就位符寶郎奉寶陳於宮縣之側隨地之宜太尉之將入也禮直官引博士博士引禮儀使對立於大次前侍中板奏請中嚴皇帝服大裘袞冕侍中奏外辦禮儀使跪奏禮儀使臣某請皇帝行禮俛伏興（凡奏二人皆跪一人贊之）簾捲出次禮儀使前導華蓋繖扇如常儀至西壝門外殿中監進大圭禮儀使奏請執大圭皇帝執圭華蓋繖扇停於門外近侍官與大禮使皆後從皇帝入門宮縣樂作請就小次釋圭樂止

禮儀使以下分立左右少頃禮儀使奏有司謹具請行事降神樂作天成之曲六成太常卿率祝史捧馬首詣燎壇升烟訖復位禮儀使跪奏請就板位俛伏興皇帝出次請執大圭至位東向立再拜皇帝再拜奉禮贊衆官皆再拜訖奉玉幣官跪取玉幣於篚立於尊所禮儀使奏請行事遂前導宮縣樂作由南壝西偏門入詣盥洗位北向立樂止搢大圭盥手奉匜官奉匜沃水奉盤官奉盤承水執巾官奉巾以進盥帨手訖執大圭樂作至午陛樂止升階登歌樂作至壇上樂止宮縣欽成之樂作殿中監進鎮圭（殿中監二員一員執大圭一員執鎮圭）禮儀使奏請搢大圭執鎮圭請詣昊天上帝神位前北向立內侍先設繅席於地禮儀使奏請跪奠鎮圭於繅席奉玉幣官加玉於幣以授侍中侍中西向跪進禮儀使奏請奠玉幣皇帝受奠訖禮儀使奏請執大圭俛伏興少退再拜皇帝再拜興平立內侍取鎮圭授殿中監又取繅藉置配位前禮儀使前導請詣太祖皇帝神位前西向立奠鎮圭及幣並如上儀樂止禮儀使前導請還版位登歌樂作降階樂止宮縣樂作殿中監取鎮圭繅藉以授有司皇帝至版位東向立樂止請

還小次釋大圭祝史奉毛血豆升自午陛以進正位升自卯陛以進配位太祝各迎奠于神座前俱退立尊所八曰進饌皇帝奠玉幣還位祝史取毛血豆以降禮直官引司徒太官令率齋郎奉饌入自正門升殿如常儀禮儀使跪奏請行禮俛伏興皇帝出次宮縣樂作請執大圭前導由正門西偏門入詣盥洗位北向立樂止搢圭盥手如前儀執圭詣爵洗位北向立搢圭奉爵官跪取匏爵於篚以授侍中侍中以進皇帝受爵執罍官酌水洗爵執巾官授巾拭爵訖侍中受之以授捧爵官執圭樂作至午陛樂止升階登歌樂作至壇上樂止詣正位酒尊所東向立搢圭捧爵官進爵皇帝受爵司尊者舉冪侍中贊酌太尊之泛齊以爵授捧爵官執圭宮縣樂作奏明成之曲請詣昊天上帝神座前北向立搢圭跪三上香侍中以爵跪進皇帝執爵三祭酒以爵授侍中太官丞注馬湩於爵以授侍中侍中跪進皇帝執爵亦三祭之今有蒲萄酒與尚醞馬湩各祭一爵爲三爵以爵授侍中執圭俛伏興少退立讀祝舉祝官搢笏跪舉祝冊讀祝官西向跪讀祝文讀訖俛伏興舉祝官奠祝於案奏請再拜皇帝再拜興平立請詣配位酒尊

所西向立司尊者舉冪侍中贊酌著尊之泛齊以爵授捧爵官執圭請詣太祖
皇帝神位前西向立宮縣樂作侍中贊搢圭跪三上香三祭酒及馬湩訖贊執
圭俛伏興少退立舉祝官舉祝讀祝官北向跪讀祝文讀訖俛伏興奠祝版訖
奏請再拜皇帝再拜興平立樂止請詣飲福位北向立登歌樂作太祝各以爵
酌上尊福酒合置一爵以授侍中侍中西向以進禮儀使奏請再拜皇帝再拜
興奏請搢圭跪受爵祭酒啐酒以爵授侍中侍中再以溫酒跪進禮儀使奏請
受爵皇帝飲福酒訖侍中受虛爵興以授太祝太祝又減神前胙肉加於俎以
授司徒司徒以俎西向跪進皇帝受以授左右奏請執圭俛伏興平立少退奏
請再拜皇帝再拜訖樂止禮儀使前導還版位登歌樂作降自午陛樂止宮縣
樂作至位東向立樂止請還小次至次釋圭文舞退武舞進宮縣樂作奏和成
之曲樂止禮直官引亞終獻官陞自卯陛行禮如常儀惟不讀祝皆飲福而無
胙俎降自卯陛復位禮直官贊太祝徹籩豆登歌樂作奏寧成之曲卒徹樂止
奉禮贊賜胙衆官再拜在位者皆再拜禮儀使奏請詣版位出次執圭至位東

向立再拜皇帝再拜奉禮贊曰再拜贊者承傳在位者皆再拜送神樂作天成之曲一成止禮儀使奏禮畢遂前導皇帝還大次宮縣樂作出門樂止至大次釋圭九曰望燎皇帝既還大次禮直官引攝太尉以下監祭禮詣望燎位太祝各捧篚詣神位前進取燔玉祝幣牲俎幷黍稷飯籩爵酒各由其陛降詣燎壇以祝幣饌物置柴上禮直官贊可燎半柴又贊禮畢攝太尉以下皆出禮直官引監祭禮祝史太祝以下從壇南北向立定奉禮贊曰再拜監祭禮以下皆再拜訖遂出十曰車駕還宮皇帝既還大次侍中奏請解嚴皇帝釋袞冕停大次五刻頃所司備法駕序立於櫺星門外以北爲上侍中版奏請中嚴皇帝改服通天冠絳紗袍少頃侍中版奏外辦皇帝出次升輿導駕官前導華蓋繖扇如常儀至櫺星門外太僕卿進御馬如式侍中前奏請皇帝降輿乘馬訖太僕卿執御門下侍郎奏請車駕進發俛伏興退車駕動稱警蹕至櫺星門外門下侍郎跪奏曰請權停勅衆官上馬侍中承旨曰制可門下侍郎傳制贊者承傳衆官上馬畢導駕官及華蓋繖扇分左右前導門下侍郎跪請車駕進發俛伏興

車駕動稱警蹕教坊樂鼓吹振作駕至崇天門櫺星門外門下侍郎跪奏曰請
權停敕衆官下馬侍中承旨曰制可門下侍郎俛伏興退傳制贊者承傳衆官
下馬畢左右前引入內與儀仗倒卷而北駐立駕入崇天門至大明門外降馬
升輿以入駕既入通事舍人承旨敕衆官皆退宿衞官率衞士宿衞如式
攝祀之儀其目有九一曰齋戒祀前五日質明奉禮郎率儀鸞局設獻官諸執
事版位於中書省獻官諸執事位俱藉以席仍加紫綾褥初獻攝太尉設位於
前堂階上稍西東南向監察御史二位一位在甬道上西稍北東向一位在甬
道上東稍北西向監禮博士二位各次御史以北爲上次亞獻官終獻官攝司
徒位于其南次助奠官次太常太卿太常卿光祿卿次太史令禮部尚書刑部
尚書次奉璧官奉幣官讀祝官太常少卿拱衞直都指揮使次太常丞光祿丞
太官令良醞令司尊罍次廩犧令舉祝官奉爵官次太官丞盥洗官爵洗官巾
篚官次翦燭官次與祭官其禮直官分直于左右東西相向西設版位四列皆
北向以東爲上郊祀令太樂令太祝祝史次齋郎東設版位四列皆北向以西

爲上郊祀丞太樂丞協律郎奉禮郎次齋郎司天生禮直官引獻官諸執事各
就位獻官諸執事俱公服五品以上就服其服六品以下皆借紫服禮直局管
勾進立于太尉之右宣讀誓文曰某年某月某日祀昊天上帝于圜丘各揚其
職其或不敬國有常刑散齋三日宿於正寢致齋二日於祀所散齋日治事如
故不吊喪問疾不作樂不判署刑殺文字不決罰罪人不與穢惡事致齋日惟
祀事得行其餘悉禁凡與祀之官已齋而闕者通攝行事讀畢稍前唱曰七品
以下官先退復贊曰對拜太尉與餘官皆再拜乃退凡與祭者致齋之宿官給
酒饌守壝門兵衞及太樂工人皆清齋一宿二曰告配祀前二日初獻官與太
常禮儀院官恭詣太廟奏告太祖皇帝本室卽還齋次三曰迎香祝祀前二日
翰林學士赴禮部書寫祝文太常禮儀院官亦會焉書畢於公廨嚴潔安置祀
前一日質明獻官以下諸執事皆公服禮部尚書率其屬捧祝版同太常禮儀
院官俱詣闕廷以祝版授太尉進請御署訖同香酒迎出崇天門外香置于輿
祝置香案御酒置轝樓俱用金複覆之太尉以下官比上馬清道官率京官行

于儀衞之先兵馬司巡兵執矛幟夾道次之金鼓又次之京尹儀從左右成列前導諸執事官東西二班行于儀仗之外次儀鳳司奏樂禮部官點視成列太常禮儀院官導于香輿之前然後控鶴舁輿案行太尉等官從行至祀所輿案由南櫺星門入諸執事官由左右偏門入奉安御香祝版于香殿四曰陳設祀前三日樞密院設兵衞各具器服守衞壝門每門兵官二員及外垣東西南櫺星門外設蹕街清路諸軍諸軍旗服各隨其方色去壇二百步禁止行人祀前一日郊祀令率其屬掃除壇上下大樂令率其屬設登歌樂于壇上稍南北向編磬一簴在西編鐘一簴在東擊鐘磬者皆有坐杌大樂令位在鐘簴東西向協律郎位在磬簴西東向執麾者立於後柷一在鐘簴北稍東敔一在磬簴北稍西摶拊二一在柷北一在敔北歌工八人分列于午陛左右東西相向坐以北爲上凡坐者皆藉以席加氈琴一絃三絃五絃七絃九絃者各二瑟四簫二篪二笛二巢笙四和笙四閏餘匏一九曜匏一七星匏一塤二各分立於午陛東西樂榻上琴瑟者分列于北皆北向坐匏竹者分立于琴瑟之後爲二

列重行皆北向相對爲首又設圜宮懸樂於壇南內壝南門之外東方西方編磬起北編鐘次之南方北方編磬起西編鐘次之又設十二鎛鐘於編懸之間各依辰位每辰編磬在左編鐘在右謂之一肆每面三辰共九架四面三十六架設晉鼓於懸內通街之東稍南北向置雷鼓單鼗雙鼗各二柄於北懸之內通街之左右植四楹雷鼓於四隅皆左鼙右應北懸之內歌工四列內二列在通街之東二列於通街之西每列八人共三十二人東西相向立以北爲上柷一在東敔一在西皆在歌工之南大樂丞位在北懸之外通街之東西向協律郎位於通街之西東向執麾者立于後舉節樂正立于東副正立于西並在歌工之北樂師二員對立于歌工之南運譜二人對立于樂師之南照燭二人對立于運譜之南祀日分立于壇之上下掌樂作樂止之標準琴二十七設于東西懸內一絃者三東一西二俱爲第一列三絃五絃七絃九絃者各六東西各四列每列三人皆北向坐瑟十二東西各六共爲列在琴之後坐巢笙十簫十閏餘匏一在東七星匏一九曜匏一皆在竽笙之側竽笙十籥十箎十塤八笛

十每色爲一列各分立于通街之東西皆北向又設文舞位于北懸之前植四表于通街之東舞位行綴之間導文舞執衙仗舞師二員執旌二人分立于舞者行綴之外舞者八佾每佾八人共六十四人左手執籥右手秉翟各分四佾立于通街之東西皆北向又設武舞俟立位于東西縣外導武舞執衙仗舞師二員執纛二人執器二十人內單鼗二單鐸二雙鐸二金鐃二鉦二金錞二執扃者四人扶錞二相鼓二雅鼓二分立于東西縣外舞者如文舞之數左手執干右手執戚各分四佾立于執器之外俟文舞自外退則武舞自內進就立文舞之位惟執器者分立于舞人之外文舞亦退于武舞俟立之位太史令郊祀令各公服率其屬升設昊天上帝神座於壇上北方南向席以藁秸加褥座置璧於繅藉設幣於篚置酌尊所皇地祇神座壇上稍東北方南向席以藁秸加褥座置玉於繅藉設幣於篚置酌尊所配位神座壇上東方西向席以蒲越加褥座置璧於繅藉設幣於篚置酌尊所設五方五帝日月天皇大帝北極等九位在壇之第一等席以莞各設玉幣於神座前設內官五十四位於圜壇第二

等設中官一百五十九位於圜壇第三等設外官一百六位於內壝內設衆星三百六十位於內壝外席皆以莞各設青幣于神座之首皆內向候告潔畢權徹第一等玉幣至祀日丑前重設執事者實柴于燎壇仍設葦炬于東西執炬者東西各二人皆紫服奉禮郎率儀鸞局設獻官以下及諸執事官版位設三獻官版位於內壝西門之外道南東向以北爲上次助奠位稍却次第一等至第三等分獻官第四等第五等分奠官次郊祀令太官令良醞令廩犧令司尊罍次郊祀丞讀祝官舉祝官奉璧官奉幣官奉爵官太祝盥洗官爵洗官巾篚官祝史次齋郎位于其後每等異位重行俱東向北上攝司徒位于內壝東門之外道南與亞獻相對次太常禮儀使光祿卿同知太常禮儀院事太史令分獻分奠官僉太常禮儀院事供衛直都指揮使太常禮儀院同僉院判光祿丞位於其南皆西向北上監察御史二位一位在內壝西門之外道北東向一位在內壝東門之外道北西向博士二位各次御史以北爲上設奉禮郎位于壇上稍南午陛之東西向司尊罍位于尊所北向又設望燎位于燎壇之北南向

設牲榜于外壝東門之外稍南西向太祝祝史位于牲後俱西向設省牲位于牲北太常禮儀使光祿卿太官令光祿丞太官丞位于其北太官令以下位皆少却監祭監禮位在太常禮儀使之西稍却南向廩犧令位于牲西南北向又設省饌位于牲位之北饌殿之南太常禮儀使光祿卿丞太官令丞位在東西向監祭監禮位在西東向俱北上祠祭局設正配三位各左十有二籩右十有二豆俱爲四行登三鉶三簠簋各二在籩豆閒登居神前鉶又居前簠左簋右居鉶前皆藉以席設牲首俎一居中牛羊豕俎七次之香案一沙池爵坫各一居俎前祝案一設於神座之右又設天地二位各太尊二著尊二犧尊二山罍二於壇上東南俱北向西上又設配位著尊二犧尊二象尊二山罍二在二尊所之東皆有坫加勺冪惟玄酒有冪無勺以北爲上馬湩三器各設于尊所之首加冪勺又設玉幣篚二於尊所西以北爲上又設正位象尊二壺尊二山罍四于壇下午陛之西又設地祇尊罍與正位同於午陛之東皆北向西上又設配位犧尊二壺尊二山罍四在酉陛之北東向北上皆有坫冪不加勺設而不

酌又設第一等九位各左八籩右八豆登一在籩豆間簠簋各一在登前俎一爵坫各一在簠簋前每位太尊二著尊二於神之左皆有坫加勺羃沙池玉幣篚各一又設第二等諸神每位籩二豆二簠簋各一登一俎一於神座前每陛間象尊二爵坫沙池幣篚各一於神中央之座首又設第三等諸神每位籩豆簠簋各一俎一於神座前每陛間設壺尊一爵尊二爵坫沙池幣篚各一於神中央之座首又設內壝內諸神每位籩豆各一簠簋各一於神座前每道間概尊二爵坫沙池幣篚各一於神中央之座首又設內壝外衆星三百六十位每位籩豆簠簋俎各一於神座前每道間散尊二爵坫沙池幣篚各一於神中央之座前自第一等以下皆用匏爵洗滌訖置於坫上又設正配位各籩一豆一簠一簋一俎四及毛血豆各一牲首盤一幷第一等神位每位俎二於饌殿內又設盥洗爵洗於壇下卯階之東北向罍在洗東加勺篚在洗西南肆實以巾爵洗之篚實以匏爵加坫又設第一等分獻官盥洗爵洗位第二等以下分獻官盥洗位各於陛道之左罍在洗左篚在洗右俱內向凡司尊罍篚位各于其

後五曰省牲器見親祀儀六曰習儀見親祀儀七曰奠玉幣祀日丑前五刻太常卿率其屬設椽燭於神座四隅仍明壇上下燭內外籸燎太史令郊祀令各服其服陞設昊天上帝神座藁秸席褥如前執事者陳玉幣於篚置於尊所禮部尚書設祝版於案光祿卿率其屬入實籩豆簠簋籩四行以右爲上第一行魚鱐在前糗餌粉餈次之第二行乾棗在前乾橑形鹽次之第三行鹿脯在前榛實乾桃次之第四行菱在前芡栗次之豆四行以左爲上第一行芹菹在前筍菹葵菹次之第二行菁菹在前韭菹酏食次之第三行魚醢在前兔醢豚拍次之第四行鹿臡在前醓醢糝食次之簠實以稻粱簋實以黍稷登實以太羹良醞令率其屬入實尊罍太尊實以泛齊著尊醴齊犧尊盎齊象尊醍齊壺尊沈齊山罍爲下尊實以玄酒其酒齊皆以尙醴酒代之太官丞設革囊馬湩于尊所祠祭局以銀盒貯香同瓦鼎設于案司香官一員立于壇上祝史以牲首盤設于壇上獻官以下執事官各服其服就次所會于齊班幕拱衞直都指揮使率控鶴各服其服擎執儀仗分立于外壝內東西諸執事位之後拱衞使亦

就位大樂令率工人二舞自南壝東偏門以次入就壇上下位奉禮郎先入就位禮直官分引監祭御史監禮博士郊祀令太官令良醞令廩犧令司尊罍太官丞讀祝官舉祝官奉玉幣官太祝祝史奉爵官盥爵洗官巾篚官齋郎自南壝東偏門入就位禮直官引監祭監禮按視壇之上下祭器糾察不如儀者及其按視也太祝先徹去蓋羃按視訖禮直官引監祭監禮退復位奉禮郎贊再拜禮直官承傳曰拜監祭禮以下皆再拜奉禮郎贊曰各就位太官令率齋郎以次出詣饌殿俟立于南壝門外禮直官分引三獻官司徒助奠官太常禮儀院使光祿卿太史令太常禮儀院同知僉院同僉院判光祿丞自南壝東偏門經樂縣內入就位禮直官進太尉之左贊曰有司謹具請行事退復位宮縣樂作降神天成之曲六成內圜鐘宮三成黃鐘角大簇徵姑洗羽各一成文舞崇德之舞初樂作協律郎跪俛伏舉麾興工鼓柷偃麾戛敔而樂止凡樂作樂止皆倣此禮直官引太常禮儀院使率祝史自卯陛陞壇奉牲首降自午陛由南壝正門經宮縣內詣燎壇北南向立祝史奉牲首陞自南陛置於戶內柴上東

西執炬者以火燎柴升烟燔牲首訖禮直官引太常禮儀院使祝史捧盤血詣坎位瘞之禮直官引太常禮儀院使祝史各復位奉禮郎贊再拜禮直官承傳曰拜太尉以下皆再拜訖其先拜者不拜執事者取玉幣於篚立於尊所禮直官引太尉詣盥洗位宮縣樂奏黃鍾宮隆成之曲至位北向立樂止搢笏盥手帨手訖執笏詣壇陛自午陛登歌樂作大呂宮隆成之曲至壇上樂止詣正位神座前北向立宮縣樂奏黃鍾宮欽成之曲搢笏跪三上香執事者加璧於幣西向跪以授太尉太尉受玉幣奠於正位神座前執笏俛伏興少退立再拜訖樂止次詣皇地祇位奠獻如上儀次詣配位神主前奠幣如上儀降自午陛登歌樂作如陞壇之曲至位樂止祝史奉毛血豆入自南壝門詣壇陛自午陛諸太祝迎取於壇上俱跪奠於神座前執笏俛伏興退立于尊所至大三年大祀奠玉幣儀與前少異今存之以備互考祀日丑前五刻設壇上及第一等神位陳其玉幣及明燭實籩豆尊罍樂工各入就位畢奏禮郎先入就位禮直官分引分獻官監祭御史監禮博士諸執事太祝祝史齋郎入自中壝東偏門當壇

南重行西上北向立定奉禮郎贊曰再拜分獻官以下皆再拜訖奉禮贊曰各
就位禮直官引子丑寅卯辰巳陛道分獻官詣版位西向立北上午未申酉戌
亥陛道分獻官詣版位東向立北上禮直官分引監祭禮點視陳設按視壇之
上下糾察不如儀者退復位太史令率齋郎出俟禮直官引三獻官并助奠等
官入就位東向立司徒西向立禮直官贊曰有司謹具請行事降神六成樂止
太常禮儀使率祝史二員捧馬首詣燎壇升烟訖復位奉禮郎贊曰再拜三獻
司徒等皆再拜訖奉禮郎贊曰諸執事者各就位立定禮直官請初獻官詣盥
洗位樂作至位樂止盥畢詣壇樂作陞自卯陛至壇樂止詣正位神座前北向
立樂作搢笏跪太祝加玉於幣西向跪以授初獻初獻受玉幣奠訖執笏俛伏
與再拜訖樂止次詣配位神座前立樂作奠玉幣如上儀樂止降自卯陛樂作
復位樂止初獻將奠正位之幣禮直官分引第一等分獻官詣盥洗位盥畢執
笏各由其陛陞詣各神位前搢笏跪太祝以玉幣授分獻官奠訖俛伏與再拜
訖還位初第一等分獻官將陞禮直官分引第二等內壝內內壝外分獻官盥

畢盥洗官俱從至酌尊所立定各由其陛道詣各神首位前奠並如上儀退立
酌尊所伺候終獻酌奠詣各神首位前酌奠祝史奉正位毛血豆由午陛陛配
位毛血豆由卯陛陛太祝迎於壇上進奠於正配位神座前太祝與祝史俱退
於尊所八曰進熟太尉既陛奠玉幣太官令丞率進饌齋郎詣廚以牲體設於
盤馬牛羊豕鹿各五盤宰割體段並用國禮各對舉以行至饌殿俟光祿卿出
實籩豆簠簋籩以粉餈豆以糝食簠以粱簋以稷齋郎上四員奉籩豆簠簋者
前行舉盤者次之各奉正配位之饌以序立於南壝門之外俟禮直官引司徒
出詣饌殿齋郎各奉以序從司徒入自南壝正門配位之饌入自偏門宮縣樂
奏黃鐘宮寧成之曲至壇下俟祝史進徹毛血豆訖降自卯陛以出司徒引齋
郎奉正位饌詣壇陛自午陛太史令丞率齋郎奉配位及第一等之饌陛自卯
陛立定奉禮贊諸太祝迎饌諸太祝迎于壇陛之間齋郎各跪奠于神座前設
籩于糗餌之前豆於醯醢之前簠於稻前簋於黍前又奠牲體盤于俎上齋郎
出笏俛伏興退立定樂止禮直官引司徒降自卯陛太官令率齋郎從司徒亦

降自卯陛各復位其第二等至內壝外之饌有司陳設禮直官贊太祝搢笏立
茅苴于沙池出笏俛伏興退立于本位禮直官引太尉詣盥洗位宮縣樂作奏
黃鐘宮隆成之曲至位北向立樂止搢笏盥手帨手訖出笏詣爵洗位北向立
搢笏執事者奉匏爵以授太尉太尉洗爵拭爵訖以爵授執事者太尉出笏詣
壇陛自午陛一作卯陛登歌樂作奏黃鐘宮明成之曲至壇上樂止詣酌尊所西向
立搢笏執事者以爵授太尉太尉執爵司尊舉羃良醞令酌太尊之泛齊凡
舉羃酌酒皆跪以爵授執事者太尉出笏詣正位神座前北向立宮縣樂作奏
黃鐘宮明成之曲文舞崇德之舞太尉搢笏跪三上香執事者以爵授太尉太
尉執爵三祭酒于茅苴以爵授執事者執事者奉爵退詣尊所太官丞傾馬湩
于爵跪授太尉亦三祭于茅苴復以爵授執事者執事者受虛爵以興太尉出
笏俛伏興少退北向立樂止舉祝官搢笏跪對舉祝版讀祝官搢笏跪讀祝文
讀訖舉祝官奠版于案出笏興讀祝官出笏俛伏興宮縣樂奏如前曲舉祝讀
祝官俱先詣皇地祇位前北向立太尉再拜訖樂止次詣皇地祇位並如上儀

惟樂奏大呂宮次詣配位並如上儀惟樂奏黃鐘宮降自午陛一作卯陛登歌樂作如前降神之曲至位樂止讀祝舉祝官降自卯陛復位文舞退武舞進宮縣樂作奏黃鐘宮和成之曲立定樂止禮直官引亞獻官詣盥洗位北向立搢笏盥手帨手訖出笏詣爵洗位北向立搢笏執爵洗爵拭爵以爵授執事者出笏詣壇陛自卯陛至壇上酌尊所東向一作西向立搢笏授爵執爵司尊罍舉冪良醞令酌著尊之醴齊以爵授執事者出笏詣正位神座前北向立宮縣樂奏黃鐘宮熙成之曲武舞定功之舞搢笏跪三上香授爵執爵三祭酒于茅苴復祭馬湩如前儀以爵授執事者出笏俛伏興少退立再拜訖次詣皇地祇位配位並如上儀訖樂止降自卯陛復位禮直官引終獻官詣盥洗位盥手帨手訖詣爵洗位授爵執爵洗爵拭爵以爵授執事者出笏陛自卯陛至酌尊所搢笏授爵執爵良醞令酌犧尊之盎齊以爵授執事者出笏詣正位神座前北向立宮縣樂作奏黃鐘宮熙成之曲武舞定功之舞上香祭酒馬湩並如亞獻之儀降自卯陛初終獻將陛壇時禮直官分引第一等分獻官詣盥洗位搢笏盥手帨手滌

爵拭爵訖以爵授執事者出笏各由其陛詣酌尊所搢笏執事者以爵授分獻官執爵酌太尊之泛齊以爵授執事者各詣諸神位前搢笏跪三上香三祭酒訖出笏俛伏興少退再拜興降復位第一等分獻官將陞壇時禮直官引第二等第三等內壝內內壝外衆星位分獻官各詣盥洗位搢笏盥手帨手酌奠如上儀訖禮直官各引獻官復位諸執事者皆退復位禮直官贊太祝徹籩豆登歌樂作大呂宮寧成之曲太祝跪以籩豆各一少移故處卒徹出笏俛伏興樂止奉禮郎贊曰賜胙衆官再拜禮直官承傳曰拜在位者皆再拜平立定送神宮縣樂作奏圜鐘宮天成之曲一成止九曰望燎禮直官引太尉亞獻助奠一員太常禮儀院使監祭監禮各一員等詣望燎位又引司徒終獻助奠監祭監禮各一員及太常禮儀院使等官詣望瘞位樂作奏黃鐘宮隆成之曲至位南向立樂止上下諸執事各執篚進神座前取燔玉及幣祝版日月已上齋郎以俎載牲體黍稷各由其陛降南行經宮縣樂出東詣燎壇陛自南陛以玉幣祝版饌食致於柴上戸內諸執事又以內官以下之禮幣皆從燎禮直官贊曰可

燎東西執炬者以炬燎火半柴執事者亦以地祇之玉幣祝版牲體黍稷詣瘞坎焚瘞畢禮直官引太尉以下官以次由南壝東偏門出禮直官引監祭監禮奉玉幣官太祝祝史齋郎俱復壇南北向立奉禮郎贊曰再拜禮直官承傳曰拜監祭監禮以下皆再拜訖各退出太樂令率工人二舞以次出禮直官引太尉以下諸執事官至齊班幕前立禮直官贊曰禮畢衆官員揖畢各退于次太尉等官太常禮儀院使監祭監禮展視胙肉酒醴奉進闕庭餘官各退

祭告三獻儀大德十一年所定告前三日三獻官諸執事官具公服赴中書省受誓戒前一日未正二刻省牲器告日質明三獻官以下諸執事官各具法服禮直官引監祭禮以下諸執事官先入就位立定監祭禮點視陳設畢復位立定太官令率齋郎出禮直官引三獻司徒太常禮儀院使光祿卿入就位立定禮直官贊曰有司謹具請行事降神樂作六成止太常禮儀院使燔牲首復位立定奉禮贊三獻以下皆再拜就位禮直官引初獻詣盥洗位盥手訖陞壇詣昊天上帝位前北向立搢笏跪三上香奠玉幣出笏俛伏興再拜訖降復位禮

直官引初獻詣盥洗位盥手訖詣爵洗位洗拭爵訖詣酒尊所酌酒訖請詣昊
天上帝神位前北向搢笏跪三上香執爵三祭酒於茅苴出笏俛伏興俟讀祝
訖再拜平立請詣皇地祇酒尊所酌獻並如上儀俱畢復位禮直官引亞獻並
如初獻之儀惟不讀祝降復位禮直官引終獻並如亞獻之儀降復位奉禮贊
賜胙衆官再拜在位者皆再拜禮直官引三獻司徒太常卿光祿卿監祭監禮
等官請詣望燎位南向立定俟燎玉幣祝版禮直官贊可燎禮畢

祭告一獻儀至元十二年所定告前二日郊祀令掃除壇壝內外翰林國史院
學士撰寫祝文前一日告官等各公服捧祝版進請御署訖同御香上尊酒如
常儀迎至祠所齋宿告日質明前三刻禮直官引郊祀令率其屬詣壇鋪筵陳
設如儀禮直官二員引告官等各具紫服以次就位東向立定禮直官稍前曰
有司謹具請行事贊者曰鞠躬曰拜曰興曰拜曰興曰平身禮直官先引執事
官各就位次詣告官前曰請詣盥爵洗位至位北向立曰搢笏曰盥手曰帨手
曰洗爵曰拭爵曰出笏曰詣酒尊所曰搢笏曰執爵曰司尊者舉冪曰酌酒曰

醞令酌酒曰以爵授執事者告官以爵授執事者曰出笏曰詣昊天上帝皇地祇神位前北向立曰稍前曰搢笏曰跪曰上香曰上香曰三上香曰祭酒曰祭酒曰三祭酒曰以爵授捧爵官曰出笏曰俛伏興曰舉祝官跪曰舉祝曰讀祝官跪曰讀祝讀訖曰舉祝官奠祝版於案曰俛伏興告官再拜曰鞠躬曰拜曰興曰拜曰興曰平身引告官以下降復位禮直官贊曰再拜曰鞠躬曰拜曰興曰拜曰興曰平身曰詣望燎位燔祝版半燎告官以下皆退其瘞之坎於祭所壬地方深足以容物

元史卷七十三

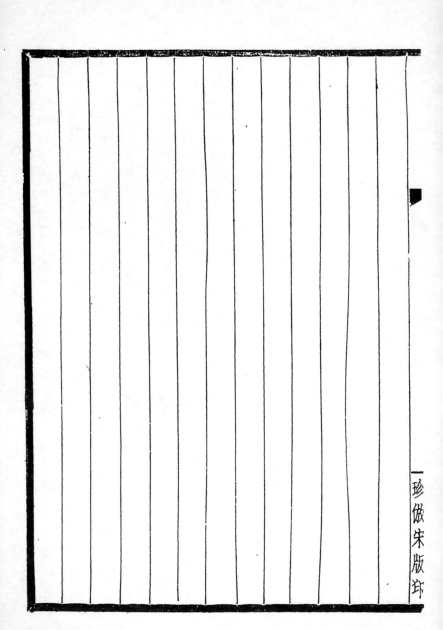

元史卷七十四

明翰林學士亞中大夫知制誥兼修國史宋　濂等修

祭祀志第二十五

祭祀三

宗廟上

其祖宗祭享之禮，割牲、奠馬湩，以蒙古巫祝致辭，蓋國俗也。世祖元年秋七月丁丑，設神位于中書省，用登歌樂，遣必闍赤致祭焉。必闍赤，譯言典書記者。十二月，初命製太廟祭器、法服。二年九月庚申朔，徙中書署奉遷神主于聖安寺。辛巳，藏于瑞像殿。三年十二月癸亥，即中書省備三獻官，大禮使司徒攝祀事。禮畢，神主復藏瑞像殿。四年三月癸卯，詔建太廟于燕京。十一月丙戌，仍寓祀事中書，以親王合丹、塔察兒、王磐、張文謙攝事。至元元年冬十月，奉安神主于太廟，初定太廟七室之制：皇祖、皇祖妣第一室，皇伯考、伯妣第二室，皇考、皇妣第三室，皇伯考、伯妣第四室，皇伯考、伯妣第五室，皇兄、皇后第六室，皇兄、皇后第七室凡室以西爲上以次而東二年九月初命滌養犧牲取大樂工于東平習禮儀冬十月己卯享于太廟尊皇祖爲太祖三年秋九月始作八室神主設祏室冬十月太廟成丞相安童伯顏言祖宗世數尊謚廟號配享功臣增祀四世各廟神主七祀神位法服祭器等事皆宜以時定乃命平章政事趙璧等集議製尊謚廟號定爲八室烈祖神元皇帝皇曾祖妣宣懿皇后第一室太祖聖武皇帝皇祖妣光獻皇后第二室太宗英文皇帝皇伯妣昭慈皇后第三室皇伯朮赤皇伯妣別土出迷失第四室皇伯考察合帶皇伯妣也速倫第五室皇考睿宗景襄皇帝皇妣莊聖皇后第六室定宗簡平皇帝欽淑皇后第七室憲宗桓肅皇帝貞節皇后第八室十一月戊申奉安神主于祏室歲用冬祀如初禮四年二月初定一歲十二月薦新時物六年冬時享畢十二月命國師僧薦佛事于太廟七晝夜始造木質金表牌位十有六設大榻金椅奉安祏室前爲太廟薦佛事之始七年十月癸酉敕宗廟祝文書以國字八年八月太廟柱朽從張易言告于列室而後修奉遷栗主金牌位與舊神主于饌幕殿工畢安奉

自是修廟皆如之丙子勑冬享毋用犧牛十二年五月檢討張謙呈昔者因修
太廟奉遷金牌位於饌幕殿設以金椅其栗主却與舊主牌位各貯箱內安置
金椅下禮有非宜今擬合以金牌位遷于八室內其祏室栗主宜用綵輿遷納
舊主并牌位安置于箱爲宜九月丁丑勑太廟牲復用牛十月己未遷金牌位
于八室內太祝兼奉禮郎申屠致遠言竊見木主既成又有金牌位其日月山
神主及中統初中書設祭神主安奉無所博士議曰合存祏室栗主舊置神主
牌位俱可隨時埋瘞不致神有二歸太常少卿以聞制曰其與張仲謙諸老臣
議行之十三年九月丙申薦佛事于太廟命即佛事處便大祭己亥享于太廟
加薦羊鹿野豕是歲改作金主太祖主題曰成吉思皇帝睿宗題曰太上皇也
可那顏皇后皆題名諱十四年八月乙丑詔建太廟于大都博士言古者廟制
率都宮別殿西漢亦各立廟東都以中興崇儉故七室同堂後世遂不能革十
五年五月九日太常卿還自上都爲議廟制據博士言同堂異室非禮以古今
廟制畫圖貼說令博士李天麟齎往上都分議可否以聞一曰都宮別殿七廟

九廟之制祭法曰天子立七廟三昭三穆與太祖之廟而七諸侯大夫士降殺以兩晉博士孫毓以謂外爲都宮內各有寢廟別有門垣太祖在北左昭右穆以次而南是也前廟後寢者以象人君之居前有朝而後有寢也廟以藏主以四時祭寢有衣冠几杖象生之具以薦新物天子太祖百世不遷宗亦百世不遷高祖以上親盡則遞遷昭常爲昭穆常爲穆同爲都宮則昭常在左穆常在右而外有以不失其序一世自爲一廟則昭不見穆穆不見昭而內有以各全其尊必祫享而會于太祖之廟然後序其尊卑之次蓋父子異宮祖禰異廟所以盡事亡如事存之義然漢儒論七廟九廟之數其說有二韋玄成等以謂周之所以七廟者以后稷始封文王武王受命而王是以三廟不毀與親廟四而七也如劉歆之說則周自武王克商以后稷爲太祖卽增立高圉亞圉二廟於公叔太王王季文王二昭二穆之上已爲七廟矣至懿王時始立文世室於三穆之上至孝王時始立武世室於三昭之上是爲九廟矣然先儒多是劉歆之說二曰同堂異室之制後漢明帝遵儉自抑遺詔無起寢廟但藏其主於光武

廟中更衣別室其後章帝又復如之後世遂不敢加而公私之廟皆用同堂異室之制先儒朱熹以謂至使太祖之位下同孫子而更僻處於一隅無以見爲七廟之尊羣廟之神則又上厭祖考不得自爲一廟之主以人情論之生居九重窮極壯麗而設祭一室不過尋丈甚或無地以容鼎俎而陰損其數子孫之心於此宜亦有所不安矣且如命士以上其父子婦姑猶且異處謹尊卑之序不相褻瀆況天子貴爲一人富有四海而祖宗神位數世同處一堂有失人子事亡如事存之意矣十六年八月丁酉以江南所獲玉爵及坫凡四十九事納于太廟十七年十二月甲申告遷于太廟癸巳承旨和禮霍孫太常卿太出禿忽思等以祏室內栗主八位幷日月山板位聖安寺木主俱遷甲午和禮霍孫太常卿撒里蠻率百官奉太祖睿宗二室金主於新廟安奉遂大享焉乙未毀舊廟十八年二月博士李時衍等議歷代廟制俱各不同欲尊祖宗當從都宮別殿之制欲崇儉約當從同堂異室之制三月十一日尚書段那海及太常禮官奏曰始議七廟除正殿寢殿正門東西門已建外東西六廟不須更造餘依

太常寺新圖建之遂爲前廟後寢廟分七室二十一年三月丁卯太廟正殿成
奉安神主九月廟室掛銕綱釘壍籠門告成二十二年十二月丁未皇太子薨
太常博士議曰前代太子薨梁武帝謚統曰昭明齊武帝謚長懋曰文惠唐憲
宗謚寧曰惠昭金世宗謚允恭曰宣孝又建別廟以奉神主准中祀以陳登歌
例設令丞歲供洒掃斯皆累代之典莫不追美洪休時中書翰林諸老臣亦議
宜加謚立別廟奉祀遂謚曰明孝太子作主用金二十五年冬享制送白馬一
三十年十月朔皇太子祔于太廟三十一年成宗卽位追尊皇考爲皇帝廟號
裕宗元貞元年冬十月癸卯有事于太廟中書省臣言去歲世祖皇后裕宗祔
廟以綾代玉冊今玉冊玉寶成請納諸各室帝曰親饗之禮祖宗未嘗行之其
奉冊以來朕躬祝之命獻官迎導入廟大德元年十一月太保月赤察兒等奏
請廟享增用馬制可二年正月特祭太廟用馬一牛一羊鹿野豕天鵝各七餘
品如舊爲特祭之始四年八月以皇妣皇后祔六年五月戊申太廟寢殿災十
一年武宗卽位追尊皇考爲皇帝廟號順宗太祖室居中睿宗西第一室世祖

西第二室裕宗西第三室順宗東第一室成宗東第二室追尊先元妃爲皇后祔成宗室至大二年春正月乙未以受尊號恭謝太廟爲親祀之始十月以將加謚太祖睿宗擇日請太祖睿宗尊謚于天擇日請光獻皇后莊聖皇后尊謚于廟改製金表神主題寫尊謚廟號十二月乙卯親享太廟奉玉冊玉寶加上太祖聖武皇帝尊謚曰法天啓運廟號太祖光獻皇后曰翼聖加上睿宗景襄皇帝曰仁聖廟號睿宗莊聖皇后曰顯懿其舊制金表神主以櫝貯兩旁自是主皆範金作之如金表之製延祐七年仁宗升祔增置廟室太常禮儀院下博士檢討歷代典故移書禮部中書集議曰古者天子祭七代兄弟同爲一代廟室皆有神主增置廟室又議大行皇帝升祔太廟七室皆有神主增室不及依前代典故權於廟內止設幄座面南安奉今相視得第七室近南對室地位東西一丈五尺除設幄座外餘五尺不妨行禮乃結綵爲殿置武宗室南權奉神主十月戊子英宗將以四時躬祀太廟命太常禮官與中書翰林集賢等官集議其禮制曰此追遠報本之道也毋以朕勞而有所損焉其一遵典禮丙寅中

書以躬謝太廟儀注進十一月丙子朔帝御齋宮丁丑備法駕儀衛躬謝太廟
至櫺星門駕止有司進輦不御步至大次服衮冕端拱以竢禮儀使請署祝帝
降御座正立書名及讀祝勑高贊御名至仁宗室輒歔欷流涕左右莫不感動
退至西神門殿中監受圭出降沒階乃授甲辰太常進時享太廟儀式至治元
年正月乙酉始命於太廟垣西北建大次殿丙戌始以四孟月時享親祀太室
禮成坐大次謂羣臣曰朕纘承祖宗丕緒夙夜祗慄無以報稱歲惟四祀使人
代之不能致如在之誠實所未安自今以始歲必親祀以終朕身五月中書省
臣言以廟制事集御史臺翰林院太常院臣議謹按前代廟室多寡不同晉則
兄弟同爲一室正室增爲十四間東西各一間唐九廟後增爲十一室宋增室
至十八東西夾室各一間以藏祧主今太廟雖分八室然兄弟爲世止六世而
已世祖所建前廟後寢往歲寢殿災請以今殿爲寢別作前廟十五間中三間
通爲一室以奉太祖神主餘以次爲室庶幾情文得宜謹上太常廟制制曰善
期以來歲營之二年春正月丁丑始陳鹵簿親享太廟三月二十三日以新作

太廟正殿夏秋二祭權止秋八月丙辰太皇太后崩太常院官奏國哀以日易月旬有二日外乃舉祀事有司以十月戊辰有事于太廟取聖裁制曰太廟禮不可廢迎香去樂可也又言太廟興工未畢有妨陳宮縣樂請止用登歌從之三年春三月戊申祔昭獻元聖皇后于順宗室夏四月六日上都分省參議速速以都堂旨太廟夾室未有制度再約臺院等官議定博士議曰按爾雅曰室有東西廂曰廟注夾室前堂同禮曰西夾南向注曰西廂夾室此東西夾室之正文也賈公彥曰室有東西廂曰廟其夾皆在序是則夾者猶今耳房之類也然其制度則未之聞東晉太廟正室一十六間東西儲各一間共十有八所謂儲者非夾室與唐貞觀故事遷廟之主藏於夾室西壁南北三間又宋哲宗亦嘗於東夾室奉安後雖增建一室其夾室仍舊是唐宋夾室與諸室制度無大異也五帝不相沿樂三王不相襲禮今廟制皆不合古權宜一時宜取今廟一十五間南北六間東西兩頭二間準唐南北三間之制壘至棟爲三間壁以紅泥以準東西序南向爲門如今室戶之制虛前以準廂所謂夾室前堂也雖未

盡合於古於今事爲宜六月上都中書省以聞制若曰可壬申勑以太廟前殿十有五間東西二間爲夾室南向秋七月辛卯太廟落成俄國有大故晉王卽皇帝位十二月戊辰追尊皇考晉王爲皇帝廟號顯宗皇妣晉王妃爲皇后庚午盜入太廟失仁宗及慈聖皇后神主壬申重作仁廟二金主丙午御史趙成慶言太廟失神主乃古今莫大之變由太常禮官不恭厥職宜正其罪以謝宗廟以安神靈制命中書定罪泰定元年春正月甲午奉安仁宗及慈聖皇后二神主丁丑御史宋本趙成慶李嘉賓言太廟失神主已得旨命中書定太常失守之罪中書以爲事在太廟署令而太常官屬居位如故昔唐陵廟皆隸宗王盜斫景陵門戟架旣貶陵令丞而宗正卿亦皆貶黜且神門戟架比之太廟神主孰爲輕重宜定其罪名顯示黜罰以懲不恪不報先是博士劉致建議曰竊以禮莫大於宗廟宗廟者天下國家之本禮樂刑政之所自出也唐虞三代而下靡不由之聖元龍興朔陲積德累功百有餘年而宗廟未有一定之制方聖天子繼統之初定一代不刊之典爲萬世法程正在今日周制天子七廟三昭

三穆昭處於東穆處於西所以別父子親疎之序而使不亂也聖朝取唐宋之制定爲九世遂以舊廟八室而爲六世昭穆不分父子並坐不合禮經新廟之制一十五間東西二間爲夾室太祖室既居中則唐宋之制不可依惟當以昭穆列之父爲昭子爲穆則睿宗當居太祖之東爲昭之第一世世祖居西爲穆之第一世裕宗居東爲昭之第二世兄弟共爲一世則成宗順宗顯宗三室皆當居西爲穆之第二世武宗仁宗二室皆當居東爲昭之第三世昭之后居左穆之后居右西以左爲上東以右爲上也苟或如此則昭穆分明秩然有序不違禮經可爲萬世法若以累朝定制依室次於新廟遷安則顯宗躋順宗之上順宗躋成宗之上以禮言之春秋閔公無子庶兄僖公代立其子文公遂躋僖公於閔公之上史稱逆祀及定公正其序書曰從事先公然僖公猶是有位之君尚不可居故君之上況未嘗正位者乎國家雖曰以右爲尊然古人所尚或左或右初無定制古人右社稷而左宗廟國家宗廟亦居東方豈有建宗廟之方位既依禮經而宗廟之昭穆反不應禮經乎且如今朝賀或祭祀宰相獻官

分班而立居西則尙左居東則尙右及行禮就位則西者復尙右東者復尙左矣致職居博士宗廟之事所宜建明然事大體重宜從使院移書集議取旨四月辛巳中書省臣言始祖皇帝始建太廟太祖皇帝居中南向睿宗世祖裕宗神主以次祔西室順宗成宗武宗仁宗以次祔東室邇者集賢翰林太常諸臣言國朝建太廟遵古制古尙左今尊者居右爲少屈非所以示後世太祖皇帝居中南向宜奉睿宗皇帝神主祔左一室世祖祔右一室裕宗祔睿宗室之左顯宗順宗成宗兄弟也以次祔世祖室之右武宗仁宗亦兄弟也以祔裕宗室之左英宗祔成宗室之右臣等以其議近是謹繪室次爲圖以獻惟陛下裁擇從之五月戊戌祔顯宗英宗凡十室四年夏四月辛未盜入太廟失武宗神位及祭器壬申重作武宗金主及祭器甲午奉安武宗神主天曆元年冬十月丁亥毀顯宗室重改至元之六年六月詔毀文宗室其宗廟之事本末因革大槩如此凡大祭祀尤貴馬湩將有事勑太僕司挏馬官奉尙飲者革囊盛送焉其馬牲既與三牲同登于俎而割奠之饌復與籩豆俱設將奠牲盤酹馬湩則蒙

古太祝升詣第一座呼帝后神諱以致祭年月日數牲齊品物致其祝語以次詣列室皆如之禮畢則以割奠之餘撒於南櫺星門外名曰抛撒茶飯蓋以國禮行事尤其所重也始至元初金大祝魏友諒者仕於朝詣中書言太常寺奉祀宗廟禮不備者數事禮部移太常考前代典禮以勘友諒所言皆非是由是禮官代有討論割奠之禮初惟太常卿設之桑哥爲初獻乃有三獻等官同設之儀博士議曰凡陳設祭品實鐏罍等事獻官皆不與也獨此親設之然後再升殿恐非誠慤專一之道且大禮使等官尤非其職大樂署長言割奠之禮宜別撰樂章博士議曰三獻之禮實依古制若割肉奠葡萄酒馬湩別撰樂章是又成一獻也又議燔膋膟與今燒飯禮合不可廢形鹽糗餌粉餈酏食糝食非古雷鼓路鼓與播鼗之制不同攝祀大禮使終夕堅立無其義知禮者皆有取於其言英宗之初博士又言今冬祭卽烝也天子親祼太室功臣宜配享事亦弗果行

廟制至元十七年新作于大都前廟後寢正殿東西七間南北五間內分七室

殿陛二成三階中曰泰階西曰西階東曰阼階寢殿東西五間南北三間環以宮城四隅重屋號角樓正南正東正西宮門三門各五門皆號神門殿下道直東西神門曰横街直南門曰通街甓之通街兩旁井二皆覆以亭宮城外繚以崇垣饌幕殿七間在宮城南門之東南向齊班廳五間在宮城之東南西向省饌殿一間在東城東門少北南向初獻齋室在宮城之東東垣門內少北西向其南爲亞終獻司徒大禮使助奠七祀獻官等齋室皆西向雅樂庫在宮城西南東向法物庫儀鸞庫在宮城之東北皆南向都監局在其東少南西向東垣之內環築牆垣爲別院內神廚局五間在北南向井在神廚之東北有亭酒庫三間在井亭南西向祠祭局三間對神廚局北向院門西向百官廚五間在神廚院南西向宮城之南復爲門與中神門相值左右連屋六十餘間東掩齋班廳西值雅樂庫爲諸執事齋房築崇墉以環其外東西南開櫺星門三門外馳道抵齊化門之通衢至治元年詔議增廣廟制三年別建大殿一十五間於今廟前用今廟爲寢殿中三間通爲一室餘十間各爲一室東西兩旁際牆各留

一間以爲夾室室皆東西橫闊二丈南北入深六間每間二丈宮城南展後鑾新井二于殿南作亭東南隅西南隅角樓南神門東西神門饌幕殿省饌殿獻官百執事齋室中南門齊班廳雅樂庫神廚祠祭等局皆南徙建大次殿三間於宮城之西北東西櫺星門亦南徙東西櫺星門之內鹵簿房四所通五十間

神主至元三年始命太保劉秉中考古制爲之高一尺二寸上頂圜徑二寸八分四廂合剡一寸一分上下四方穿中央通孔徑九分以光漆題尊謚於背上匱趺底蓋俱方底自下而上蓋從上而下底齊趺方一尺厚三寸皆準元祐古尺圖主及匱趺皆用栗木匱趺並用玄漆設祏室以安奉帝主用曲几黃羅帕覆之后主用直几紅羅帕覆之祏室每室紅錦厚褥一紫錦薄褥一黃羅複帳一龜背紅簾一緣以黃羅帶飾六年十二月十八日國師奉旨造木質金表牌位十有六亦號神主設大榻金椅位置祏室前帝位於右后位於左題號其面籠以銷金絳紗其制如櫝

祝有二祝冊親祀用之製以竹每副二十有四簡貫以紅絨條面用膠粉塗飾

背飾以絳金綺藏以楠木縷金雲龍匣塗金鎖鑰韜以紅錦囊蒙以銷金雲龍絳羅複擬撰祝文書祝讀祝皆翰林詞臣掌之至大二年親祀竹冊長一尺二寸廣一寸二分厚三分至治二年正月親祀竹冊八副每冊二十有四簡長一尺一寸廣一寸厚一分二釐祝版攝祀用之制以楸木長二尺四寸廣一尺二寸厚一分其面背飾以精潔楮紙祝文至元時享於太祖室稱孝孫嗣皇帝臣某睿宗室稱孝子嗣皇帝臣某天曆時享自太祖至裕宗四室皆稱孝曾孫嗣皇帝臣某順宗室稱孝孫嗣皇帝臣某成宗至英宗三室皆稱嗣皇帝臣某武宗室稱孝子嗣皇帝臣某

幣以白繒爲之每段長一丈八尺

牲齊庶品大祀馬一用色純者有副牛一其角握其色赤有副羊其色白豕其色黑鹿凡馬牛羊豕鹿牲體每室七盤單室五盤太羹每室三登和羹每室三鉶籩之實每室十有二品豆之實每室十有二品凡祀先期命貴臣率獵師取鮮獐鹿兔以供脯臡醓醢稻粱爲飯每室二簠黍稷爲飯每室二簋彝尊之實

每室十有一明水玄酒用陰鑑取水于月與井水同鬯用鬱金爲之五齊三酒
醞於光祿寺膟膋蕭蒿至元十八年五月弗用後遂廢茅香以縮酒至元十七
年始用沅州麻陽縣包茅天鵝野馬塔剌不花其狀如貛野鷄鶬黃羊胡寨兒其狀如鳩
湩乳葡萄酒以國禮割奠皆列室用之羊一豕一籩之實二栗鹿脯豆之實二
菁菹鹿臡簠之實黍簋之實稷爵尊之實酒皆七祀位各用之薦新鮪野彘孟
春用之鴈天鵝仲春用之葑韭鴨鷄卵季春用之冰羔羊孟夏用之櫻桃竹筍
蒲筍羊仲夏用之瓜豚大麥飯小麥麪季夏用之雛鷄孟秋用之菱芡栗黃鼠
仲秋用之梨棗黍粱鶩老季秋用之芝蔴兔鹿稻米飯孟冬用之麕野馬仲冬
用之鯉黃羊塔剌不花季冬用之至大元年春正月皇太子言薦新增用影堂
品物羊羔炙魚饅頭餅子西域湯餅圜米粥砂糖飯羹每月用以配薦
祭器籩十有二冪以青巾巾繪綵雲豆十有四一實毛血一實膟膋登三鉶三
有柶簠二簋二有七箸俎七以載牲體皆有鼎後以盤貯牲體盤置俎上鼎不
用香案一銷金絳羅衣銀香鼎一銀香奩一茅苴盤一實以沙已上並陳室內

燎爐一實以炭篚一實以蕭蒿黍稷祝案一紫羅衣置祝文于上銷金絳羅覆之鷄彝一有舟鳥彝一有舟加勺春夏用之斝彝一有舟黃彝一有舟加勺秋冬用之虎彝一有舟蜼彝一有舟加勺特祭用之凡鷄彝斝彝虎彝以實明水鳥彝黃彝蜼彝以實鬯犧尊二象尊二春夏用之著尊二壺尊二秋冬用之太尊二山尊二特祭用之尊皆有坫勺冪以白布巾巾繪黼文著尊二山罍二皆有坫加冪已上並陳室外壺尊二太尊二山罍四皆有坫加冪藉以莞席並陳殿下北向西上設而不酌每室皆同通廊御香案一銷金黃羅衣銀香奩一貯御祝香銷金帕覆之並陳殿中央罍洗所罍二洗二一以供爵滌一以供盥潔篚二實以璋瓚巾塗金銀爵七祀神位籩二豆二簠一簋一俎一爵一有坫香案一沙池一壺尊二有坫加冪七祀皆同罍一洗一篚一中統以來雜金宋祭器而用之至治初始造新器於江浙行省其舊器悉置几閣

親祀時享儀其目有八一曰齋戒前祀七日皇帝散齋四日於別殿治事如故不作樂停奏刑名事不行刑罰致齋三日惟專心祀事其二日於大明殿一日

於大次致齋前一日尙舍監設御幄於大明殿西序東向致齋之日質明諸衞勒所部屯列晝漏下一刻通事舍人引侍享執事文武四品以上官俱公服詣別殿奉迎二刻侍中版奏請中嚴皇帝服通天冠絳紗袍三刻侍中版奏外辦皇帝結佩出別殿乘輿華蓋繖扇侍衞如常儀奉引至大明殿御幄東向坐侍臣夾侍如常一刻頃侍中前跪奏言請降就齋俛伏興皇帝降座入室侍享執事官各還所司宿衞者如常凡應祀官受誓戒於中書省散齋四日致齋三日光祿卿鑑取明水火火以供爨水以實尊二曰陳設祀前三日尙舍監陳大次於西神門外道北南向設小次於西階西東向設版位於西神門內橫街南東向設飮福位於太室尊彝所稍東西向設黃道裀褥於大次前至西神門至小次版位西階及殿門之外設御洗位於御板位東稍北北向設亞終獻位於西神門內御板位稍南東向以北爲上罍洗在其東北設亞終獻飮福位於御飮福位後稍南西向陳設八寶黃羅案於西階西隨地之宜設享官宮縣樂省牲位諸執事公卿御史位並如常儀殿上下及各室設簠簋籩豆尊罍彝斝等器

並如常儀三日車駕出宮祀前一日所司備法駕鹵簿於崇天門外太僕卿率其屬備玉輅於大明門外千牛將軍執刀於輅前北向其日質明諸侍享執事官先詣太廟祀所諸侍臣直衛及導駕官於致齋殿前左右分班立通事舍人引侍中跪奏請中嚴俛伏興皇帝服通天冠絳紗袍少頃侍中版奏外辦皇帝出齋室卽御座羣臣起居訖尚輦進輿侍中奏請皇帝升輿皇帝升輿華蓋繖扇侍衛如常儀導駕官前導至大明門外侍中進當輿前跪奏請皇帝降輿升輅皇帝升輅太僕執御導駕官分左右步導門下侍郎進當輅前跪奏請車駕進發車駕動稱警蹕千牛將軍夾而趨至崇天門外門下侍郎跪奏請車駕少駐勑衆官上馬侍中承旨退稱曰制可門下侍郎退傳制稱衆官上馬贊者承傳勑衆官上馬上馬訖門下侍郎奏請勑車右升侍中前承制退稱曰制可千牛將軍升訖門下侍郎奏請車駕進發車駕動稱警蹕符寶郎奉八寶與殿中監部從在黃鉞內教坊樂前引皷吹不振作將至太廟禮直官引諸侍享執事官於廟門外左右立班奉迎駕至廟門回輅南向將軍降立於輅左侍中於輅

前奏稱侍中臣某請皇帝降輅步入廟門皇帝降輅導駕官前導皇帝步入廟門稍西侍中奏請皇帝升輿尙輦奉輿華蓋繖扇如常儀皇帝乘輿至大次侍中奏請皇帝降輿入就大次皇帝入就次簾降宿衛如式尙食進饍如儀禮儀使以祝版奏御署訖奉出太廟令受之各奠於坫置各室祝案上通事舍人承旨勑衆官各還齋次四曰省牲器祀前一日未後三刻廩犧令丞太官令丞太祝以牲就位禮直官引太常卿光祿卿丞監祭禮等官就位禮直官請太常監祭監禮由東神門北偏門入升自東階每位視滌祭器司尊彝舉羃曰潔俱畢降自東階由東神門北偏門出復位立定禮直官稍前曰請省牲引太常卿視牲退復位次引廩犧令出班巡牲一匝西向折身曰充諸太祝巡牲一匝上一員出班西向折身曰腯畢俱復位蒙古巫祝致詞訖禮直官稍前曰請詣省饌位引太常卿光祿卿監祭監禮光祿丞太官令丞詣省饌位東西相向立定以北爲上禮直官引太常卿詣饌殿內省饌視饌訖禮直官引太常卿還齋所次引廩犧令丞諸太祝以次牽牲詣廚授太官令次引光祿卿丞監祭監禮詣廚

省鼎鑊視滌漑訖各還齋所太官令帥宰人以鸞刀割牲祝史各取毛血每位共實一豆以肝洗於鬱鬯及取膟膋每位共實一豆置於各位饌室內庖人烹牲五日晨祼祀日丑前五刻諸享陪位官各服其服光祿卿良醞令大官令入實籩豆簠簋尊罍各如常儀太樂令率工人二舞以次入奉禮郎贊者先入就位禮直官引御史博士及執事者以次各入就位並如常儀禮直官引司徒以下官升殿分香設酒如常儀禮直官引太常官御史博士升殿視陳設就位復與太廟令太祝宮闈令升殿太祝出帝主宮闈令出后主訖御史及以上升殿官於當陛近西北向立奉禮於殿上贊奉神主訖奉禮曰再拜贊者承傳諸官及執事者皆再拜各就位禮直官引亞終獻等官由南神門東偏門入就位立定禮直官贊有司謹具請行事協律郎俛伏興舉麾興工鼓柷宮縣樂作思成之曲以黃鍾爲宮大呂爲角太簇爲徵應鍾爲羽作文武九成止樂奏將終通事舍人引侍中版奏請中嚴皇帝服袞冕坐少頃禮直官引博士博士引禮儀使對立於大次門外當門北向侍中奏外辦禮儀使跪奏請皇帝行禮俛伏興

簾捲符寶郎奉寶陳於西陛之西黃羅案上皇帝出大次博士禮儀使前導華蓋繖扇如儀大禮使後從至西神門外殿中監跪進鎮圭皇帝執圭華蓋繖扇停於門外近侍從入門協律郎跪俛伏興舉麾工鼓柷宮縣順成之樂作至版位東向協律郎偃麾工戛敔樂止引禮官分左右侍立禮儀使前奏請再拜皇帝再拜奉禮曰衆官再拜贊者承傳凡在位者皆再拜禮儀使奏請皇帝詣盥洗位宮縣作樂至洗位樂止內侍跪取匜與沃水又內侍跪取盤與承水禮儀使奏請搢鎮圭皇帝搢圭盥手訖內侍跪取巾於篚與以進帨手訖皇帝詣爵洗位奉瓚官以瓚跪進皇帝受瓚內侍奉匜沃水又內侍跪奉盤承水洗瓚訖內侍奉巾以進皇帝拭瓚訖內侍奠盤匜又奠巾於篚奉瓚官跪受瓚禮儀使奏請執鎮圭前導皇帝升殿宮縣樂作至西階下樂止皇帝升自西階登歌樂作禮儀使前導皇帝詣太祖室尊彝所東向立樂止奉瓚官以瓚蒞鬯司尊者舉冪侍中跪酌鬱鬯訖禮儀使前導入詣太祖神座前北向立禮儀使奏請搢鎮圭跪奉瓚官西向立以瓚跪進禮儀使奏請執瓚以鬯祼地皇帝執瓚以鬯

祼地以瓚授奉瓚官禮儀使奏請執鎮圭俛伏與皇帝俛伏與禮儀使前導出戶外褥位禮儀使奏請再拜皇帝再拜訖禮儀使前導詣第二室以下祼鬯並如上儀祼訖禮儀使奏請還版位登歌樂作皇帝降自西階樂止宮縣樂作至版位東向立樂止禮儀使奏請還小次前導皇帝行宮縣樂作將至小次禮儀使奏請釋鎮圭殿中監跪受皇帝入小次簾降樂止六曰進饌皇帝祼將畢光祿卿詣饌殿視饌復位太官令率齋郎詣饌幕以牲體設於盤各對舉以行自南神門入司徒出迎饌宮縣樂作奏無射宮嘉成之曲禮直官引司徒齋郎奉饌升自太階由正門入諸太祝迎於階上各跪奠於神座前齋郎執笏俛伏與遍奠訖樂止禮直官引司徒太官令率齋郎降自東階各復位饌之升殿也太官丞率七祀齋郎奉饌以序跪奠于七祀神座前退從殿上齋郎以次復位諸太官令率割牲官詣各室進割牲體置俎上皆退七曰酌獻禮直官於殿上贊太祝立茅苴禮儀使奏請詣盥洗位簾捲出次宮縣樂作殿中監跪進鎮圭皇帝執鎮圭至盥洗位樂止北向立禮儀使奏請搢鎮圭執事者跪取匜興沃水

又跪取盤承水禮儀使奏請皇帝盥手執事者跪取巾於篚興進帨手訖禮儀使奏請執鎮圭請詣爵洗位北向立禮儀使奏請搢鎮圭奉爵官以爵跪進皇帝受爵執事者奉匜沃水奉盤承水皇帝洗爵訖執事者奉巾跪進皇帝拭爵執事者奠盤匜又奠巾於篚奉爵官受爵禮儀使奏請執鎮圭升殿宮縣樂作至西階下樂止升自西階登歌樂作禮儀使前導詣太祖室尊彝所東向立樂止禮儀使奏請搢鎮圭執爵奉爵官以爵跪進皇帝受爵司尊者舉羃良醞令跪酌犧尊之泛齊以爵授執事者禮儀使奏請執鎮圭皇帝執圭入詣太祖神位前北向立宮縣樂作奏開成之曲禮儀使跪奏請搢鎮圭跪又奏請三上香三上香訖奉爵官以爵授進酒官進酒官東向以爵跪進禮儀使奏請執爵三祭酒於茅苴以虛爵授進酒官進酒官以授奉爵官奉爵官退立尊彝所進酒官進取神案上所奠玉爵馬湩東向跪進禮儀使奏請執爵祭馬湩祭訖以虛爵授進酒官進酒官進奠神案上退禮儀使奏請執圭俛伏興司徒搢笏跪於俎前奉牲西向以進禮儀使奏請搢鎮圭皇帝搢圭俯受牲盤北向跪奠神案

上蒙古祝史致辭訖禮儀使奏請執鎮圭與前導出戶外褥位北向立樂止舉
祝官搢笏跪對舉祝版讀祝官北向跪讀祝文訖俛伏興舉祝官奠祝版訖先
詣次室禮儀使奏請再拜拜訖禮儀使前導詣各室各奏本室之樂其酌獻進
牲祭馬湩並如第一室之儀旣畢禮儀使奏請詣飲福位登歌樂作至位西向
立樂止登歌鼇成之樂作禮直官引司徒立於飲福位側太祝以爵酌上尊飲
福酒合置一爵以奉侍中侍中受爵奉以立禮儀使奏請皇帝再拜拜訖奏請
搢鎮圭跪侍中東向以爵跪進禮儀使奏請執爵三祭酒又奏請啐酒啐酒訖
以爵授侍中禮儀使奏請受胙太祝以黍稷飯籩授司徒司徒東向跪進皇帝
受以授左右太祝又以胙肉俎跪授司徒司徒跪進皇帝受以授左右禮直官
引司徒退立侍中再以爵酒跪進禮儀使奏請皇帝受爵飲福飲福訖侍中受
虛爵興以授太祝禮儀使奏請執鎮圭俛伏興又奏請再拜拜訖樂止禮儀使
前導還版位登歌樂作降自西階樂止宮縣樂作至位樂止禮儀使奏請還小
次宮縣樂作將至小次禮儀使奏請釋鎮圭殿中監跪受入小次簾降樂止文

舞退武舞進先是皇帝酌獻訖將至小次禮直官引亞獻官詣盥洗位盥洗訖升自阼階酌獻並如常儀酌獻訖禮直官引亞獻官詣東序西向立諸太祝各以爵酌罍福酒合置一爵一太祝捧爵進亞獻之左北向立亞獻再拜受爵跪祭酒遂啐飲太祝進受爵退復於坫上亞獻興再拜禮直官引亞獻官降復位終獻如亞獻之儀初終獻既升禮直官引七祀獻官各詣盥洗位搢笏盥帨訖執笏詣神位搢笏跪執爵三祭酒奠爵執笏俛伏興再拜訖詣次位如上儀終獻畢贊者唱太祝徹籩豆諸太祝進徹籩豆登歌豐成之樂作卒徹樂止奉禮曰賜胙贊者唱衆官再拜在位者皆再拜禮儀使奏請詣版位簾捲出次殿中監跪進鎮圭皇帝執圭行宮縣樂作至位樂止送神保成之樂作一成止禮儀使奏請皇帝再拜贊者承傳凡在位者皆再拜禮儀使前奏禮畢前導皇帝還大次宮縣昌寧之樂作出門樂止禮儀使奏請釋鎮圭殿中監跪受華蓋繖扇引導如常儀入大次簾降禮直官引太常卿御史太廟令太祝宮闈令升殿納神主降就拜位奉禮贊升納神主訖再拜御史以下諸執事者皆再拜以次出禮

直官各引享官以次出太樂令率工人二舞以次出太廟令闔戶以降乃退祝冊藏於匱八曰車駕還宮皇帝既還大次侍中奏請解嚴皇帝釋袞冕停大次五刻頃尚食進膳所司備法駕鹵簿與侍祠官序立於太廟櫺星門外以北爲上侍中版奏請中嚴皇帝改服通天冠絳紗袍少頃侍中版奏皇帝出次升輿導駕官前導華蓋繖扇如儀至廟門外太僕卿率其屬進金輅如式侍中前奏請皇帝降輿升輅升輅訖太僕御門下侍郎奏請車駕進發俛伏興退車駕動稱警蹕至櫺星門外門下侍郎奏請車駕權停敕衆官上馬侍中承旨退稱曰制可門下侍郎退傳制贊者承傳衆官上馬畢門下侍郎奏請敕車右升侍中承旨退稱制可千牛將軍升訖導駕官分左右前導門下侍郎奏請車駕進發車駕動稱警蹕符寶郎奉八寶與殿中監從教坊樂鼓吹振作駕至崇天門外垣櫺星門外門下侍郎奏請車駕權停敕衆官下馬贊者承傳衆官下馬車駕動衆官前引入內石橋與儀仗倒捲而北駐立駕入崇天門至大明門外降駕升輿以入駕既入通事舍人承旨敕衆官皆退宿衛官率衛士宿衛如式

元史卷七十四

元史卷七十五

明翰林學士亞中大夫知制誥兼修國史宋　濂等修

祭祀志第二十六

祭祀四

宗廟下

親謝儀其目有八一曰齋戒前享三日皇帝散齋二日於別殿致齋一日於大次應享官員受誓戒於中書省如常儀二曰陳設如前親祀儀三曰車駕出宮前享一日所司備儀從內外仗與應享之官兩行序立於崇天門外太僕卿控御馬立於大明門外諸侍臣及導駕官二十四人俱於齋殿前左右分班立候通事舍人引侍中跪奏請中嚴俛伏興少頃侍中版奏外辦皇帝即御座四品以上應享執事官起居訖侍中奏請升輿皇帝出齋殿降自正階乘輿華蓋繖扇如常儀導駕官前導至大明門外侍中進當輿前奏請降輿乘馬訖導駕官分左右步導門下侍郎跪奏請進發俛伏興前稱警蹕至崇天門門下侍郎奏

請權停敕衆官上馬侍中承旨退稱制可門下侍郎退傳制稱衆官上馬贊者承傳衆官出櫺星門外上馬訖門下侍郎奏請進發前稱警蹕華蓋繖扇儀仗與衆官左右前引教坊樂皷吹不振作至太廟櫺星門外紅橋南贊者承傳衆官下馬下馬訖自卑而尊與儀仗倒卷而北兩行駐立駕至廟門侍中奏請皇帝下馬步入廟門入廟門訖侍中奏請升輿尚輦奉輿華蓋繖扇如常儀導駕官前導皇帝乘輿至大次前侍中奏請降輿皇帝降輿入就位簾降侍衛如式尚食進饍如常儀禮儀使以祝冊奏御署訖奉出太廟令受之各奠於坫置各室祝案上通事舍人承旨勑衆官各還齋次四曰省牲器見前親祀儀五曰晨祼享日丑前五刻光祿卿良醖令太官令入實籩豆簠簋尊罍各如常儀太樂令率工人二舞以次入就位禮直官引御史及執事者以次入就位禮直官引太常卿御史升殿點視陳設退復位禮直官引司徒等官詣各室分香設酒如常儀禮直官復引太常卿及御史太廟令太祝宮闈令升殿奉出帝后神主訖各退降就拜位立定奉禮於殿上贊奉神主訖奉禮贊曰再拜贊者承傳御史

以下皆再拜訖各就位禮直官引攝太尉由南神門東偏門入就位立定協律郎跪俛伏舉麾興工鼓柷宮縣樂作思成之曲以黃鐘爲宮大呂爲角大簇爲徵應鐘爲羽作文舞九成止太尉以下皆再拜訖禮直官引太尉詣盥洗位宮縣樂作肅寧之曲至位樂止北向立搢笏盥手帨手執笏詣爵洗位北向立搢笏洗瓚拭瓚以瓚授執事者執笏升殿宮縣樂作至阼階下樂止陞自阼階登歌樂作詣太祖尊彝所西向立樂止執事者以瓚奉太尉太尉搢笏執瓚司尊者舉冪酌鬱鬯訖太尉以瓚授執事者執笏詣太祖神位前搢笏跪三上香執事者以瓚奉太尉太尉執瓚以鬯祼地訖以虛瓚授執事者執笏俛伏興退出戶外北向再拜訖次詣各室並如上儀禮畢降自阼階復位六曰進饌太尉祼將畢進饌如前儀七曰酌獻太尉既升祼禮直官引博士博士引禮儀使至大次前北向立通事舍人引侍中詣大次前版奏請中嚴皇帝服袞冕坐少頃侍中奏外辦禮儀使跪奏請皇帝行禮俛伏興簾捲出次禮儀使前導至西神門華蓋繖扇停於門外近侍從入太禮使後從殿中監跪進鎮圭皇帝執圭入門

協律郎跪俛伏興舉麾宮縣順成之樂作至版位東向立樂止引禮官分左右侍立禮儀使奏請皇帝再拜奉禮曰衆官再拜贊者承傳凡在位者皆再拜禮儀使奏請皇帝詣盥洗位宮縣樂作至位樂止內侍跪取匜與沃水又內侍跪取盤承水禮儀使奏請搢鎮圭皇帝搢圭盥手內侍跪取巾於篚與進帨手訖奉爵官以爵跪進皇帝受爵內侍奉匜沃水又內侍奉盤承水皇帝洗爵訖內侍奉巾跪進皇帝拭爵訖內侍奠盤匜又奠巾於篚奉爵官受爵禮儀使奏請執鎮圭導升殿宮縣樂作至西階下樂止升自西階登歌樂作禮儀使前導詣太祖室尊彝所東向立樂止宮縣樂作奏開成之曲奉爵官以爵蒞尊執事者舉冪侍中跪酌犧尊之泛齊以爵授執事者禮儀使前導入詣太祖神位前北向立禮儀使奏請搢鎮圭跪又奏請三上香上香訖奉爵官以爵授進酒官進酒官東向以爵跪進禮儀使奏請執爵祭酒執爵三祭酒於茅苴訖以虛爵授進酒官進酒官受爵以授奉爵官退立尊彝所進酒官進徹神案上所奠玉爵馬湩東向跪進禮儀使奏請執爵祭馬湩祭訖以虛爵授進酒官進酒官進奠

神案上訖退禮儀使奏請執圭俛伏興司徒搢笏跪俎前舉牲盤西向以進禮儀使奏請搢鎮圭皇帝搢圭俯受牲盤北向跪奠神案上訖禮儀使奏請執圭興前導出戶外褥位北向立樂止舉祝官搢笏跪對舉祝版讀祝官北向跪讀祝文訖俛伏興舉祝官奠祝版訖先詣次室次蒙古祝史詣室前致辭訖禮儀使奏請再拜拜訖禮儀使前導詣各室奏各室之樂其酌獻進牲體祭馬湩並如第一室之儀既畢禮儀使奏請詣飲福位登歌樂作至位西向立樂止宮縣鼇成之樂作禮直官引司徒立於飲福位側太祝以爵酌上尊福酒合置一爵以奉侍中侍中受爵奉以立禮儀使奏請皇帝再拜拜訖奏搢鎮圭跪侍中東向以爵跪進禮儀使奏請執爵三祭酒又奏請啐酒啐訖以爵授侍中禮儀使奏請受胙太祝以黍稷飯籩授司徒司徒東向跪進皇帝受以授左右太祝又以胙肉俎跪授司徒司徒跪進皇帝受以授左右禮直官引司徒退立侍中再以爵酒跪進禮儀使奏請皇帝受爵飲福酒訖侍中受虛爵興以授太祝禮儀使奏請執鎮圭俛伏興又奏請再拜拜訖樂止禮儀使前導還版位登歌樂作

降自西階樂止宮縣樂作至位樂止奉禮於殿上唱太祝徹籩豆宮縣豐寧之樂作卒徹樂止奉禮曰賜胙贊者唱衆官再拜在位者皆再拜送神樂作保成之曲作一成止禮儀使奏請皇帝再拜贊者承傳在位者皆再拜拜訖禮儀使前奏禮畢皇帝還大次宮縣昌寧之樂作出門樂止禮儀使奏請釋鎮圭殿中監跪受華蓋繖扇如常儀入次簾降禮直官引太常卿御史太廟令太祝宮闈令升殿納神主訖各降就位贊者於殿上唱升納神主訖奉禮曰再拜御史以下諸執事者皆再拜訖以次出通事舍人禮直官各引享官以次出太樂令率工人二舞以次出太廟令闔戶訖降乃退祝版藏於匱八曰車駕還宮皇帝既還大次侍中奏請解嚴皇帝釋衮冕停大次五刻頃尚食進膳如常儀所司備儀從內外仗與從祀諸執事官兩行序立於太廟櫺星門外侍中版奏外辦皇帝出次升輿導駕官前導華蓋繖扇如常儀至廟門太僕卿進御馬侍中奏請皇帝降輿乘馬乘馬訖門下侍郎奏請進發俛伏興退前稱警蹕至櫺星門外門下侍郎奏請權停敕衆官上馬侍中承旨退稱曰制可門下侍郎退傳制贊

者承傳衆官上馬畢導駕官及華蓋繖扇分左右前導稱警蹕教坊樂鼓吹振作至崇天門欞星門外門下侍郎奏請權停敕衆官下馬贊者承傳衆官下馬訖左右前引入內石橋北與儀仗倒捲而北駐立駕入崇天門至大明門外降馬升輿以入駕既入通事舍人承旨敕衆官皆退宿衞官率衞士宿衞如式

攝祀儀其目有九一曰齋戒享前三日三獻官以下凡與祭員皆公服受誓戒於中書省是日質明有司設金椅於省庭一人執紅羅繖立於其左奉禮郎率儀鸞局陳設版位獻官諸執事位俱藉以席仍加紫綾褥設初獻太尉位於省階少西南向大禮使位於其東少南西向監祭御史位二于通道之西東向監禮博士位二十通道之東西向俱北上設司徒亞終獻位於其南北向西上次助奠七祀獻官次太常卿光祿卿光祿丞書祝官讀祝官太官令良醞令廩犧令司尊彝舉祝官太官丞廩犧丞奉爵官奉瓚官盥爵官二巾篚官蒙古太祝巫祝點視儀衞清道官及與祭官依品級陳設皆異位重行太廟令太樂令郊社令太祝位於通道之西北向東上太廟丞太樂丞郊社丞奉禮郎協律郎司

天生位於通道之東北向西上齋郎位於其後贊者引行事等官各就位立定次引初獻官立定禮直官搢笏讀誓文曰某年某月某日享于太廟各揚其職其或不敬國有常刑散齋二日宿于正寢致齋一日宿於祠所散齋日治事如故不弔喪問病不作樂不判署刑殺文字不決罰罪人不與穢惡事致齋日惟享事得行餘悉禁凡與享之官已齋而闕者通攝行事七品以下官先退餘官再拜禮直官贊鞠躬拜興拜興平立禮畢守廟兵衛與太樂工人俱清齋一宿赴祝所之日官給酒饌二曰陳設享前二日所司設兵衛於廟門禁斷行人儀鸞局設幄幔於饌殿所司設三獻官以下行事執事官次於齋房之所前一日太樂令率其屬設宮縣之樂於庭中東方西方磬簴起北鐘簴次之南方北方磬簴起西鐘簴次之設十二鎛鐘於編縣之間各依辰位樹建鼓於四隅置柷敔於北縣之內柷一在道東敔一在道西路鼓一在柷之東南晉鼓一在其後又路鼗一在柷之西南諸工人各於其後東方西方以北爲上南方北方以西爲上文舞在北武舞在南立舞表於酇綴之間又設登歌之樂於殿上前楹間

玉磬一簴在西金鐘一簴在東柷一在金鐘北稍西敔一在玉磬北稍東搏拊二一在敔北一在柷北東西相向歌工次之餘工各位於縣後其匏竹者立於階間重行北向相對爲首享前一日太廟令率其屬掃除廟庭之內外樞密院軍官一員率軍人剗除草穢平治道路又設七祀燎柴於廟門之外又於室內鋪設神位於北牖下當戶南向每位設黼扆一紫綾厚褥一薄褥一莞席一繅席二虎皮次席二時暄則用桃枝竹席几在筵上又設三獻官拜跪褥位二一在室內一在室外學士院定撰祝冊訖書祝官於饌幕具公服書祝訖請初獻官署御名訖以授太廟令又設祝案於室戶外之右又設三獻官位於殿下橫街之南稍西東向亞獻終獻位稍却助奠七祀獻官又於其南書祝官讀祝官舉祝官太廟令太官令良醞令廩犧令太廟丞太官丞位又於其南司尊彝奉瓚官奉爵官盥洗巾篚爵洗巾篚蒙古太祝蒙古巫祝太祝宮闈令及七祀司尊彝盥洗巾篚以次而南又設齋郎位於其後每等異位重行東向北上又設大禮使位於南神門東偏門稍北北向又設司徒太常卿等位於橫街之南稍

東西向與亞終獻相對司徒位在北太常卿稍却太常同知光祿卿僉院同僉
院判光祿丞拱衞使以次而南又設監祭御史位二監禮博士位二于橫街之
北西向以北爲上又設協律郎位在宮縣樂簴西北東向大樂丞在樂簴之間
又設大樂令協律郎位於登歌樂簴之間又設牲榜于東神門外南向設太常
卿位於牲位南向監祭御史位在太常卿之左太官令次之光祿丞太官丞又
次之廩犧令位在牲西南廩犧丞稍却俱北向以右爲上又設諸太祝位於牲
東西向以北爲上又設蒙古巫祝位於牲東南北向又設省饌位於省饌殿前
太常卿光祿卿光祿丞太官令位於東西向監祭監禮位於西東向皆北上太
廟令陳祝版於室右之祝案又率祠祭局設籩豆簠簋每室左十有二籩右十
有二豆俱爲四行登三在籩豆之間鉶三次之簠二簋二又次之簠左簋右俎
七在簠簋之南香案一次之沙池又次之又設每室尊罍于通廊斝彝黃彝各
一春夏用鷄彝鳥彝犧尊二象尊二秋冬用著尊壺尊著尊二山罍二以次在
本室南之左皆加勺冪爲酌尊所北向西上彝有舟坫冪又設壺尊二太尊二

山罍四在殿下階間俱北向望室戶之左皆有坫加冪設而不酌凡祭器皆藉以席又設七祀位於橫階之南道東西向以北爲上席皆以莞設神版位各於座首又設祭器每位左二籩右二豆簠一簋一在籩豆間俎一在籩前爵坫一次之壺尊二在神位之西東向以北爲上皆有坫勺冪又設三獻盥洗爵洗在通街之西橫街之南北向罍在洗西加勺篚在洗東皆實以巾爵洗仍實以瓚爵加盤坫執罍篚者各位于後又設七祀獻官盥洗位於七祀神位前稍北罍在洗西篚在洗東實以巾又實爵於坫執罍篚者各位於後三曰習儀享前二日三獻以下諸執事官員赴太廟習儀次日早各具公服乘馬赴東華門迎接御香至廟省牲四曰迎香享前一日有司告諭坊市灑掃經行衢路祗備香案享前一日質明三獻官以下及諸執事官各具公服六品以下官皆借紫服詣崇天門下太常禮儀院官一員奉御香一員奉酒二員奉馬湩自內出監祭監禮奉禮郎太祝分兩班前導控鶴五人一人執繖從者四人執儀仗在前行至大明門由正門出教坊大樂作至崇天門外奉香酒馬湩者安置於輿導引如

前行至外垣櫺星門外百官上馬分兩班行於儀仗之外清道官行於儀衛之先兵馬司之兵夾道次之金鼓又次之京尹儀從又次之教坊大樂爲一隊次之控鶴弩手各服其服執儀仗左右成列次之拱衛使居其中儀鳳司細樂又次之太常卿與博士御史導於輿前獻官司徒大禮使助奠官從入至殿下獻官奉香酒馬湩升自東階入殿內通廊正位安置禮直官引獻官降自東階由東神門北偏門出釋服五曰省牲器見親祀儀六曰晨祼祀日丑前五刻太常卿光祿卿太廟令率其屬設燭於神位遂同三獻官司徒大禮使等每室一人分設御香酒醴以金玉爵斝酌馬湩蒲萄尚醞酒奠於神案又陳籩豆之實籩四行以右爲上第一行魚鱐在前糗餌粉餈次之第二行乾橑在前乾棗形鹽次之第三行鹿脯在前榛實乾桃次之第四行菱在前芡栗次之豆四行以左爲上第一行芹菹在前筍菹葵菹次之第二行菁菹在前韭菹䬁食次之第三行魚醢在前兎醢豚拍次之第四行鹿臡在前醓醢糝食次之簠實以稻粱簋實以黍稷登實以太羹鉶實以和羹尊彝斝彝實以明水黃彝實以鬱鬯犧尊

實以泛齊象尊實以醴齊著尊實以盎齊山罍實以三酒壺尊實以醍齊太尊
實以沈齊凡齊之上尊實以明水酒之上尊實以玄酒其酒齊皆以上醞代之
又實七祀之祭器每位左二籩栗在前鹿脯次之右二豆菁菹在前鹿臡次之
簠實以黍簋實以稷壺尊實以醍齊其酒齊亦以上醞代之陳設訖獻官以下
行事執事官各服其服會於齊班廳禮直官引太常卿監祭監禮太廟令太祝
宮闈令諸執事官齋郎自南神門東偏門入就位東西相向立定候監祭監禮
按視殿之上下徹去蓋羃糾察不如儀者退復位禮直官引太常卿監祭監禮
太廟令太祝宮闈令陞自東階詣太祖室蒙古太祝起帝主神羃宮闈令起后
主神羃次詣每室並如常儀畢禮直官引太常卿以下諸執事官當橫街間重
行以西爲上北向立定奉禮郎贊曰奉神主訖再拜禮直承傳太常卿以下皆
再拜訖奉禮郎又贊曰各就位禮直官引諸執事官各就位次引太官令率齋
郎由南神門東偏門以次出贊者引三獻官司徒大禮使七祀獻官諸行事官
由南神門東偏門入各就位立定禮直官進於初獻官之左贊曰有司謹具請

行事退復位協律郎跪俛伏興舉麾興工鼓柷宮縣樂奏思成之曲九成文舞

九變奉禮郎贊再拜在位者皆再拜奉禮又贊諸執事者各就位禮直官引奉

瓚奉爵盥爵洗巾篚執事官各就位立定禮直官引初獻官詣盥洗位宮縣樂

作無射宮肅寧之曲至位北向立定搢笏盥手帨手執笏詣爵洗位至位北向

立定搢笏執瓚洗瓚拭瓚以瓚授執事者執笏樂止登歌樂作奏夾鐘宮肅寧

之曲升自東階樂止詣太祖酌尊所西向立搢笏執事者以瓚授初獻官執瓚

司尊彝跪舉冪㫮醖令跪酌黃彝鬱鬯初獻以瓚授執事者執笏詣太祖神位

前北向立搢笏跪三上香執事者以瓚授初獻初獻執瓚以鬯灌於沙池以瓚

授執事者執笏俛伏興出室戶外北向立再拜訖詣每室祼鬯如上儀俱畢禮

直官引初獻降自東階登歌樂作奏夾鐘宮肅寧之曲復位樂止七曰饋食初

獻既祼如前進饌儀八曰酌獻太祝立茅苴于盤禮直官引初獻詣盥洗位宮

縣樂作奏無射宮肅寧之曲至位北向立搢笏盥手帨手執笏詣爵洗位至位

搢笏執爵洗爵拭爵以爵授執事者執笏樂止登歌樂作奏夾鐘宮肅寧之曲

陞自東階樂止詣太祖酒尊所西向立搢笏執爵司尊彝搢笏跪舉冪良醞令搢笏跪酌犧尊之泛齊以爵授執事者執笏宮縣樂作奏無射宮開成之曲詣太祖神座前北向立稍前搢笏跪三上香執爵三祭酒于茅苴以爵授執事者執笏俛伏興平立請出室戶外北向立樂止俟讀祝舉祝官搢笏跪對舉祝版讀祝官跪讀祝文讀訖舉祝官奠祝版于案執笏興讀祝官俛伏興禮直官贊再拜訖次詣每室酌獻如上儀各奏本室之樂獻畢宮縣樂止降自東階登歌樂作奏夾鐘宮肅寧之曲初獻復位立定文舞退武舞進宮縣樂作奏無射宮肅寧之曲舞者立定樂止禮直官引亞獻詣盥洗位至位北向立搢笏執爵洗爵拭爵以爵授執事者陞自東階詣太祖酌尊所西向立搢笏執爵司尊彝搢笏跪舉冪良醞令搢笏跪酌象尊之醴齊以爵授執事者執笏宮縣樂作奏無射宮肅寧之曲詣太祖神座前北向立稍前搢笏跪三上香執爵三祭酒于茅苴以爵授執事者執笏俛伏興平立請出室戶外北向立再拜訖次詣每室酌獻並如上儀獻畢樂止降自東階復位立定禮直官引終獻如亞獻之儀唯酌

著尊之盎齊禮畢降復位初終獻將行贊者引七祀獻官詣盥洗位搢笏盥手帨手訖執笏詣酒尊所搢笏執爵酌酒以爵授執事者執笏詣首位神座前東向立稍前搢笏跪執爵三祭酒于沙池奠爵于案執笏俛伏興少退立再拜訖每位並如上儀俱畢七祀獻官俟終獻官降復位立定九曰祭馬湩終獻酌獻將畢禮直官分引初獻亞獻官司徒太禮使助奠官七祀獻官太常卿監祭監禮太廟令丞蒙古庖人巫祝等陞殿每室獻官一員各立於戶外太常卿監祭監禮以下立於其後禮直官引獻官詣神座前蒙古庖人割牲體以授獻官獻官搢笏跪奠于帝主神位前次奠于后主神位前訖出笏退就拜位搢笏跪太廟令取案上先設金玉爵斝馬湩蒲萄尚醞酒以次授獻官獻官皆祭于沙池蒙古巫祝致詞訖宮縣樂作同進饌之曲初獻出笏就拜興請出室戶外北向立俟衆獻官畢立禮直官通贊曰拜興凡四拜監祭監禮以下從拜皆作本朝跪禮拜訖退登歌樂作降階樂止太祝徹籩豆登歌樂作奏夾鐘宮豐寧之曲奉禮贊賜胙贊者承傳衆官再拜興送神樂作奏黃鐘宮保成之曲一成而止

太祝各奉每室祝版降自太階望瘞位禮直官引三獻司徒大禮使助奠七祀獻官太常卿光祿卿監祭監禮視燔祝版至位坎北南向跪以祝版奠于柴就拜興俟半燎禮直官贊可瘞禮直官引三獻以下及諸執事者齋郎等由南神門東偏門出至揖位圓揖樂工二舞以次從出三獻之出也禮直官分引太常卿太廟令監祭監禮蒙古太祝宮闈令及各室太祝陞自東階詣太祖神座前陞納神主每室如儀俱畢降自東階至橫街南北向西上立定奉禮贊曰陞納神主訖再拜贊者承傳再拜訖以次出禮畢三獻官司徒大禮使太常禮儀院使光祿卿等官奉胙進于闕庭駕幸上都則以驛赴奉進

攝行告謝儀告前三日三獻官以下諸執事官各具公服赴中書省受誓戒告前一日未正一刻省牲器至期質明三獻官以下諸執事者各服法服禮直官引太常卿監祭御史監禮博士五令諸執事官先入就位禮直官引監祭監禮點視陳設畢復位禮直官引太常卿監祭監禮太廟令太祝宮闈令奉遷各室神主訖降自橫街北向立定奉禮郎贊再拜在位官皆再拜訖奉禮郎贊各就

位訖太官令齋郎出禮直官引三獻司徒光祿卿捧瓚爵盥爵洗官入就位立定禮直官贊有司謹具請行事降神樂作九成止奉禮郎贊再拜三獻以下再拜訖奉禮郎贊諸執事者各就位立定禮直官引初獻詣盥洗位盥手詣爵洗位洗瓚詣第一室酒尊所酌鬱鬯詣神座前北向跪搢笏三上香奠幣執瓚以鬯灌於沙池執笏俛伏興出室戶外再拜訖次詣各室並如上儀俱畢降復位司徒率齋郎進饌如常儀奠畢降復位禮直官引初獻詣盥洗位盥手詣爵洗位洗爵詣第一室酒尊所酌酒詣神座前北向搢笏跪三上香執爵三祭酒於茅苴以爵授執事者執笏俛伏興出室戶外北向立俟讀祝官讀祝文訖再拜詣每室並如上儀俱畢降復位禮直官引亞獻官盥手洗爵酌獻並如初獻儀惟不讀祝俱畢降復位禮直官引終獻並如亞獻儀俱畢復位太祝徹籩豆奉禮郎贊賜胙衆官再拜在位官皆再拜訖禮直官引三獻官司徒太常卿監祭監禮視焚祝版幣帛禮直官贊可瘞禮畢太常卿監祭監禮升納神主訖降自橫階奉禮郎贊再拜在位官皆再拜訖退

薦新儀至日質明太常禮儀院官屬赴廟所皆公服俟于次太廟令率其屬升殿開室戶不出神主設籩豆俎酒醴馬湩及室戶內外褥位又設盥洗位于階下少東西向奉禮郎率儀鸞局設席褥版位于橫街南又設盥盆巾帨二所于齊班幕前凡與祭執事官皆盥手訖太常官詣神廚點視神饌執事者奉所薦饌物各陳饌幕內太常官以下入就位東西重行北向立定禮直官贊皆再拜鞠躬拜興拜興平立各就位禮直官引太常次官一員率執事者出詣饌所奉饌入自正門升自太階奠各室神位前執事者進時食院官搢笏受而奠之禮直官引太常禮儀使詣盥洗位盥手帨手升殿詣第一室神位前搢笏執事者注酒于杯三祭酒又注馬湩于杯亦三祭之奠杯于案出笏就拜興出室戶外北向立再拜每室俱畢降復位執事者皆降禮直官贊再拜鞠躬拜興拜興平立餘官率執事者升徹饌出殿闔戶禮直官引太常官以下俱出東神門外圓揖

神御殿

神御殿舊稱影堂所奉祖宗御容皆紋綺局織錦爲之影堂所在世祖帝后大聖壽萬安寺裕宗帝后亦在焉順宗帝后大普慶寺仁宗帝后亦在焉成宗帝后大天壽萬寧寺武宗及二后大崇恩福元寺爲東西二殿明宗帝后大天源延聖寺英宗帝后大永福寺也可皇后大護國仁王寺世祖武宗影堂皆藏玉册十有二牒玉寶一鈕仁宗影堂藏皇太子玉册十有二牒皇后玉册十有二牒玉寶一鈕英宗影堂藏皇帝玉册十有二牒玉寶一鈕皇太子玉册十有二牒凡帝后册寶以匣匱金鎖鑰藏於太廟此其分置者其祭器則黃金缾斝盤盂之屬以十數黃金塗銀香合椀楪之屬以百數銀壺釜盃匜之屬稱是玉器水晶瑪瑙之器爲數不同有玻瓈瓶琥珀勺世祖影堂有真珠簾又皆有珊瑚樹碧甸子山之屬其祭之日常祭每月初一日初八日十五日二十三日節祭元日清明蕤賓重陽冬至忌辰其祭物常祭以蔬果節祭忌辰用牲祭官便服行三獻禮加薦用羊羔炙魚饅頭餜子西域湯餅圜米粥砂糖飯羹泰定二年亦作顯宗影堂于大天源延聖寺天曆元年廢舊有崇福殊祥二院奉影堂祀

事乃改爲泰禧院二年又改爲太禧宗禋院秩二品旣而復以祖宗所御殿尙稱影堂更號神御殿殿皆製名以冠之世祖曰元壽昭睿順聖皇后曰睿壽南必皇后曰懿壽裕宗曰明壽成宗曰廣壽順宗曰衍壽武宗曰仁壽文獻昭聖皇后曰昭壽仁宗曰文壽英宗曰宣壽明宗曰景壽且命學士擬其祭祀儀注今闕又有玉華宮孝思殿在眞定世祖所立以忌日享祀太上皇皇太后御容本路官吏祭奠太常博士按宋會要定其儀所司前期置辦茶飯香果質明禮直官引獻官與陪位官以下並公服入廟庭西向立俱再拜訖引獻官詣殿正階下再拜升階至案前褥位三上香三奠酒訖就拜興又再拜訖引獻官復位與陪位官以下俱再拜退仁宗皇慶二年秋八月庚辰命大司徒田忠良詣眞定致祭依歲例給御香酒幷犧牲祭物錢中統鈔一百錠延祐四年始用登歌樂行三獻禮七年太常博士言影堂用太常禮樂非是制罷之歲時本處依舊禮致祭其太祖太宗睿宗御容在翰林者至元十五年十一月命承旨和禮霍孫寫太祖御容十六年二月復命寫太上皇御容與太宗舊御容俱置翰林院

院官春秋致祭二十四年二月翰林院言舊院屋敝新院屋纔六間三朝御容宜於太常寺安奉後仍遷新院至大四年翰林院移署舊尙書省有旨月祭中書平章完澤等言祭祀非小事太廟歲一祭執事諸臣受戒誓三日乃行事今此輕易非宜舊置翰林院御容春秋二祭不必增益制若曰可至治三年遷置普慶寺祀禮廢泰定二年八月中書省臣言當祭如故乃命承旨斡赤齎香酒至大都同省臣祭于寺四年造影堂於石佛寺未及遷至順元年七月即普慶寺祭如故事二年復祀于翰林國史院重改至元之六年翰林院言三朝御容祭所甚隘兼歲久屋漏於石佛寺新影堂奉安爲宜中書省臣奏此世祖定制當仍其舊制可

元史卷七十五

元史卷七十六

明翰林學士亞中大夫知制誥兼修國史宋　濂等修

祭祀志第二十七

祭祀五

太社太稷

至元七年十二月有詔歲祀太社太稷三十年正月始用御史中丞崔彧言於和義門內少南得地四十畝爲壝垣近南爲二壇壇高五丈方廣如之社東稷西相去約五丈社壇土用青赤白黑四色依方位築之中間實以常土上以黃土覆之築必堅實依方面以五色泥飾之四面當中各設一陛道其廣一丈亦各依方色稷壇一如社壇之制惟土不用五色其上四周純用一色黃土壇皆北向立北墉於社壇之北以磚爲之飾以黃泥瘞坎二於稷壇之北少西深足容物二壇周圍壝垣以磚爲之高五丈廣三十丈四隅連飾內壝垣欞星門四所外垣欞星門二所每所門二列戟二十有四外壝內北垣下屋七間南望二

壇以備風雨曰望祀堂堂東屋五間連廈三間曰齊班廳廳之南西向屋八間曰獻官幕又南西向屋三間曰院官齋所又其南屋十間自北而南曰祠祭局曰儀鸞庫曰法物庫曰都監庫曰雅樂庫又其南北向屋三間曰百官廚外垣南門西壝垣西南北向屋三間曰大樂署其西東向屋三間曰樂工房又其北北向屋一間曰饌幕殿又北南向屋三間曰饌幕又北稍東南向門一間院內南南向屋三間曰神廚東向屋三間曰酒庫近北少却東向屋三間曰犧牲房并有亭望祀堂後自西而東南向屋九間曰執事齋郎房自北折而南西向屋九間曰監祭執事房此壇壝次舍之所也社主用白石長五尺廣二尺剡其上如鍾於社壇近南北向埋其半於土中稷不用主后土氏配社后稷氏配稷神位版二用栗素質黑書社樹以松於社稷二壇之南各一株此作主樹木之法也祝版四以楸木為之各長二尺四寸闊一尺二寸厚一分文曰維年月日嗣天子敬遣某官某敢昭告于太社之神配位曰后土之神稷曰太稷之神配位曰后稷之神玉幣社稷皆黝圭一繅藉瘞玉一以黝石代之玄幣一配位皆玄

幣一各長一丈八尺此祝文玉幣之式也牛一其色騂其角握有副羊四野豕四籩之實皆十無糗餌粉餈豆之實亦十無酏食糝食簠簋登之實皆四鉶之實和羹五齊皆以尙醞代之香用沉龍涎神席一緣以黑綾黑綾褥方七尺四寸太尊著尊犧尊山罍各二有坫加勺冪象尊壺尊山罍各二有坫冪設而不酌籩豆各十有一其一設於饌幕鉶三簠三簋三其一設於饌幕俎八其二設於饌幕盤一毛血豆一爵一有坫沙池一玉幣篚一木柶一勺一香鼎一香盒一香案一祝案一皆有衣紅髹器一以盛馬湩盥洗位二罍二洗二白羅巾四實以篚朱漆盤五已上社稷皆同配位有象尊無太尊設而不酌者無象尊餘皆與正位同此牲齊祭器之等也饌幕省饌殿香殿黃羅幕三黃羅額四黃絹帷一百九十五幅獻攝板位三十有五紫綾拜褥百蒲葦席各二百木燈籠四十絳羅燈衣百一十紅挑燈十剪燭刀二鐵籸盆三十有架黃燭二百雜用燭二百麻籸三百松明清油各百斤此饌幕板位燭燎之用也初獻官一亞獻官一終獻官一攝司徒一助奠官二太常卿一光祿卿一廩犧令一太官令一巾篚

官四祝史四監祭御史二監禮博士二司天監二良醖令一奉爵官一司尊罍二盥洗官二爵洗官二太社令一太社丞一大樂令一大樂丞一協律郎二奉禮郎二讀祝官一舉祝官二奉幣官四剪燭官二太祝七齋郎四十有八贊者一禮直官三與祭官無定員此獻攝執事之人也凡祭之日以春秋二仲月上戊延祐六年改用中戊其儀注之節有六一曰迎香前一日有司告諭坊市灑掃經行衢路設香案至日質明有司具香酒樓轝三獻官以下及諸執事官各具公服五品以下官齋郎等皆借紫詣崇天門三獻官及太常禮儀院官入奉祝及御香尙尊酒馬湩自內出監祭御史監禮博士奉禮郎太祝分左右兩班前導控鶴五人一人執繖四人執儀仗由大明門正門出教坊大樂作至崇天門外奉香酒馬湩者各安置於轝導引如儀至紅門外百官乘馬分班行於儀仗之外清道官行於儀衛之先兵馬司巡兵夾道次之金鼓又次之京尹儀從左右成列又次之教坊大樂一隊次之控鶴弩手各服其服執儀仗左右成列次之拱衛使行其中儀鳳司細樂又次之太常卿與博士御史導於轝前獻官

司徒助奠官從於輿後若駕幸上都三獻官以下及諸執事官則詣健德門外皆具公服於香輿前北向立異位重行俟奉香酒官驛至太常官受而奉之各置於輿禮直官贊班齊鞠躬再拜興平立班首稍前搢笏跪衆官皆跪三上香出笏就拜興平立退復位北向立鞠躬再拜興平立衆官上馬分班前導如儀至社稷壇北神門外皆下馬分左右入自北門序立如儀太常卿博士御史前導獻官司徒助奠等官後從至望祀堂下三獻奉香酒馬湩陞階置於堂中黃羅幕下禮直官引三獻官以次而出各詣齋次釋服二曰齋戒前期三日質明有司設三獻官以下行事執事官位於中書省太尉南向監祭御史位二於其西東向監禮博士位二於其東西向俱北上司徒亞獻終獻位於其南北向次助奠稍却次太常卿光祿卿大官令司尊彝良醞令太社令廩犧令光祿丞大樂令太社丞次讀祝官奉爵官太祝祝史奉禮郎協律郎司天生諸執事齋郎每等異位重行俱北向西上贊者引行事執事官各就位立定禮直官引太尉初獻就位讀誓曰某年某月某日上戊日祭於太社太稷各揚其職其或不敬

國有常刑散齋二日宿於正寢致齋一日於祠所散齋日治事如故不吊喪問疾不作樂不判署刑殺文字不決罰罪人不與穢惡事致齋日惟祭事得行其餘悉禁凡與祭之官已齋而闕者通攝行事七品以下官先退餘官對拜守壝門兵衞與大樂工人俱清齋一日行禮官前期習儀於祠所三日陳設前期三日所司設三獻以下行事執事官次於齋房之內及設饌幕四於西神門之外稍南西向北上今有饌幕殿在西壝門外近北南向陳設如儀前祭二日所司設兵衞各以其方色器服守衞壝門每門二人每隅一人大樂令帥其屬設登歌之樂於兩壇上稍北南向磬簴在東鐘簴在西柷一在鐘簴南稍東敔一在磬簴南稍西搏拊二一在柷南一在敔南東西相向歌工次之餘工位在縣後其匏竹者位於壇下重行南向相對爲首太社令帥其屬掃除壇之上下爲瘞坎二於壬地方深足以容物南出陛前祭一日司天監太社令帥其屬升設太社太稷神座各於壇上近南北向設后土神座於太社神座之左后稷神座於太稷神座之左俱東向席皆以莞裀褥如幣之色設神位版各於座首奉禮郎

設三獻官位於西神門之內道南亞獻終獻位稍却司徒位道北太常卿光祿卿次之稍却司天監光祿丞又次之太社令大官令良醞令廩犧令太社丞讀祝官奉爵官太祝以次位於其北諸執事者及祝史齋郎位於其後每等異位重行俱東向南上又設監祭御史位二監禮博士位二於太社壇子陛之東北俱東向南上設奉禮郎位於稷壇之西北隅贊者位於東北隅俱東向協律郎位二於各壇上樂虡東北俱南向太樂令位於兩壇樂簴之間南向司尊彝位於酌尊所俱南向設望瘞位於坎之南北向又設牲榜於西神門外東向諸太祝位於牲西祝史次之東向太常卿光祿卿大官令位在南北向東上監祭監禮位於太常卿之東稍却俱北向東上廩犧令位於牲東北南向又設禮饌於牲東設省饌於禮饌之北今有省饌殿設位於其北東西相向南上太常卿光祿卿大官令位於西東向監祭監禮位於東西向俱南上禮部設版案各於神位之側司尊彝奉禮郎帥執事者設玉幣篚於酌尊所次設籩豆之位每位各籩十豆十簠二簋二鉶三俎五盤一又各設籩一豆一簠一簋一俎三於饌幕

內毛血別置一豆設尊罍之位社稷正位各太尊二著尊二犧尊二山罍二于壇上西陛之西北隅南向東上設配位各著尊二犧尊二象尊二山罍二在正位酒尊之西俱南向東上又設正位各象尊二壺尊二山罍二于壇下子陛之東南向東上配位各壺尊二山罍二在西陛之南西向南上又設洗位二于各壇子陛之西北南向篚在洗東北肆執罍篚者各位於其後祭日丑前五刻司天監太社令各服其服帥其屬升設正配位神位版於壇上又陳玉幣正位禮神之玉一兩圭有邸置於匣正配位幣皆以玄各長一丈八尺陳於篚太祝取瘞玉加於幣實於篚瘞玉以玉石爲之及禮神之玉各置於神座前光祿卿帥其屬入實籩豆簠簋每位籩三行以右爲上第一行乾橑在前乾棗形鹽魚鱐次之第二行鹿脯在前榛實乾桃次之第三行菱在前芡栗次之豆三行以左爲上第一行芹菹在前筍菹葵菹菁菹次之第二行韭菹在前魚醢兎醢次之第三行豚拍在前鹿臡醓醢次之簠實以稻粱簋實以黍稷鉶實以羹良醞令帥其屬入實尊罍正位太尊爲上實以泛齊著尊實以醴齊犧尊實以盎齊象

尊實以醍齊壺尊實以沈齊山罍實以三酒配位著尊爲上實以泛齊犧尊實以醴齊象尊實以盎齊壺尊實以醍齊山罍實以三酒凡齊之上尊實以明水酒之上尊實以玄酒酒齊皆以尙醖代之太常卿設燭于神座前四曰省牲器前期一日午後八刻諸衞之屬禁止行人未後二刻太社令帥其屬掃除壇之上下司尊彝奉禮郎帥執事者以祭器入設於位司天監太社令升設神位版及禮神之玉幣如儀俟告潔畢權徹祭日重設未後二刻廩犧令與諸太祝祝史以牲就位禮直官贊者分引太常卿監祭監禮大官令於西神門外省牲位立定禮直官引太常卿贊者引監祭監禮入自西神門詣太社壇自西陛升視滌濯於上執事者皆舉冪曰潔次詣太稷壇如太社之儀訖降復位禮直官稍前曰告潔畢請省牲引太常卿稍前省牲訖退復位次引廩犧令出班巡牲一匝東向折身曰充復位諸太祝俱巡牲一匝上一員出班東向折身曰腯復位禮直官稍前曰省牲畢請就省饌位引太常卿以下各就位立定省饌畢還齋所廩犧令與太祝祝史以次牽牲詣廚授大官令次引光祿卿以下詣廚省鼎

鑊視滌溉畢乃還齋所晡後一刻大官令帥宰人以鸞刀割牲祝史以豆取血各置於饌幕祝史又取瘞血貯於盤遂烹牲五曰奠玉幣祭日丑前五刻三獻官以下行事執事官各服其服有司設神位版陳玉幣實籩豆簠簋尊罍俟監祭監禮按視壇之上下及徹去蓋冪未明二刻大樂令帥工人入奉禮郎贊者入就位禮直官贊者入就位禮直官贊者分引監祭監禮諸太祝祝史齋郎及諸執事官自西神門南偏門入當太社壇北墉下重行南向立以東爲上奉禮曰再拜贊者承傳監祭監禮以下皆再拜次贊者分引各就壇上下位祝史奉盤血太祝奉玉幣由西階升壇各於尊所立次引監祭監禮按視壇之上下糾察不如儀者退復位質明禮直官贊者各引三獻以下行禮執事官入就位皆由西神門南偏門以入禮直官進初獻之左曰有司謹具請行事退復位協律郎跪俛伏舉麾興工鼓柷樂作八成偃麾戛敔樂止禮直官引太常卿瘞血于坎訖復位祝史以盤還饌幕以俟奉毛血豆奉禮曰衆官再拜在位者皆再拜又贊諸執事者各就位禮直官贊者分引執事官各就壇上下位諸太祝各取

玉幣於篚立於尊所禮直官引初獻詣太社壇盥洗位樂作至位南向立樂止
搢笏盥手帨手執笏詣壇樂作升自北陛至壇上樂止詣太社神座前南向立
樂作搢笏跪太祝加玉於幣東向跪以授初獻初獻受玉幣奠訖執笏俛伏與
少退再拜訖樂止禮直官引初獻降自北陛詣太稷壇盥洗位樂作至位樂止
盥洗訖升壇奠玉幣並如太社后土之儀奠畢降自北陛樂作復位樂止初獻
奠玉幣將畢祝史各奉毛血豆立於西神門外俟奠玉幣畢樂止祝史奉正位
毛血入自中門配位毛血入自偏門至壇下正位者升自北陛配位者升自西
陛諸太祝迎取於壇上各進奠於神位前太祝祝史俱退立於尊所六曰進熟
初獻既奠玉幣有司先陳鼎入於神廚各在於鑊右大官令出帥進饌者詣廚
以七升羊豕於鑊各實於一鼎冪之祝史以扃對舉鼎有司執七以從各陳於
饌幕內俟光祿卿出帥其屬實籩豆簠簋訖乃去鼎之扃冪七加於鼎大官令
以七升羊豕各載於俎俟初獻還位樂止禮直官引司徒出詣饌所帥進饌者
各奉正配位之饌大官令引以次自西神門入正位之饌入自中門配位之饌

入自偏門饌初入門樂作饌至陛樂止祝史俱進徹毛血豆降自西陛以出正
位之饌升自北陛配位之饌升自西陛諸太祝迎取於壇上各跪奠於神座前
訖俛伏興禮直官引司徒大官令及進饌者自西陛各復位諸太祝還尊所贊
者曰太祝立茅苴於沙池禮直官引初獻官詣太社壇盥洗位樂作至位南向
立樂止搢笏盥手帨手執笏詣爵洗位至位南向立搢笏洗爵拭爵以爵授執
事者執笏詣壇樂作升自北陛至壇上樂止詣太社酌尊所東向立執事者以
爵授初獻初獻搢笏執爵司尊者舉冪艮醞令跪酌太尊之泛齊樂作初獻以
爵授執事者執笏詣太社神座前南向立搢笏跪執事者以爵授初獻初獻執
爵三祭酒奠爵執笏俛伏興少退立樂止舉祝官跪對舉祝版讀祝官西向跪
讀祝文讀訖俛伏興舉祝官奠祝版於案與初獻再拜訖樂止次詣后土氏酌
尊所東向立執事者以爵授初獻初獻搢笏執爵司尊彝舉冪艮醞令跪酌著
尊之泛齊樂作初獻以爵授執事者執笏詣后土神座前西向立搢笏跪執事
者以爵授初獻初獻執爵三祭酒奠爵訖執笏俛伏興少退立樂止舉祝官跪

對舉祝版讀祝官南向跪讀祝文讀訖俛伏興舉祝官奠祝版於案興初獻再拜訖樂止降自北陛詣太稷壇盥洗位樂作至位樂止盥洗升獻並如太社后土之儀降自北陛樂作復位樂止讀祝舉祝官亦降復位亞獻詣兩壇盥洗升獻並如初獻之儀終獻盥洗升獻並如亞獻之儀終獻奠獻畢降復位樂止執事者亦復位太祝各進徹籩豆樂作卒徹樂止奉禮曰賜胙衆官再拜贊者承傳在位者皆再拜訖送神樂作一成止禮直官進初獻之左曰請詣望瘞位御史博士從樂作至位北向立樂止初在位官將拜諸太祝各執篚進於神座前取瘞玉及幣齋郎以俎載牲體幷黍稷爵酒各由其陛降置於坎訖贊者曰可瘞東西各二人置土半坎禮直官進初獻之左曰禮畢禮直官各引獻官以次出禮直官引監祭太祝以下執事官俱復於壇北壖下南向立定奉禮曰再拜監祭以下皆再拜訖出祝史齋郎及工人以次出祝版燔於齋所光祿卿監祭監禮展視酒胙訖乃退其告祭儀告前三日三獻官以下諸執事官各具公服赴中書省受誓戒告前一日省牲器告日質明三獻官以下諸執事各服其服

禮直官引監祭監禮以下諸執事官入自北壝下南向立定奉禮郎贊曰再拜
在位官皆再拜訖奉禮郎贊曰各就位立定監祭監禮視陳設畢復位立定禮
直官引三獻司徒太常卿光祿卿入就位立定禮直官贊有司謹具請行事降
神樂作八成止太常卿瘞血復位立定奉禮郎贊再拜皆再拜訖禮直官引初
獻官詣盥洗位盥手訖詣社壇正位神座前南向搢笏跪三上香奠玉幣執笏
俛伏興再拜訖詣配位神座前西向搢笏跪三上香奠幣執笏俛伏興再拜訖
詣稷壇盥洗位盥手訖升壇並如上儀俱畢降復位司徒率齋郎進饌奠訖降
復位禮直官引初獻官詣盥洗位盥手訖詣爵洗位洗爵訖詣酒尊所酌酒訖
詣社壇神位座前南向立搢笏跪三上香執爵三祭酒於茅苴爵授執事者執
笏俛伏興俟讀祝官讀祝文訖再拜興詣酒尊所酌酒訖詣配位神座前西向
搢笏跪三上香執爵三祭酒於茅苴爵授執事者執笏俛伏興俟讀祝文訖再
拜興詣稷壇盥洗位盥手洗爵酌獻並如上儀俱畢降復位禮直官引亞獻並
如初獻之儀惟不讀祝俱畢降復位禮直官引終獻並如亞獻之儀俱畢降復

位太祝徹籩豆訖奉禮郎贊賜胙衆官再拜訖禮直官引三獻司徒太常卿詣瘞坎位南向立定禮直官贊可瘞禮畢出禮直官引監祭監禮太祝齋郎至北壝下南向立定奉禮贊再拜皆再拜訖出

先農

先農之祀始自至元九年二月命祭先農如祭社之儀十四年二月戊辰祀先農東郊十五年二月戊午祀先農以蒙古胄子代耕籍田二十一年二月丁亥又命翰林學士承旨撒里蠻祀先農于籍田武宗至大三年夏四月從大司農請建農蠶二壇博士議二壇之式與社稷同縱廣一十步高五尺四出陛外壝相去二十五步每方有櫺星門今先農先蠶壇位在籍田內若立外壝恐妨千畝其外壝勿築是歲命祀先農如社稷禮樂用登歌日用仲春上丁後或用上辛或甲日祝文曰維某年月日皇帝敬遣某官昭告于帝神農氏配神曰于后稷氏祀前一日未後禮直官引三獻監祭禮以下省牲饌如常儀祀日丑前五刻有司陳燈燭設祝幣大官令帥其屬入實籩豆尊罍丑正禮直官引先班入

就位立定次引監祭禮按視壇之上下糾察不如儀者畢退復位東向立奉禮曰再拜贊者承傳再拜訖奉禮又贊諸執事者各就位禮直官各引執事官各就位立定次引三獻官幷與祭等官以次入就位西向立禮直官於獻官之右贊請行事樂作三成止奉禮贊再拜在位者皆再拜太祝跪取幣於篚立於尊所禮直官引初獻官詣盥洗位北向立盥手帨手畢升自東階詣神位前北向立搢笏跪三上香受幣奠幣執笏俛伏興少退再拜訖降復位立定大官令率齋郎設饌於神位前畢俛伏興退復位禮直官引初獻再詣盥洗位北向立盥手帨手詣爵洗位洗爵拭爵詣酒尊所酌酒畢詣正位神位前北向立搢笏跪三上香三祭酒於沙池爵授執事者執笏俛伏興北向立俟讀祝畢再拜興次詣配位酒尊所酌酒訖詣神位前東向立搢笏跪三上香三祭酒於沙池爵授執事者執笏俛伏興東向立俟讀祝畢再拜退復位次引亞終獻行禮並如初獻之儀惟不讀祝退復位立定禮直官贊徹籩豆樂作卒徹樂止奉禮贊賜胙衆官再拜贊者承傳在位者皆再拜訖樂作送神之曲一成止禮直官引齋郎

升自東階太祝跪取幣祝齋郎捧俎載牲體及籩豆簠簋各由其階至坎位北向立俟三獻畢至立定各跪奠訖執笏俛伏興禮直官贊可瘞乃瘞焚瘞畢三獻以次詣耕地所耕訖而退此其儀也先蠶之祀未聞

宣聖

宣聖廟太祖始置于燕京至元十年三月中書省命春秋釋奠執事官各公服如其品陪位諸儒襴帶唐巾行禮成宗始命建宣聖廟于京師大德十年秋廟成至大元年秋七月詔加號先聖曰大成至聖文宣王延祐三年秋七月詔春秋釋奠于先聖以顏子曾子子思孟子配享封孟子父爲邾國公母爲邾國宣獻夫人皇慶二年六月以許衡從祀又以先儒周惇頤程灝程頤張載邵雍司馬光朱熹張栻呂祖謙從祀至順元年以漢儒董仲舒從祀齊國公叔梁紇加封啓聖王魯國太夫人顏氏啓聖王夫人顏子兗國復聖公曾子郕國宗聖公子思沂國述聖公孟子鄒國亞聖公河南伯程灝豫國公伊陽伯程頤洛國公其祝幣之式祝版三各一尺二寸廣八寸木用楸梓柏文曰維年月日皇帝敬

遣某官等致祭于大成至聖文宣王於先師曰維年月日某官等致祭于某國公幣三用絹各長一丈八尺其牲齊器皿之數牲用牛一羊五豕五以犧尊實泛齊象尊實醴齊皆三有上尊加冪有勺設堂上太尊實泛齊山罍實醴齊有上尊著尊實盎齊犧尊實醴齊象尊實沈齊壺尊實三酒皆有上尊設堂下盥洗位在阼階之東以象尊實醴齊有上尊加冪有勺設於兩廡近北盥洗位在階下近南籩十豆十簠二簋二登三鉶三俎三有毛血豆正配位同籩豆皆二簋一簠一俎一從祀皆同凡銅之器六百八十有一宣和爵坫一豆二百四十有八簠簋各一百一十有五登六犧尊象尊各六山尊二壺尊六著尊太尊各二罍二洗二龍杓二十有七坫二十有八爵一百一十有八竹木之器三百八十有四籩二百四十有八篚三俎百三十有三陶器三瓶二香爐一籩巾二百四十有一簠簋巾二百四十有八俎巾百三十有三黃巾蒙單十其樂登歌其日用春秋二仲月上丁有故改用中丁其釋奠之儀省牲前期一日晡時三獻官監祭官各具公服詣省牲所阼階東西向立以北爲上少頃引贊者引三獻

官監祭官巡牲一匝北向立以西爲上侍禮牲者折身曰充贊者曰告充畢禮牲者又折身曰腯贊者曰告腯畢贊者復引三獻官監祭官詣神廚視滌溉畢還齋所釋服釋奠是日丑前五刻初獻官及兩廡分奠官二員各具公服於幕次諸執事者具儒服先於神門外西序東向立以北爲上明贊承傳贊先詣殿庭前再拜畢明贊升露階東南隅西向立承傳贊立於神門階東南隅西向立掌儀先引諸執事者各司其事引贊者引初獻官兩廡分奠官點視陳設引贊者進前曰請點視陳設至階曰升階至殿簷下曰詣大成至聖文宣王神位前至位曰北向立點視畢曰詣兗國公神位前至位曰東向立點視畢曰詣鄒國公神位前至位曰西向立點視畢曰詣東從祀神位前至位曰東向立點視畢曰詣西從祀神位前至位曰西向立點視畢曰詣酒尊所曰西向立點視畢曰詣三獻爵洗位至階曰降階至位曰北向立點視畢曰詣三獻官盥洗位至位曰北向立點視畢曰請就次方初獻點視時引贊二人各引東西廡分奠官曰請詣東西廡神位前至位東曰東西曰西向立點視畢曰詣先儒神位前至位曰南向立

點視畢曰退詣酒尊所至酒尊所東西向立點視畢曰退詣分奠官爵洗位至位曰南向立點視畢曰請就次西廡分奠官點視畢引贊曰請詣望瘞位至位曰北向立點視畢曰請就次初獻官釋公服司鐘者擊鐘初獻以下各服其服齊班於幕次掌儀點視班齊詣明贊報知引禮者引監祭官監禮官就位進前曰請就位至位曰就位西向立明贊唱曰典樂官以樂工進就位承傳贊曰典樂官以樂工進就位明贊唱曰諸執事者就位承傳贊曰諸執事者就位明贊唱曰諸生就位承傳贊曰諸生就位引班者引諸生就位明贊唱曰陪位官就位承傳贊曰陪位官就位引班者引陪位官就位明贊唱曰獻官就位承傳贊曰獻官就位引贊者進前曰請就位至位曰西向立明贊唱曰闢戶俟戶闢迎神之曲九奏樂止明贊唱曰初獻官以下皆再拜承傳贊曰鞠躬拜興拜興平身明贊唱曰諸執事者各司其事俟執事者立定明贊唱曰初獻官奠幣引贊者進前曰請詣盥洗位盥洗之樂作至位曰北向立搢笏盥手帨手出笏樂止及階曰升階升殿之樂作樂止入門曰詣大成至聖文宣王神位前至位曰就

位北向立稍前奠幣之樂作搢笏跪三上香奉幣者以幣授初獻初獻受幣奠
訖出笏就拜興平身少退再拜鞠躬拜興拜興平身曰詣兗國公神位前至位
曰就位東向立奠幣如上儀曰詣鄒國公神位前至位曰就位西向立奠幣如
上儀樂止曰退復位及階降殿之樂作樂止至位曰就位西向立俟立定明贊
唱曰禮饌官進俎奉俎之樂作乃進俎樂止進俎畢明贊唱曰初獻官行禮引
贊者進前曰請詣盥洗位盥洗之樂作至位曰北向立搢笏盥手帨手出笏請
詣爵洗位至位曰北向立搢笏執爵滌爵拭爵以爵授執事者如是者三出笏
樂止曰請詣酒尊所及階升殿之樂作曰升階樂止至酒尊所曰西向立搢笏
執爵舉冪司尊者酌犧尊之泛齊以爵授執事者如是者三出笏曰詣大成至
聖文宣王神位前至位曰就位北向立酌獻之樂作稍前搢笏跪三上香執爵
三祭酒奠爵出笏樂止祝人東向跪讀祝祝在獻官之左讀畢興先詣左配位
南向立引贊曰就拜興平身少退再拜鞠躬拜興拜興平身曰詣兗國公神位
前至位曰就位東向立酌獻之樂作樂止讀祝如上儀曰詣鄒國公神位前至

位曰就位西向立酌獻之樂作樂止讀祝如上儀曰退復位至階降殿之樂作
樂止至位曰就位西向立俟立定明贊唱曰亞獻官行禮引贊者進前曰請詣
盥洗位至位曰北向立搢笏盥手出笏請詣爵洗位至位曰北向立搢笏執爵
滌爵拭爵以爵授執事者如是者三出笏請詣酒尊所曰西向立搢笏執爵舉
冪司尊者酌象尊之醴齊以爵授執事者如是者三出笏曰詣大成至聖文宣
王神位前至位曰就拜北向立酌獻之樂作稍前搢笏跪三上香執爵三祭酒
奠爵出笏就拜興平身少退鞠躬拜興拜興平身曰詣兗國公神位前至位曰
東向立酌獻如上儀曰詣鄒國公神位前至位曰西向立酌獻如上儀樂止曰
退復位及階曰降階至位曰就位西向立明贊唱曰終獻官行禮引贊者進前
曰請詣盥洗位至位曰北向立搢笏盥手帨手出笏請詣爵洗位至位曰北向
立搢笏執爵滌爵拭爵以爵授執事者如是者三出笏請詣酒尊所至階曰升
階至酒尊所曰西向立搢笏執爵舉冪司尊者酌象尊之醴齊以爵授執事者
如是者三出笏曰詣大成至聖文宣王神位前至位曰就位北向立稍前酌獻

之樂作搢笏跪三上香執爵三祭酒奠爵出笏就拜興平身少退鞠躬拜興拜興平身曰詣兗國公神位前至位曰東向立酌獻如上儀曰詣鄒國公神位前至位曰西向立酌獻如上儀樂止曰退復位及階曰降階至位曰就位西向立俟終獻將升階明贊唱曰分獻官行禮引贊者分引東西從祀分獻官進前曰詣盥洗位至位曰北向立搢笏盥手帨手出笏詣爵洗位至位曰北向立搢笏執爵滌爵拭爵以爵授執事者出笏詣酒尊所至階曰升階至酒尊所曰西向立搢笏執爵舉冪司尊者酌象尊之醴齊以爵授執事者出笏詣東從祀神位前至位曰就位東向立稍前搢笏跪三上香執爵三祭酒奠爵出笏就拜興平身少退鞠躬拜興拜興平身退復位及階曰降階至位曰就位西向立引西從祀分獻官同上儀唯至神位前東向立俟十哲分獻官離位明贊唱曰兩廡分奠官行禮引贊者進前曰詣盥洗位至位曰南向立搢笏盥手帨手出笏詣爵洗位至位曰南向立搢笏執爵滌爵拭爵以爵授執事者出笏曰詣東廡酒尊所及階曰升階至酒尊所曰北向立搢笏執爵舉冪酌象尊之醴齊以爵授執

事者出笏詣東廡神位前至位曰東向立稍前搢笏跪三上香執爵三祭酒奠爵出笏就拜與平身稍退鞠躬拜與拜與平身退復位至階曰降階至位曰就位西向立引西廡分奠官同上儀唯至神位前東向立作西向立俟終獻十哲兩廡分奠官同時復位明贊唱曰禮饌者徹籩豆徹豆之樂作禮饌者跪移先
聖前籩豆略離席樂止明贊唱曰諸執事者退復位俟諸執事者至版位立定送神之樂作明贊唱曰初獻官以下皆再拜承傳贊曰鞠躬拜與拜與平身樂止明贊唱曰祝人取祝幣人取幣詣瘞坎俟徹祝幣者出殿門北向立望瘞之樂作明贊唱曰三獻官詣望瘞位引贊者進前曰請詣望瘞位至位曰就位北向立曰可瘞埋畢曰退復位至殿庭前候樂止明贊唱曰典樂官以樂工出就位明贊唱曰闔戶又唱曰初獻官以下退詣圓揖位引贊者引獻官退詣圓揖位至位初獻在西亞終獻及分獻以下在東陪位官東班在東西班在西俟立定明贊唱曰圓揖禮畢退復位引贊者各引獻官詣幕次更衣其飲福受胙除
國學外諸處仍依常制

闕里之廟始自太宗九年令先聖五十一代孫襲爵衍聖公元措修之官給其費而代祠之禮則始於武宗牲用太牢禮物別給白金一百五十兩綵幣表裏各十有三疋四年冬復遣祭酒劉賡往祀牲禮如舊延祐之末泰定天曆初載皆循是典錦幣雜綵有加焉

岳鎮海瀆

岳鎮海瀆代祀自中統二年始凡十有九處分五道後乃以東嶽東海東鎮北鎮爲東道中嶽淮瀆濟瀆北海南嶽南海南鎮爲南道北嶽西嶽后土河瀆中鎮西海西鎮江瀆爲西道既而又以驛騎迂遠復爲五道道遣使二人集賢院奏遣漢官翰林院奏遣蒙古官出璽書給驛以行中統初遣道士或副以漢官至元二十八年正月帝謂中書省臣言曰五嶽四瀆祠事朕宜親往道遠不可大臣如卿等又有國務宜遣重臣代朕祠之漢人選名儒及道士習祀事者其禮物則每處歲祀銀香合一重二十五兩五嶽組金幡二鈔五百貫四瀆織金幡二鈔二百五十貫四海五鎮銷金幡二鈔二百五十貫至則守臣奉詔使行

禮皇帝登寶位遣官致祭降香幡合如前禮惟各加銀五十兩五嶽各中統鈔五百貫四瀆四海五鎮各中統鈔二百五十貫或他有禱禮亦如之其封號至元二十八年春二月加上東嶽爲天齊大生仁聖帝南嶽司天大化昭聖帝西嶽金天大利順聖帝北嶽安天大貞玄聖帝中嶽中天大寧崇聖帝加封江瀆爲廣元順濟王河瀆靈源弘濟王淮瀆長源溥濟王濟瀆清源善濟王東海廣德靈會王南海廣利靈孚王西海廣潤靈通王北海廣澤靈祐王成宗大德二年二月加封東鎮沂山爲元德東安王南鎮會稽山爲昭德順應王西鎮吳山爲成德永靖王北鎮醫巫閭山爲貞德廣寧王中鎮霍山爲崇德應靈王勑有司歲時與嶽瀆同祀

郡縣社稷

至元十年八月甲辰朔頒諸路立社稷壇壝儀式十六年春三月中書省下太常禮官定郡縣社稷壇壝祭器制度祀祭儀式圖寫成書名至元州郡通禮元貞二年冬復下太常議置壇於城西南二壇方廣視太社太稷殺其半壺尊二

籩豆皆八而無樂牲用羊豕餘皆與太社太稷同三獻官以州長貳爲之

郡縣宣聖

中統二年夏六月詔宣聖廟及所在書院有司歲時致祭月朔釋奠八月丁酉

命開平守臣釋奠于宣聖廟成宗卽位詔曲阜林廟上都大都諸路府州縣邑

廟學書院贍學土地及貢士莊以供春秋二丁朔望祭祀修完廟宇自是天下

郡邑廟學無不完葺釋奠悉如舊儀

郡縣三皇廟

元貞元年初命郡縣通祀三皇如宣聖釋奠禮太皞伏羲氏以勾芒氏之神配

炎帝神農氏以祝融氏之神配軒轅黃帝氏以風后氏力牧氏之神配黃帝臣

俞跗以下十人姓名載于醫書者從祀兩廡有司歲春秋二季行事而以醫師

主之

嶽鎭海瀆常祀

至元三年夏四月定歲祀嶽鎭海瀆之制正月東嶽鎭海瀆土王日祀泰山於

泰安州沂山於益都府界立春日祀東海於萊州界大淮於唐州界三月南嶽
鎭海瀆立夏日遙祭衡山土王日遙祭會稽山皆於河南府界立夏日遙祭南
海大江於萊州界六月中嶽鎭土王日祀嵩山於河南府界霍山於平陽府界
七月西嶽鎭海瀆土王日祀華山於華州界吳山於隴縣界立秋日遙祭西海
大河於河中府界十月北嶽鎭海瀆土王日祀恆山於曲陽縣界醫巫閭於遼
陽廣寧路界立冬日遙祭北海於登州界濟瀆於濟源縣祀官以所在守土官
爲之既有江南乃罷遙祭

風雨雷師

風雨雷師之祀自至元七年十二月大司農請於立春後丑日祭風師於東北
郊立夏後申日祭雷雨師於西南郊仁宗延祐五年乃卽二郊定立壇壝之制
其儀注闕

武成王

武成王立廟於樞密院公堂之西以孫武子張良管仲樂毅諸葛亮以下十人

從祀每歲春秋仲月上戊以羊一豕一犧尊象尊籩豆俎爵樞密院遣官行三獻禮

古帝王廟

堯帝廟在平陽舜帝廟河東山東濟南歷山濮州湖南道州皆有之禹廟在河中龍門至元元年七月龍門禹廟成命侍臣持香致敬有祝文十二年二月立伏羲女媧舜湯等廟于河中解州洪洞趙城十五年四月修會川縣盤古王祠祀之二十四年閏二月勑春秋二仲丙日祀帝堯廟致和元年禮部移太常送博士議舜禹之廟合依堯祠故事每歲春秋仲月上旬卜日有司蠲潔致祭官給祭物至順元年三月從太常奉禮部薛元德言彰德路湯陰縣北故羑里城周文王祠命有司奉祀如故事

周公廟

周公廟在鳳翔府岐山之陽天曆二年六月以岐陽廟爲岐陽書院設學官春秋釋奠周文憲王如孔子廟儀凡有司致祭先代聖君名臣皆有牲無樂

名山大川忠臣義士之祠

凡名山大川忠臣義士在祀典者所在有司主之惟南海女神靈惠夫人至元中以護海運有奇應加封天妃神號積至十字廟曰靈慈直沽平江周涇泉福興化等處皆有廟皇慶以來歲遣使齎香遍祭金幡一合銀一鋌付平江官漕司及本府官用柔毛酒醴便服行事祝文云維年月日皇帝特遣某官等致祭于護國庇民廣濟福惠明著天妃

功臣祠

功臣之祠惟故淮安忠武王立廟于杭春秋二仲月次戊祀以少牢用籩豆簠簋行酌獻禮若魏國文正公許衡廟在大名順德忠獻王哈剌哈孫廟在順德武昌者皆歲時致祭自古帝王而下祭器不用籩豆簠簋儀非酌奠者有司便服行禮三上香奠酒而已

大臣家廟

大臣家廟惟至治初右丞相拜住得立五廟同堂異室而牲器儀式未聞

元史卷七十六

元史卷七十七

明翰林學士亞中大夫知制誥兼修國史宋　濂等修

祭祀志第二十七

祭祀六

至正親祀南郊

至正三年十月十七日，親祀昊天上帝于圜丘，以太祖皇帝配享，如舊行儀制。右丞相脫脫爲亞獻官，太尉、樞密知院阿魯禿爲終獻官，御史大夫伯撒里爲攝司徒，樞密知院汪家奴爲大禮使，中書平章也先帖木兒、鐵木兒達識二人爲侍中，御史大夫也先帖木兒、中書右丞太平二人爲門下侍郎，宣徽使達世帖睦爾、太常同知李好文二人爲禮儀使，宣徽院使也先帖木兒執劈正斧，其餘侍祀官依等第定擬。前期八月初七日，太常禮儀院移關禮部，具呈都省，會集翰林、集賢、禮部等官講究典禮。九月內，承奉班都知孫玉鉉具錄親祀南郊儀注云：致齋日停奏刑殺文字，應享執事官員涖誓於中書省。享前一日質明所司備法駕儀仗曁侍享官分左右敘立於崇天門外太僕卿控御馬立於大明門外侍儀官導駕官各具公服備擎執立於致齋殿前通事舍人二員引門下侍郎侍中入殿相向立侍中跪奏請皇帝中嚴就拜興退出少頃引侍中跪奏外辦就拜興皇帝出致齋殿侍中跪奏請皇帝升輿侍儀官導駕官引擎執前導巡輦路至大明殿西陛下侍中跪奏請皇帝降輿升殿就拜興皇帝入殿即御座舍人引執事等官敘於殿午陛下相向立通班舍人贊起居引班鞠躬平身舍人引門下侍郎侍中入殿至御座前門下侍郎侍中相向立侍中跪奏請皇帝降殿升輿就拜興侍儀官前導至大明殿門外侍中跪奏請皇帝升輿就拜興至大明門外侍中跪奏請皇帝降輿乘馬門下侍郎跪奏請車駕進發就拜興動稱警蹕至崇天門外門下侍郎跪奏請車駕少駐勑衆官上馬就拜興侍中承旨退稱曰制可門下侍郎退傳制勑衆官上馬贊者承傳勑衆官於櫺星門外上馬少頃門下侍郎跪奏請車駕進發就拜興動稱警蹕華蓋繖扇儀仗百官左右前導教坊樂鼓吹不作至郊壇南櫺星門外門下侍郎跪奏請

皇帝權停勑衆官下馬侍中傳制勑衆官下馬自卑而尊與儀仗倒捲而北左右駐立駕至內欞星門侍中跪奏請皇帝降馬步入欞星門由右偏門入稍西侍中跪奏請皇帝升輿就拜興侍儀官暨導駕官引擎執前導至大次殿門前侍中跪奏請皇帝降輿入就大次殿就拜興皇帝入就大次簾降宿衞如式侍中入跪奏勑衆官各退齋次就拜興通事舍人承旨勑衆官各還齋次尚食進膳訖禮儀使以祝冊奏御署訖奉出郊祀令受而奠於坫其享日丑時二刻侍儀官備擎執同導駕官列於大次殿前通事舍人引侍中門下侍郎入大次殿侍中跪奏請皇帝中嚴服袞冕就拜興退少頃舍人再拜引侍中跪版奏外辦就拜興退出禮儀使入跪奏請皇帝行禮就拜興簾捲出大次侍儀官備擎執同導駕官前導皇帝至西壝門侍儀官導駕官擎執止於壝門外近侍官代禮官皆後從入殿中監跪進大圭禮儀使跪請皇帝執大圭皇帝入行禮禮節一如舊制行禮畢侍儀官備擎執同導駕官前導皇帝還至大次通事舍人引侍中入跪奏請皇帝解嚴釋袞冕停五刻頃尚食進膳如儀所司備法駕儀仗同

侍享等官分左右敘立於郊南櫺星門外以北爲上舍人引侍中入跪奏請皇帝中嚴就拜興退少頃再引侍中跪版奏外辦就拜興皇帝出大次侍中跪奏請皇帝升輿侍儀官備擎執同導駕官前導至櫺星門外太僕卿進御馬侍中跪奏請皇帝降輿乘馬就拜興門下侍郎跪奏請車駕進發就拜興動稱警蹕至櫺星門外門下侍郎跪請皇帝少駐勑衆官上馬就拜興侍中承旨退稱曰制可門門下侍郎傳制勑衆官上馬贊者承傳勑衆官上馬少頃門下侍郎跪奏請車駕進發就拜興侍儀官備擎執同導駕官前導動稱警蹕華蓋儀仗繖扇衆官左右前導教坊樂皷吹皆作至麗正門裏石橋北舍人引門下侍郎下馬跪奏請皇帝權停勑衆官下馬贊者承傳勑衆官下馬舍人引衆官分左右先入紅門內倒捲而北駐立引甲馬軍士於麗正門內石橋大北駐立依次倒捲至櫺星門外左右相向立仗立於櫺星門內倒捲亦如之門下侍郎跪奏請車駕進發侍儀官備擎執導駕官導由崇天門入至大明門外引侍中跪奏請皇帝降馬升輿就拜興至大明殿引衆官相向立於殿陛下俟皇帝入殿升座侍

中跪奏請皇帝解嚴勅衆官皆退通事舍人承旨勅衆官皆退郊祀禮成

至正親祀太廟

至元六年六月監察御史呈嘗聞五行傳曰簡宗廟廢祭祀則水不潤下近年雨澤愆期四方多旱而歲減祀事變更成憲原其所致恐有感召欽惟國家四海乂安百有餘年列聖相承典禮具備莫不以孝治天下古者宗廟四時之祭皆天子親享莫敢使有司攝也蓋天子之職莫大於禮禮莫大於孝孝莫大於祭世祖皇帝自新都城首建太廟可謂知所本矣春秋之法國君即位逾年改元必行告廟之禮伏自陛下即位以來于今七年未嘗躬詣太廟似爲闕典方今政化更新並遵舊制告廟之典理宜親享時帝在上都臺臣以聞奉旨若曰俟到大都親自祭也九月二十七日中書省奏以十月初四日皇帝親祀太廟制曰可前期告示以太師右丞相馬扎兒台爲亞獻官樞密知院阿魯禿爲終獻官知院潑皮翰林承旨老章爲助奠官大司農愛牙赤爲七祀獻官侍中二人門下侍郎一人大禮使一人執劈正斧一人禮儀使四人餘各如故事有司

具儀注云享前一日質明所司備法駕於崇天門外侍儀官引擎執同導駕官
具公服於致齋殿前左右分班侍立承奉舍人引門下侍郎侍中入殿門下侍
郎相向立侍中跪奏臣某等官請皇帝中嚴就拜興退出少頃引侍中版奏外
辦就拜興退皇帝出齋室侍中跪奏請皇帝升輿巡輦路由正門至大明殿西
陛下侍中跪奏請皇帝降輿升殿就拜興引皇帝即御座執事官於午陛下起
居訖舍人引侍中門下侍郎入殿至御榻前門下侍郎相向立侍中跪奏請皇
帝降殿升輿就拜興導至大明殿外侍中跪奏請皇帝升輿就拜興至大明門
外太僕卿進御馬侍中跪奏請皇帝降輿乘馬訖門下侍郎跪奏請車駕進發
就拜興進發時稱警蹕至崇天門外門下侍郎跪奏請車駕少駐勑衆官上馬
就拜興侍中承旨退稱曰制可贊者承傳勑衆官上馬少頃門下侍郎跪奏請
車駕進發就拜興進發時稱警蹕導至太廟外紅門內門下侍郎跪奏請車駕
權停勑衆官下馬就拜興贊者承傳勑衆官下馬門下侍郎跪奏請車駕進發
至石橋南侍中跪奏請皇帝下馬步入神門就拜興皇帝下馬侍儀官同導駕

官前導皇帝步入神門稍西侍中跪奏請皇帝升輿就拜興至大次殿門前侍
中跪奏請皇帝降輿入就大次就拜興簾降宿衞如式侍中入跪奏勑衆官各
還齋次承旨贊者承傳勑衆官各還齋次俟行禮時至丑時二刻頃侍儀官備
攀執同導駕官於大次殿門前舍人引侍中門下侍郎入大次座前侍中跪奏
請皇帝中嚴服衮冕就拜興退少頃再引侍中跪奏外辦就拜興退禮儀使跪
奏請皇帝行禮侍儀官同導駕官導引皇帝至西神門攀執侍儀官同導駕官
止行禮畢皇帝由西神門出侍儀官備攀執同導駕官引導皇帝還至大次舍
人引侍中入跪奏請皇帝解嚴釋衮冕尚食進膳如式畢侍中跪版奏外辦就
拜興退導皇帝出大次侍中跪奏請皇帝升輿就拜興侍儀官同導駕官前導
至神門外太僕卿進御馬侍中跪奏請皇帝降輿乘馬就拜興乘馬訖門下侍
郎跪奏請車駕進發就拜興退進發時稱警蹕至櫺星門外門下侍郎跪奏請
車駕少駐勑衆官上馬就拜興侍中承旨退稱曰制可贊者承傳勑衆官上馬
少頃門下侍郎跪奏請車駕進發就拜興進發時稱警蹕教坊樂振作至麗正

門裏石橋北引門下侍郎跪奏請車駕權停勑衆官下馬就拜興贊者承傳勑衆官下馬門下侍郎跪奏請車駕進發侍儀官引轝執同導駕官前導執事官後從皇帝由紅門裏輦路至大明門外侍中跪奏請皇帝降馬乘輿就拜興侍儀官轝執同導駕官導至大明殿諸執事殿下相向立俟皇帝入殿升座侍中跪奏勑衆官皆退贊者承傳勑衆官皆退

三皇廟祭祀禮樂

至正九年御史臺以江西湖東道肅政廉訪使文殊訥所言具呈中書其言曰三皇開天立極功被萬世京師每歲春秋祀事命太醫官主祭揆禮未稱請如國子學宣聖廟春秋釋奠上遣中書省臣代祀一切儀禮倣其制中書付禮部集禮官議之是年十月二十四日平章政事太不花定住等以聞制曰可於是命太常定儀式工部範祭器江浙行省製雅樂器復命太常博士定樂曲名翰林國史院撰樂章十有六曲明年祭器樂器俱備以醫籍百四十有八戶充廟戶禮樂生御樂院大使盧亨素習音律受命教樂工四十有二人各執其技乃

季秋九月九日蕆事宣徽供禮饌光祿勳供內醞太府供金帛廣源庫供薌炬

大興府尹供犧牲制幣粢盛肴核中書奏擬三獻官以次定諸執事並以清望

充前一日內降御香三獻官以下公服備大樂儀仗迎香至開天殿庋置退習

明日祭儀習畢就廟齋宿京朝文武百司與祭官如之各以禮助祭翰林詞臣

具祝又曰皇帝敬遣某官某致祭

樂章前卷祀社稷樂章俱在禮樂類中今附于此

降神奏咸成之曲

黃鐘宮三成

於皇三聖　神化無方　繼天立極　垂憲百王　聿崇明祀　率由舊章

靈兮來下　休有烈光

降神奏賓成之曲

大呂角二成

帝德在人　日用不知　神之在天　矧可度思　辰良日吉　蕆事有儀

感以至誠　尚右享之

降神奏顧成之曲

太簇徵二成

大道之行　肇自古先　功烈所加　何千萬年　是尊是奉　執事孔虔

神哉沛兮　泠風颭然

降神奏臨成之曲

應鐘羽二成

雅奏告成　神斯降格　妥安有位　清廟奕奕　肸蠁潛通　豐融烜赫

我其承之　百世無斁

初獻盥洗奏蠲成之曲

姑洗宮

靈斿戾止　式燕以寧　吉蠲致享　惟寅惟清　挹彼注茲　沃盥而升

有孚顒若　交于神明

初獻升殿奏恭成之曲

南呂宮

齋明盛服　恪恭命祀　洋洋在上　匪遠具邇　左右周旋　陟降庭止

式禮莫愆　用介多祉

奠幣奏祗成之曲

南呂宮

駿奔在列　品物咸備　禮嚴載見　式陳量幣　惟茲篚實　肅將忱意

靈兮安留　成我熙事

初獻降殿與升殿同

捧俎奏闕成之曲

姑洗宮

我祀如何　有牲在滌　既全且潔　爲俎孔碩　以將以享　其儀不忒

神其迪嘗　純嘏是錫

初獻盥洗與前同

初獻升殿與前同

大皡伏羲氏位酌獻奏闕成之曲

南呂宮

五德之首　巍巍聖神　八卦有作　誕開我人　物無能稱　玄酒在尊

歆監在兹　惟德是親

炎帝神農氏位酌獻奏闕成之曲

南呂宮

耒耜之利　人賴以生　皷腹含哺　帝力難名　欲報之德　黍稷非馨

眷言顧之　享于克誠

黄帝有熊氏位酌獻奏闕成之曲

南呂宮

爲衣爲裳　法乾效坤　三辰順序　萬國來賓　典祀有常　多儀具陳

純精鬯達 匪藉彌文

配位酌獻奏闋成之曲

南呂宮

三聖儼臨 孰侑其食 惟爾有神 同功合德 丕擁靈休 留娛嘉席

歷世昭配 永永無極

初獻降殿與前同

亞獻奏闋成之曲終獻同

姑洗宮

緩節安歌 載升貳觴 禮成三終 申薦令芳 凡百有職 罔敢怠違

神具醉止 欣欣樂康

徹豆奏闋成之曲

南呂宮

籩豆有踐 殷薦亶時 禮文疏洽 廢徹不遲 慎終如始 進退無違

神其祚我　綏以繁釐

送神奏闕成之曲

黃鐘宮

夜如何其　明星煌煌　靈逝弗留　飈舉雲翔　瞻望靡及　德音不忘

庶回景貺　發爲禎祥

望瘞奏闕成之曲

姑洗宮

工祝致告　禮備樂終　加牲兼幣　訖薶愈恭　精神斯馨　惠澤無窮

儲休錫美　萬福來崇

顏子考妣封諡

至順元年冬十一月望曲阜兗國復聖公新廟落成元統二年改封顏子考曲

阜侯爲杞國公諡文裕妣齊姜氏爲杞國夫人諡端獻夫人戴氏兗國夫人諡

貞素又劃益都鄒縣牧地三十頃徵其歲入以給常祀

宋五賢從祀

至正十九年十一月江浙行省據杭州路申備本路經歷司呈准提控案牘兼照磨承發架閣胡瑜牒嘗謂文治興隆宜舉行於曠典儒先褒美期激勵於將來凡在聞知詎容緘默蓋國家化民成俗莫先於學校而學校之設必崇先聖先師之祀者所以報功而示勸也我朝崇儒重道之意度越前古既已加封先聖大成之號又追崇宋儒周敦頤等封爵俾從祀廟庭報功示勸之道可謂至矣然有司討論未盡尚遺先儒楊時等五人未列從祀遂使盛明之世猶有闕典惟故宋龍圖閣直學士諡文靖龜山先生楊時親得程門道統之傳排王氏經義之謬南渡後朱張呂氏之學其源委脈絡皆出於時者也故宋處士延平先生李侗傳河洛之學以授朱熹凡集註所引師說卽其講論之旨也故宋中書舍人諡文定胡安國聞道伊洛志在春秋纂爲集傳羽翼正經明天理而扶世教有功於聖人之門者也故宋處士贈太師榮國公諡文正九峯先生蔡沉從學朱子親承指授著書集傳發明先儒之所未及深有功於聖經者也故宋

翰林學士參知政事諡文忠西山先生真德秀博學窮經踐履篤實當時立僞學之禁以錮善類德秀晚出獨以斯文爲己任講習躬行黨禁解而正學明此五人者學問接道統之傳著述發儒先之祕其功甚大況科舉取士已將胡安國春秋蔡沈尚書集傳表章而尊用之真德秀大學衍義亦備經筵講讀是皆有補於國家之治道者矣各人出處詳見宋史本傳俱應追錫名爵從祀先聖廟廷可以敦厚儒風激勸後學如蒙備呈上司申達朝省命禮官討論典禮如周敦頤等例聞奏施行以補闕典吾道幸甚本省以其言具咨中書省仍遣胡瑜赴都投呈至正二十一年七月中書判送禮部行移翰林集賢太常三院會議俱准所言回呈中書省二十二年八月奏准送禮部定擬五先生封爵諡號俱贈太師楊時追封吳國公李侗追封越國公胡安國追封楚國公蔡沈追封建國公真德秀追封福國公各給詞頭宣命遣官賫往福建行省訪問各人子孫給付如無子孫者於其故所居鄉里郡縣學或書院祠堂內安置施行

朱熹加封齊國公追諡獻靖

至正二十二年十二月追諡朱熹父爲獻靖其制詞云考德而論時灼見風儀之後觀子而知父迨聞詩禮之傳久閟幽堂丕昭公論故宋左承議郎守尚書吏部員外郎兼史館校勘累贈通議大夫朱松仕不躁進德合中行遡鄒魯之淵源式開來學閱圖書之蘊奧妙契玄機奏對雖忤於權姦嗣續篤生於賢哲化民成俗著書滿家既繼志述事之光前何節惠易名之孔後才高弗展嗟沉滯於下僚道大莫容竟昌明於永世神靈不昧休命其承可諡獻靖其改封熹爲齊國公制詞云聖賢之蘊載諸經義理實明於先正風節之厲垂諸世褎崇豈間於異時不有鉅儒孰膺寵數故宋華文閣待制累贈寶謨閣直學士太師追封徽國公諡文朱熹挺生異質蚤擢科名試用於郡縣而善政孔多迴翔於館閣而直言無隱權姦屢挫志慮不回著書立言嘉乃簡編之富愛君憂國負其經濟之長正學久達於中原渙號申行於仁廟詢諸僉議宜易故封國啓營丘爰錫太公之境土壤鄰洙泗尚觀尼父之宮牆緬想英風載欽親命可追封齊國公餘並如故

國俗舊禮

每歲太廟四祭用司禋監官一員名蒙古巫祝當省牲時法服同三獻官升殿詣室戶告腯還至牲所以國語呼累朝帝后名諱而告之明旦三獻禮畢獻官御史太常卿博士復陞殿分詣各室蒙古博兒赤跪割牲太僕卿以朱漆盂奉馬乳酌奠巫祝以國語告神訖太祝奉祝幣詣燎位獻官以下復版位載拜禮畢

每歲駕幸上都以八月二十四日祭祀謂之灑馬妳子用馬一羯羊八綵段練絹各九疋以白羊毛纏若穗者九貂鼠皮三命蒙古巫覡及蒙古漢人秀才達官四員領其事再拜告天又呼太祖成吉思御名而祝之曰托天皇帝福蔭年年祭賽者禮畢掌祭官四員各以祭幣表裏一與之餘幣及祭物則凡與祭者共分之

每歲九月內及十二月十六日以後於燒飯院中用馬一羊三馬湩酒醴紅織金幣及裏絹各三疋命蒙古達官一員偕蒙古巫覡掘地爲坎以燎肉仍以酒

醴馬湩雜燒之巫覡以國語呼累朝御名而祭焉
每歲十二月下旬擇日於西鎮國寺內牆下灑掃平地太府監供綵幣中尚監供細氈鍼線武備寺供弓箭環刀束稈草爲人形一爲狗一剪雜色綵段爲之腸胃選達官世家之貴重者交射之非別速札剌爾乃蠻忙古台列班塔達珊竹雪泥等氏族不得與列射至糜爛以羊酒祭之祭畢帝后及太子嬪妃併射者各解所服衣俾蒙古巫覡祝讚之祝讚畢遂以與之名曰脫災國俗謂之射草狗
每歲十二月十六日以後選日用白黑羊毛爲線帝后及太子自頂至手足皆用羊毛線纏繫之坐于寢殿蒙古巫覡念呪語奉銀槽貯火置米糠于其中沃以酥油以其煙薰帝之身斷所繫毛線納諸槽內又以紅帛長數寸帝手裂碎之唾之者三併投火中卽解所服衣帽付巫覡謂之脫舊災迎新福云
凡后妃妊身將及月辰則移居于外氈帳房若生皇子孫則錫百官以金銀綵段謂之撒荅海及彌月復還內寢其帳房則以頒賜近臣云

凡帝后有疾危殆度不可愈亦移居外氈帳房有不諱則就殯殮其中葬後每日用羊二次燒飯以爲祭至四十九日而後已其帳房亦以賜近臣云

凡宮車晏駕棺用香楠木中分爲二刳肖人形其廣狹長短僅足容身而已殮用貂皮襖皮帽其靴韈繫腰盒鉢俱用白粉皮爲之殉以金壺瓶二盞一椀楪匙筯各一殮訖用黃金爲箍四條以束之輿車用白氈青緣納失失爲簾覆棺亦以納失失爲之前行用蒙古巫媼一人衣新衣騎馬牽馬一疋以黃金飾鞍轡籠以納失失謂之金靈馬日三次用羊奠祭至所葬陵地其開穴所起之土成塊依次排列之棺既下復依次掩覆之其有剩土則遠置他所送葬官三員居五里外日一次燒飯致祭三年然後返

世祖至元七年以帝師八思巴之言於大明殿御座上置白傘蓋一頂用素段泥金書梵字於其上謂鎮伏邪魔護安國刹自後每歲二月十五日於大殿啓建白傘蓋佛事用諸色儀仗社直迎引傘蓋周遊皇城內外云與衆生祓除不祥導迎福祉歲正月十五日宣政院同中書省奏請先期中書奉旨移文樞密

院八衛撥傘鼓手一百二十人殿後軍甲馬五百人擡舁監壇漢關羽神轎軍及雜用五百人宣政院所轄官寺三百六十所掌供應佛像壇面幢幡寶蓋車鼓頭旗三百六十壇每壇擎執擡舁二十六人鈸鼓僧一十二人大都路掌供各色金門大社一百二十隊教坊司雲和署掌大樂鼓板杖鼓篳篥龍笛琵琶箏篆七色凡四百人興和署掌妓女雜扮隊戲一百五十人祥和署掌雜把戲男女一百五十人儀鳳司掌漢人回回河西三色細樂每色各三隊凡三百二十四人凡執役者皆官給鎧甲袍服器仗俱以鮮麗整齊爲尚珠玉金繡裝束奇巧首尾排列三十餘里都城士女閭閻聚觀禮部官點視諸色隊仗刑部官巡綽喧鬧樞密院官分守城門而中書省官一員總督視之先二日於西鎮國寺迎太子遊四門舁高塑像具儀仗入城十四日帝師率梵僧五百人於大明殿內建佛事至十五日恭請傘蓋于御座奉置寶輿諸儀衛隊仗列于殿前諸色社直暨諸壇面列于崇天門外迎引出宮至慶壽寺具素食食罷起行從西宮門外垣海子南岸入厚載紅門由東華門過延春門而西帝及后妃公主於

五德殿門外搭金脊五殿綵樓而觀覽焉及諸隊仗社直送金傘還宮復恭置
御榻上帝師僧衆作佛事至十六日罷散歲以爲常謂之游皇城或有因事而
輟尋復舉行夏六月中上京亦如之

元史卷七十七

元史卷七十八

明翰林學士亞中大夫知制誥兼修國史宋　濂等修

輿服志第二十八

輿服一

若稽往古黃帝堯舜垂衣裳而天下治蓋取諸乾坤服牛乘馬引重致遠蓋取諸大壯冕服車輿之制其來尚矣虞書舜作十二章五服以命有德車服以賞有功禮記虞鸞車夏鉤車商大輅至周損益前代弁師掌王之五冕巾車掌王之五輅而儀文始備然孔子論治天下之大法於殷輅取其質而得中周冕取其文而得中也至秦併天下兼收六國車旗服御窮極侈靡有大駕法駕以及鹵簿漢承秦後多因其舊由唐及宋亦效秦法以爲盛典於文質適中之義君子或得而議焉元初立國庶事草創冠服車輿並從舊俗世祖混一天下近取金宋遠法漢唐至英宗親祀太廟復置鹵簿今攷之當時上而天子之冕服皇太子冠服天子之質孫天子之五輅與腰輿象轎以及儀衞隊仗下而百官祭

服朝服與百官之質孫以及於士庶人之服色粲然其有章秩然其有序大抵參酌古今隨時損益兼存國制用備儀文於是朝廷之盛宗廟之美百官之富有以成一代之制作矣作輿服志而儀衞附見于後云

冕服

天子冕服衮冕制以漆紗上覆曰綖青表朱裏綖之四周匝以雲龍冠之口圍縈以珍珠綖之前後旒各十二以珍珠爲之綖之左右繫黈纊二繫以玄紞承以玉瑱纊色黃絡以珠冠之周圍珠雲龍網結通翠柳調珠綖上橫天河帶一左右至地珠鈿窠網結翠柳朱絲組二屬諸笄爲纓絡以翠柳調珠簪以玉爲之橫貫於冠○衮龍服制以青羅飾以生色銷金帝星一日一月一昇龍四復身龍四山三十八火四十八華蟲四十八虎蜼四十八○裳制以緋羅其狀如裙飾以文繡凡一十六行每行藻二粉米一黼二黻二○中單制以白紗絳緣黃勒帛副之○蔽膝制以緋羅有褾緋絹爲裏其形如襜袍上着之繡復身龍○玉珮珩一琚一瑀一衝牙一璜二衝牙以繫璜珩下有銀獸面塗以黃金雙

璜夾之次又有衡下有衝牙傍別施雙的以鳴用玉○大帶制以緋白二色羅合縫爲之○玉環綬制以納石失金錦也上有三小玉環下有青絲織網○紅羅韠制以紅羅爲之高勒○履制以納石失有雙耳二帶鉤飾以珠○韈制以紅綾

右按太常集禮至元十二年十一月博士議擬冕天版長一尺六寸廣八寸前高八寸五分後高九寸五分身圍一尺八寸三分幷納言用青羅爲表紅羅爲裏周迴緣以黃金天版下四面珠網結子花素墜子前後共二十有四旒以珍珠爲之青碧線織天河帶兩頭各有珍珠金翠旒三節玉滴子節花全紅線組帶二上有珍珠金翠旒玉滴子下有金鐸二梅紅繡款幔帶一䪅纊二珍珠垂繫上用金葶子二簪窠款幔組帶鈿窠各二內組帶窠四並鏤玉爲之玉簪一頂面鏤雲龍衮衣用青羅夾製五采間金繪日月星辰山龍華蟲宗彝正面日一月一升龍四山十二上下襟華蟲火各六對虎蜼各闕對背星一升龍四山十二華蟲火各十二對虎蜼各六對中單用白羅單製

羅領褾襈裳一帶褾襈全紅羅八幅夾造上繡藻粉米黼黻藻三十二粉米十六黼三十二黻三十二蔽膝一帶褾襈紅羅夾造八幅上繡升龍二綬一幅六采織造紅羅托裏小綬三色同大綬銷金黃羅綬頭全上間施二玉環並碾雲龍緋白大帶一銷金黃帶頭鈿窠二十有四紅羅勒帛一青羅抹帶一佩二玉上中下璜各一半月各二並碾玉爲雲龍文玉滴子各二並珍珠穿造金篦鉤獸面水葉環釘全涼帶一紅羅裏鏤金爲之上爲玉鵝七撻尾束各一金攀龍口玳瑁襯釘舄一重底紅羅面白綾托裏如意頭銷金黃羅緣口玉鼻純飾以珍珠金緋羅錦襪一兩〇大德十一年九月博士議唐制天子袞冕垂白珠十有二旒以組爲纓色如其綬黈纊充耳玉簪導玄衣纁裳凡十二章八章在衣日月星辰山龍華蟲火宗彝四章在裳藻粉米黼黻褾領爲升龍皆織成之龍章以下每章一行每行十二白紗中單黼領青褾襈裾黻加龍山火三章毳冕以上火山二章絺冕山一章玄冕無章革帶大帶玉佩綬韈與上同舄加金飾享廟謁廟及朝遣上將征還飲至踐阼加元

服納后元日受朝及臨軒冊拜王公則服之又宋制天子服有袞冕廣尺二寸長四寸前後十有二旒二纊並貫珍珠又有珠旒十二碧鳳銜之在珠旒外冕版以龍鱗錦表上綴玉爲七星傍施琥珀瓶犀各二十四周綴金絲網鈿以珍珠雜寶玉加紫雲白鶴錦裏四柱飾以七寶紅綾裏金飾玉簪導紅絲條組帶亦謂之平天冠袞服青色日月星山龍雉虎蜼七章紅裙藻火粉米黼黻五章紅蔽膝升龍二並織成間以雲彩飾以金鈒花鈿窠裝以珍珠琥珀雜寶玉紅羅襦裙繡五章青褾襈裾六采綬一小綬三結三玉環三素大帶朱裏青羅四紳帶二繡四紳盤結（綬帶飾並同袞服）白帶中單青羅抹帶紅羅勒帛鹿盧玉具劍玉鏢首鏤白玉雙佩金飾貫珍珠金龍鳳革帶紅韈赤舄金鈒花四神玉鼻祭天地宗廟受冊尊號元日受朝冊皇太子則服之事未果行至延祐七年七月英宗命禮儀院使八思吉斯傳旨令省臣與太常禮儀院速製法服八月中書省會集翰林集賢太常禮儀院官講議依秘書監所藏前代帝王袞冕法服圖本命有司製如其式

鎮圭制以玉長一尺二寸有袋副之
皇太子冠服○袞冕○玄衣○纁裳○中單○蔽膝○玉佩○大綬○朱韈○
赤舄
按太常集禮至元十二年博士擬袞冕制用白珠九旒紅絲組爲纓青纊充耳犀簪導青衣朱裳九章五章在衣山龍華蟲火宗彝四章在裳藻粉米黼黻白紗中單青褾襈裾革帶塗金銀鉤䚢蔽膝隨裳色爲火山二章瑜玉雙佩四采織成大綬間施玉環三白韈朱舄舄加金塗銀釦大德十一年九月照擬前代制度唐制皇太子袞冕垂白珠九旒紅絲組爲纓青纊充耳犀簪導玄衣纁裳九章五章在衣山龍華蟲火宗彝四章在裳藻粉米黼黻織成之每行一章黼黻重以爲等每行九白紗中單黼領青褾襈裾革帶金鉤䚢大帶蔽膝隨裳色火山二章玉具劍金寶飾玉鏢首瑜玉雙佩朱組帶大綬四采赤白縹紺純朱質長丈八尺首廣九寸小雙綬長二尺六寸色同大綬而首半之間施玉環三珠韈赤舄加金飾侍從祭祀及謁廟加元服納妃服

之宋制皇太子袞冕垂白珠九旒紅絲組爲纓青纊充耳犀簪導青衣朱裳九章五章在衣山龍華蟲火宗彝四章在裳藻粉米黼黻白紗中單青褾襈裾革帶塗金銀鉤鰈蔽膝隨裳衣火山二章瑜玉雙佩四采織成大綬間施玉環三白韈朱舄舄加塗金銀飾加元服從祀受冊謁廟朝會服之已擬其制未果造

三獻官及司徒大禮使祭服○籠巾貂蟬冠五青羅服五領袖襴俱用皂綾紅羅裙五皂綾爲襴紅羅蔽膝五其羅花樣俱係牡丹白紗中單五黃綾帶紅組金綬紳五紅組金譯語言納石失各佩玉環二象笏五銀束帶五玉佩五白羅方心曲領五赤革履五對白綾韈五對

助奠以下諸執事官冠服○貂蟬冠獬豸冠七梁冠六梁冠五梁冠四梁冠三梁冠二梁冠二百青羅服二百領袖襴俱用皂綾紅綾裙二百皂綾爲襴紅羅蔽膝二百紫羅公服二百用梅花羅白紗中單二百黃綾帶織金綬紳二百紅一百九十八青二各佩銅環二銅束帶二百白羅方心曲領二百銅佩二百展角幞頭二百塗金荔枝帶三十烏角帶一百七十皂韡二百對赤革履二百對白綾韈二百對象笏三十銀杏木笏

一百七十
凡獻官諸執事行禮俱衣法服惟監察御史二冠獬豸服青綬凡迎香讀祝及祀日遇陰雨俱衣紫羅公服六品以下皆得借紫
都監庫祠祭局儀鸞局神廚局頭目長行人等○交角幞頭五十窄袖紫羅服五十塗金束帶五十皂韡五十對
初憲宗壬子年秋八月祭天於日月山用冕服自此始成宗大德六年春三月祭天於麗正門外丙地公獻官以下諸執事各具公服行禮是時大都未有郊壇大禮用公服自此始九年冬至祭享用冠服依宗廟見用者制其後節次祭祀或合祀天地增配位從祀獻攝職事續置冠服於法服庫收掌法服二百九十有九公服二百八十窄紫二百九十有五至大間太常博士李之紹王天祐疏陳親祀冕無旒服大裘而加衮裘以黑羔皮爲之臣下從祀冠服歷代所尚其制不同集議得依宗廟見用冠服制度
社稷祭服○青羅袍一百二十三白紗中單一百三十三紅梅花羅裙一百二

十三藍織錦銅環綬紳二紅織錦銅環綬紳一百一十七紅織錦玉環綬紳四紅梅花羅蔽膝一百二十三革履一百二十三白綾襪一百二十三白羅方心曲領一百二十三黃綾帶一百二十三佩一百二十三銅珩璜者一百一十九玉珩璜者四藍素紵絲帶一百二十三銀帶四銅帶一百一十九冠一百二十三水角簪金梁冠一百七紗冠一十獬豸冠二籠巾紗冠四木笏一百二十三紫羅公服一百二十三黑漆幞頭一百二十三展角全二色羅插領一百二十三鍍金銅荔枝帶一十角帶一百一十三象笏一十三枝木笏一百一十枝黃絹單包複一百二十三紫紵絲抹口青氈韈一百一十三皂鞾一百二十三窄紫羅衫三十黑漆幞頭三十銅束帶三十黃絹單包複三十皂鞾三十紫紵絲抹口青氈韈三十

宣聖廟祭服○獻官法服○七梁冠三簪全鵶青袍三絨錦綬紳三各帶青絨網并銅環二方心曲領三藍結帶三銅佩三紅羅裙三白絹中單三紅羅蔽膝三革履三白絹韈全○執事儒服○軟角唐巾白襴插領黃鞓角帶皂鞾各九十有八○曲阜祭

服○連蟬冠四十有三七梁冠三五梁冠三十有六三梁冠四皂紵絲鞋三十有六緉舒角幞頭二軟角唐巾四十角簪四十有三冠纓四十有三副（凡八十有六條）象牙笏七木笏三十有八玉佩七（凡十有四繫）銅佩三十有六（凡七十有二繫）帶八十有五藍鞓帶七紅鞓帶三十有六烏角帶二黃鞓帶烏角偏帶四十大紅金綬結帶七（上用玉環十有四）青羅大袖夾衣七紫羅公服二褐羅大袖衣三十有六白羅衫四十白絹中單三十有六白紗中單七大紅羅夾蔽膝七大紅夾裳緋紅羅夾蔽膝三十有六緋紅夾裳四黃羅夾裳三十有六黃羅大帶七白羅方心曲領七紅羅綬帶七黃絹大帶三十有六皂鞾白羊毳韈各四十有二對大紅羅鞋七緉白絹夾韈四十有三緉○質孫漢言一色服也內庭大宴則服之冬夏之服不同然無定制凡勳戚大臣近侍賜則服之下至於樂工衛士皆有其服精粗之制上下之別雖不同總謂之質孫云○天子質孫冬之服凡十有一等服納石失（金錦也）怯綿里（翦茸也）則冠金錦暖帽服大紅桃紅紫藍綠寶里（寶里服之有襴者也）則冠七寶重頂冠服紅黃粉皮則冠紅金褡子暖帽服白粉皮則冠白金褡子暖

帽服銀鼠則冠銀鼠暖帽其上並加銀鼠比肩俗稱曰襻子答忽夏之服凡十有五等服答納都納石失綴大珠於金錦則冠寶頂金鳳鈸笠服速不都納石失綴小珠於金錦則冠珠子捲雲冠服納石失則帽亦如之服大紅珠寶里紅毛子答納則冠珠緣邊鈸笠服白毛子金絲寶里則冠白藤寶貝帽服駝褐毛子則帽亦如之服大紅綠藍銀褐棗褐金繡龍五色羅則冠金鳳頂笠各隨其服之色服金龍青羅則冠金鳳頂漆紗冠服珠子褐七寶珠龍褡子則冠黃牙忽寶貝珠子帶後簷帽服青速夫金絲襴子速夫回回毛布之精者也則冠七寶漆紗帶後簷帽○百官質孫冬之服凡九等大紅納石失一大紅怯綿里一大紅冠素一桃紅藍綠官素各一紫黃鴉青各一夏之服凡十有四等素納石失一聚線寶里納石失一棗褐渾金間絲蛤珠一大紅官素帶寶里一大紅明珠褡子一桃紅藍綠銀褐各一高麗鴉青雲袖羅一駝褐茜紅白毛子各一鴉青官素帶寶里一

百官公服○公服制以羅大袖盤領俱右衽一品紫大獨科花徑五寸二品小獨科花徑三寸三品散答花徑二寸無枝葉四品五品小雜花徑一寸五分六

品七品緋羅小雜花徑一寸八品九品綠羅無文○幞頭漆紗爲之展其角○笏制以牙上圓下方或以銀杏木爲之○偏帶正從一品以玉或花或素二品以花犀三品四品以黃金爲荔枝五品以下以烏犀並八胯鞓用朱革○鞾以皂皮爲之

儀衞服色○交角幞頭其制巾後交折其角○鳳翅幞頭制如唐巾兩角上曲而作雲頭兩旁覆以兩金鳳翅○學士帽制如唐巾兩角如匙頭下垂○唐巾制如幞頭而撱其角兩角上曲作雲頭○控鶴幞頭制如交角金鏤其額○花角幞頭制如控鶴幞頭兩角及額上簇象生雜花○錦帽制以漆紗後幅兩旁前拱而高中下後畫連錢錦前額作聚文○平巾幘黑漆革爲之形如進賢冠之籠巾或以青或以白○武弁制以皮加漆○甲騎冠制以皮加黑漆雌黃爲緣○抹額制以緋羅繡寶花○巾制以絁五色畫寶相花○兜鍪制以皮金塗五色各隨其甲○襯甲制如雲肩青錦質緣以白錦衷以氈裏以白絹○雲肩制如四垂雲青緣黃羅五色嵌金爲之○裲襠制如衫○襯袍制用緋錦武士

所以裼裲襠○士卒袍制以絹絁繪寶相花○窄袖袍制以羅或絁○辮線襖制如窄袖衫腰作辮線細摺○控鶴襖制以青緋二色錦圓答寶相花○窄袖襖長行輿士所服紺緅色○樂工襖制以緋錦明珠琵琶窄袖辮線細摺○甲覆膊掩心扞背扞股制以皮或爲虎文獅子文或施金鎧鎖子文○臂鞲制以錦緣絹爲裏有雙帶○錦螣蛇束麻長一丈一尺裏以紅錦○束帶紅鞓雙獺尾黄金塗銅胯餘同腰帶而狹小○條環制以銅黄金塗之○汗胯制以青錦緣以銀褐錦或繡撲獸間以雲氣○行縢以絹爲之○鞋制以麻○鞾鞋制以皮爲履而長其靿縛於行縢之內○雲頭鞾制以皮幫嵌雲朶頭作雲象靿束于脛

服色等第仁宗延祐元年冬十有二月定服色等第詔曰比年以來所在士民靡麗相尙尊卑混淆僭禮費財朕所不取貴賤有章益明國制儉奢中節可阜民財命中書省定立服色等第于后○一蒙古人不在禁限及見當怯薛諸色人等亦不在禁限惟不許服龍鳳文龍謂五爪二角者○一職官除龍鳳文外一品二

品服渾金花三品服金褡子四品五品服雲袖帶襴六品七品服六花八品九品服四花（職事散官從一高）繫腰五品以下許用銀玬滅鐵○一命婦衣服一品至三品服渾金四品五品服金褡子六品以下惟服銷金玬金紗褡子首飾一品至三品許用金珠寶玉四品五品用金玉珍珠六品以下用金惟耳環用珠玉（同籍不限親疎期親雖別籍玬出嫁同）○一器皿（謂茶酒器）除鈒造龍鳳文不得使用外一品至三品許用金玉四品五品惟臺盞用金六品以下臺盞用鍍金餘並用銀○一帳幕除不得用赭黃龍鳳文外一品至三品許用金花刺繡紗羅四品五品用刺繡紗羅六品以下用素紗羅○一車輿除不得用龍鳳文外一品至三品許用間金粧飾銀螭頭繡帶青幔四品五品用素獅頭繡帶青幔六品至九品用素雲頭素帶青幔○一鞍轡一品許飾以金玉二品三品飾以金四品五品飾以銀六品以下並飾以鍮石銅鐵○一內外有出身考滿應入流見役人員服用與九品同○一授各投下令旨鈞旨有印信見任勾當人員亦與九品同○一庶人除不得服赭黃惟許服暗花紵絲紬綾羅毛毳帽笠不許飾用金玉韡不得裁

制花樣首飾許用翠花幷金釵鎞各一事惟耳環用金珠碧甸餘並用銀酒器許用銀壺瓶臺盞盂鏇餘並禁止帳幕用紗絹不得赭黃車輿黑油齊頭平頂皂幔○一諸色目人除行營帳外其餘並與庶人同○一諸職官致仕與見任同解降者依應得品級不敘者與庶人同○一父祖有官既沒年深非犯除名不敘之限其命婦及子孫與見任同○一諸樂藝人等服用與庶人同凡承應粧扮之物不拘上例○一皂隸公使人惟許服紬絹○一娼家出入止服皂褙子不得乘坐車馬餘依舊例○一今後漢人高麗南人等投充怯薛者並在禁限○一服色等第上得兼下下不得僭上違者職官解見任期年後降一等敘餘人決五十七下違禁之物付告捉人充賞有司禁治不嚴從監察御史廉訪司究治○御賜之物不在禁限

輿輅

玉輅青質金裝青綠藻井栲栳輪蓋外施金裝雕木雲龍內盤碾玉福海圓龍一頂上匝以金塗鍮石耀葉八十一上圍九者二中圍九者三下圍九者四頂

輪衣三重上二重青繡雲龍瑞草下一重無文輪衣內黃屋一黃素紵絲瀝水
下周垂朱絲結網青紵絲繡小帶四十八帶頭綴金塗小銅鈴青紵絲繡絡帶
二頂輪平素面夾用青紵絲蓋四周垂流蘇八飾以五色茸線結網五重金塗
銅鈸五金塗木珠二十有五又繫玉雜佩八珩璜衝瑀全金塗鍮石鉤掛十六
黃茸貫頂天心直下十字繩二各長三丈蓋下立朱漆柱四柱下直平盤虛櫃
中檽三十下外桃二漆繪犀象鸜鵒錦雉孔雀隔窠嵌裝花板櫃周朱漆勾闌
雲拱地霞葉百七十有九下垂牙護泥虛板幷朱漆畫瑞草勾闌上玉行龍十
碾玉蹲龍十孔雀羽臺九水精面火珠七金圈焰銅照八輿下周垂朱絲結網
飾以金塗鍮石鐸三百綵畫鍮石梅蕚嵌網眼中輿之長轅三界轅勾心各三
上下龍頭六前轅引手玉螭頭三並繫以蹲龍後轅方罨頭三桃頭十六絟以
蹲龍三轅頭衡一兩端玉龍頭二上列金塗銅鳳十二含以金塗銅鈴輿之軸
一輪二軸之拏羅二明轄蹲龍絟並青漆輪之輻各二十四轂首壓貼金塗銅
轂葉八十一金塗鍮石擘耳戀攀四櫃之前朱漆金裝雲龍輅牌一牌字以玉

裝綴輅之箱四壁雕鏤漆畫填心隔窠龜文華板上層左畫青龍右畫白虎前畫朱雀後畫玄武輅之前額玉行龍二奉一水精珠後額如之前兩柱青茸鈴索五貼金鸞和大鑾銅鈴十金塗鍮石雙魚五下朱漆軾櫃一櫃上金香毬金香寶金香合銀灰盤各一並黃絲綬帶輅之後朱漆後轓一金塗曲戌黃紵絲銷金雲龍門簾一緋紵絲繡雲龍帶二輅之中金塗鍮石鉸碾玉龍椅一靠背上金塗圈焰玉明珠一左建太常旂十有二斿青羅繡日月五星升龍右建闟戟一九斿青羅繡雲龍中央黃羅繡青黑黼文兩旗綢杠並青羅旗首金塗鍮石龍頭二金塗銅鈴二金塗鍮石鈸青纓綏十二重金塗木珠流蘇十二重龍椅上方坐一綠褥一皆錦銷金黃羅夾帊一方輿地褥二勾闌內褥八皆用雜錦綺青漆金塗鍮石鉸葉踏道一小褥五重青漆雕木塗金龍頭行馬一小青漆梯一青漆柄金塗長托义二短托义二金塗首青漆推竿一青茸引輅索二各長六丈餘金塗銅環二黃茸綏一輅馬誕馬並青色鞍轡鞦勒纓拂鞘並青韋金飾誕馬青織金紵絲屜四青羅銷金絹裏籠鞍六蓋輅黃絹大蒙帊一黃

油絹帕一駕士平巾大袖並青繪紵絲爲之
至治元年英宗親祀太廟詔中書及太常禮儀院禮部定擬制鹵簿五輅以
平章政事張珪留守王伯勝將作院使明里董阿侍儀使乙剌徒滿董其事
是年玉輅成明年親祀御之後復命造四輅工未成而罷
金輅赤質金粧青綠藻井栲栳輪蓋外施金粧雕木雲龍內盤真金福海圓龍
一頂上匝以金塗鍮石耀葉八十一上圍九者二中圍九者三下圍九者四頂
輪衣三重上二重大紅繡雲龍瑞草下一重無文輪衣內黃屋一黃素紵絲瀝
水下垂朱絲結網一周大紅紵絲繡小帶四十八帶頭綴金塗小銅鈴三百大
紅紵絲繡絡帶二頂輪平素面夾用緋紵絲蓋之四周垂流蘇八飾以五色茸
線結網五重金塗鍮石雜佩八珩璜衝瑀全金塗鍮石鉤掛十有六黃絨貫頂
天心直下十字繩二蓋下立朱漆柱四柱下直平盤虛櫃中槅三十其下外桄
二漆繪犀象鸂鶒錦雉孔雀隔窠嵌粧花板櫃上周遭朱漆勾闌雲拱地霞葉
一百七十有九下垂牙護泥虛板並朱漆畫瑞草勾闌上金塗鍮石行龍十二

金塗鍮石蹲龍十孔雀羽臺九水精面火珠七金圈焰銅照八輿下垂朱絲結網一遭飾以金塗鍮石鐸子三百綵畫鍮石梅萼嵌網眼中輿之長轅三界轅勾心各三上下龍頭六前轅引手金塗鍮石螭頭三並繫以蹲龍後轅方罨頭三桃頭十六繫以蹲龍三轅頭衡一兩端金塗鍮石龍頭二上列金塗銅鳳十二含以金塗銅鈴輿之軸一輪二軸之端羅二明轄蹲龍絟並漆以赤輪之輻各二十有四轂首壓貼金塗銅轂葉八十有一金塗鍮石擎耳戀攀四櫃之前朱漆金粧雲龍輅牌一金塗鐵曲戍輅之箱四壁雕鏤漆畫填心隔窠龜文花板上層左畫青龍右畫白虎前畫朱雀後畫玄武輅之前額金行龍二奉一水精珠後額亦如之前兩柱緋絨鈴索五貼金鸞和大響銅鈴十金塗鍮石雙魚五下朱漆軾櫃一櫃上金香毬一金香寶一金香合銀灰盤一並黃紵絲綬帶輅之後朱漆後轡一金塗曲戍黃紵絲銷金雲龍門簾一緋紵絲繡雲龍帶二輅之中黃金粧鉸龍椅一靠背上金塗圈焰玉明珠一左建太常旂十有二斿緋羅繡日月五星升龍右建闟戟一九斿緋羅繡雲龍中央黃羅繡青黑黼文

兩旗綢杠並大紅羅旗首金塗鍮石龍頭二金塗銅鈴二金塗鍮石鈒朱纓綏十二重金塗木珠流蘇十二重龍椅上金錦方坐子一緣可貼金錦也褥一銷金黃羅夾帕一方輿地金錦褥一緣可貼褥一勾闌內可貼條褥四藍紵絲條褥四朱漆金塗鍮石鈒葉踏道一小可貼條褥五重朱漆雕木塗金龍頭行馬一小朱漆梯一朱漆柄金塗長托义二短托义二金塗首朱漆推竿一紅絨引輅索二金塗銅環二黃絨執綏一輅馬誕馬並赤色鞍轡鞦勒纓拂套項並赤韋金粧誕馬紅織金紵絲屜四副紅羅銷金紅絹裏籠鞍六蓋輅黃絹大蒙帕一黃油絹帕一駕士平巾大袖並緋繡紵絲爲之

象輅黃質金粧青綠藻井栲栳輪蓋外施金粧雕木雲龍內盤描金象牙雕福海圓龍一頂上匝以金塗鍮石耀葉八十有一上圍九者二中圍九者三下圍九者四頂輪衣三重上二重黃繡雲龍瑞草下一重無文輪衣內黃屋一黃素紵絲瀝水下垂朱絲結網一遭黃紵絲繡小帶四十有八帶頭綴金塗小銅鈴三百黃紵絲繡絡帶二頂輪平素面夾用黃紵絲蓋之四周垂流蘇八飾以五

色茸線結網五重金塗銅鈒五金塗木珠二十有五又繫金塗鍮石雜佩八珩璜衝瑀全金塗鍮石鉤掛十有六黃絨貫頂天心直下十字繩二蓋下立朱漆柱四柱下直平盤虛櫃中櫺三十下外桃二漆繪犀象鸚鵡錦雉孔雀隔窠嵌粧花板櫃上周遭朱漆勾闌雲拱地霞葉百七十有九下垂牙護泥虛板並朱漆畫瑞草勾闌上描金象牙雕行龍十蹲龍十孔雀羽臺九水精面火珠七金圈焰銅照八輿下垂朱絲結網一遭飾以金塗鍮石鐸子三百采畫鍮石梅蕚嵌網眼中輿之長轅三界轅勾心各三上下龍頭六前轅引手描金象牙雕螭頭三并繫以蹲龍後轅方罨頭三桃頭十有六繫以蹲龍三轅頭衡一兩端描金象牙雕龍頭二上例金塗銅鳳十二含以金塗銅鈴輿之軸一輪二軸之輋羅二明轄蹲龍絟並漆以黃輪之輻各二十有四轂首壓貼金塗銅轂葉八十有一金塗鍮石鑿耳戀攀四櫃之前朱漆金粧雲龍輅牌一金塗鐵曲戌輅之箱四傍雕鏤漆畫填心隔窠龜文花板上層左畫青龍右畫白虎前畫朱雀後畫玄武輅之前額描金象牙雕行龍二奉一水精珠後額如之前兩柱黃絨鈴

索五貼金鸞和大響銅鈴十金塗鍮石雙魚五下朱漆軾櫃一櫃上金香毬一金香寶一金香合一銀灰盤一並黃紵絲綬帶輅之後朱漆後轓一金塗曲戌黃紵絲銷金雲龍門簾一緋紵絲繡雲龍帶二輅之中黃金粧鉸描金象牙雕龍椅一靠背上金塗圈焰玉明珠一右建太常旂一十有二斿黃羅繡日月五星升龍右建闟戟一九斿黃羅繡雲龍中央黃羅繡青黑黼文兩旗綢杠並黃羅旗首金塗鍮石龍頭二金塗銅鈴二金塗鍮石鈸黃纓綏十二重金塗木珠流蘇十二重龍椅上金錦方坐一綠可貼褥一勾闌內可貼條褥四藍紵絲條褥四黃漆金塗鍮石鉸葉踏道一小可貼條褥五重黃漆木塗金龍頭行馬一小黃漆梯一黃漆柄金塗長托义二短托义二金塗首黃漆推竿一黃絨引輅索二金塗銅環二黃絨執綏一輅馬誕馬皆黃色鞍轡鞦勒纓拂套項並金粧黃韋誕馬銀褐織金紵絲屜四副黃羅銷金黃絹裏籠鞍六蓋輅黃絹大蒙帕一黃油絹帕一駕士平巾大袖並黃繡紵絲爲之

革輅白質金粧青綠藻井栲栳輪蓋外施金粧雕木雲龍內盤描金白檀雕福

海圓龍一頂上匝以金塗鍮石耀葉八十有一上圍九者二中圍九者三下圍
九者四頂輪衣三重上二重素白繡雲龍瑞草下一重無文輪衣內黃屋一黃
素地紵絲瀝水下垂朱絲結網一遭素白紵絲繡小帶四十有八帶頭綴金塗
小銅鈴三百素白紵絲繡絡帶二頂輪平素面夾用白素紵絲蓋之四周垂流
蘇八飾以五色絨線結網五重金塗銅鈸五金塗木珠二十有五叉繫金塗鍮
石雜佩八珩璜衝瑀全金塗鍮石鉤掛十有六黃絨貫頂天心直下十字繩二
蓋下立朱漆柱四柱下直平盤虛櫃中欞三十下外桃二漆繪華鞔犀象鸚鵡
錦雉孔雀隔窠嵌粧花板櫃上周遭朱漆勾闌雲拱地霞葉百七十有九下垂
牙護泥虛板並朱漆畫瑞草勾闌上描金白檀行龍十擺白蹲龍十孔雀羽臺
九水精面火珠七金圈焰銅照八輿下垂朱絲結網一遭飾以金塗鍮石鐸子
三百綵畫鍮石梅蕚嵌網眼中輿之長轅三界轅勾心各三上下龍頭六前轅
引手擺白螭頭三並繫以蹲龍後轅方罨頭三桃頭十有六繫以蹲龍三轅頭
衡一兩端擺白龍頭二上列金塗銅鳳十二含以金塗銅鈴輿之軸一輪二軸

之紼羅二明轄蹲龍絓皆漆以白其輪之輻各二十有四轂首壓貼金塗銅轂葉八十有一金塗鍮石擎耳戀攀四欄之前朱漆金粧雲龍輅牌一金塗鐵曲戌輅箱之四傍雕鏤革鞔漆畫填心隔窠龜文花板上層左畫青龍右畫白虎前畫朱雀後畫玄武輅之前額白檀行龍二奉一水精珠後額如之前兩柱素白絨鈴索五貼金鸞和大響銅鈴十金塗鍮石雙魚五下朱漆革鞔軾欄一欄上金香毬一金香寶一金香合一銀灰盤一皆黃紵絲綬帶輅之後朱漆革鞔後欄一金塗曲戌黃紵絲銷金雲龍門簾一緋紵絲繡雲龍帶二輅之中金粧鉸白檀雕龍椅一靠背上金塗圈焰玉明珠一左建太常旂一十有二斿白羅繡日月五星升龍右建闟戟一九斿素白羅繡雲龍中央黃羅繡青黑黼文兩旗綢杠並素白羅旗首金塗鍮石龍頭二金塗銅鈴二金塗鍮石鈸素白纓緌十有二重金塗木珠流蘇十有二重龍椅上金錦方座一綠可貼褥一銷金黃羅夾帕一方輿地金錦褥一綠可貼褥一勾闌內可貼條褥五重素白漆雕木塗金龍頭行馬一小白漆梯一白漆柄金塗長托义二短托义二金塗首白漆

推竿一白絨引輅索二金塗銅環二黃絨執綏一輅馬誕馬皆白色鞍轡鞦勒纓拂套項皆白韋金粧誕馬白織金紵絲屜四副白羅銷金白絹裹籠鞍六蓋輅黃絹大蒙帕一黃油絹帕一駕士平巾大袖皆白繡紵絲爲之

木輅黑質金粧青綠藻井栲栳輪蓋外施金粧雕木雲龍內盤描金紫檀雕福海圓龍一頂上匝以金塗鍮石耀葉八十有一上圍九者二中圍九者三下圍九者四頂輪衣三重上二重皂繡雲龍瑞草下一重無文輪衣內黃屋一黃素紵絲瀝水下垂朱絲結網一遭皂紵絲繡小帶四十有八帶頭綴金塗小銅鈴三百皂紵絲繡絡帶二頂輪平素面夾用檀褐紵絲蓋之四周垂流蘇八飾以五色絨線結網五重金塗銅鈸五金塗木珠二十五又繫金塗鍮石雜佩八珩璜衝瑀全金塗鍮石鉤掛十有六黃絨貫頂天心直下十字繩二蓋下立朱漆柱四柱下直平盤虛櫃中檽三十下外桃二漆繪犀象鸚鵡錦雉孔雀隔窠嵌粧花板櫃上周遭朱漆勾闌雲拱地霞葉百七十有九下垂牙護泥虛板皆朱漆畫瑞草勾闌上金嵌鑌鐵行龍十蹲龍十孔雀羽臺九水精面火珠七金圈

焰銅照八輿下垂朱絲結網一遭飾以金塗鍮石鐸子三百鏁畫鍮石梅蕚嵌
網眼中輿之長轅三界轅勾心各三上下龍頭六前轅引手金嵌鑌鐵螭頭三
皆絟以蹲龍後轅方罨頭三梡頭十有六繫以蹲龍三轅頭衡一兩端金嵌鑌
鐵龍頭二上列金塗銅鳳十二含以金塗銅鈴輿之軸一輪二軸之羫羅二明
轄蹲龍絟並漆以黑輪之輻各二十有四轂首壓貼金塗銅轂葉八十有一金
塗鍮石擎耳戀攀四欄之前朱漆金粧雲龍輅牌一金塗鐵曲戍輅之箱四傍
雕鎪漆畫填心隔窠龜文花板上層左畫青龍右畫白虎前畫朱雀後畫玄武
輅之前額金嵌鑌鐵行龍二奉一水精珠後額如之前兩柱皂絨鈴索五貼金
鸞和大鑾銅鈴十金塗鍮石雙魚五下朱漆軾欄一欄上金香毬一金香寶一
金香合一銀灰盤一皆黃紵絲緌帶輅之後朱漆後轛一金塗曲戍黃紵絲銷
金雲龍門簾一緋紵絲繡雲龍帶二輅之中金粧烏木雕龍椅一靠背上金塗
圈焰玉明珠一左建太常旂一十有二斿皂羅繡日月五星升龍右建闟戟一
九斿皂羅繡雲龍中央黃羅繡青黑黼文兩旗綢杠並皂羅旗首金塗鍮石鈸

紫纓綏十有二重金塗流蘇十有二重龍椅上金錦方座一綠可貼褥一銷金黃羅夾帕一方輿地金錦褥一綠可貼褥一勾闌內可貼條褥四藍紵絲條褥四黑漆金塗鍮石鉸葉踏道一小可貼條褥五重黑漆雕木塗金龍頭行馬一小黑漆梯一黑漆柄金塗長托义二短托义二金塗首黑漆推竿一皂絨引輅索二金塗銅環二黃絨執綏一輅馬誕馬並黑色鞍轡鞦勒纓拂套項皆以淺黑韋金粧誕馬紫織金紵絲屜四副紫羅銷金紫絹裏籠鞍六蓋輅黃絹大蒙帕一黃油絹帕一駕士平巾大袖紫繡紵絲爲之

腰輿制以香木後背作山字牙嵌七寶粧雲龍屏風上施金圈焰明珠兩傍引手屏風下施雕鏤雲龍床坐前有踏床可貼錦褥一坐上貂鼠緣金錦條褥綠可貼方坐

象轎駕以象凡巡幸則御之

元史卷七十八

明翰林學士亞中大夫知制誥兼修國史宋　濂等修

輿服志第二十九

輿服二

儀仗

皁纛國語讀如禿　建纓于素漆竿凡行幸則先驅建纛夾以馬鼓居則置纛于月華門西之隅室○絳麾金塗竿上施圓盤朱絲拂三層紫羅袋韜之○金節制如麾八層韜以黃羅雲龍袋○引導節金塗龍頭朱漆竿懸五色拂上施銅鈸○朱雀幢制如節而五層韜以紅繡朱雀袋○青龍幢制如前韜以碧繡青龍袋○白虎幢制如前韜以素繡白虎袋○玄武幢制如前韜以皁繡玄武袋○犦矟制如節頂刻犦牛首有袋上加碧油○絳引旛四角朱綠蓋每角垂羅文雜佩繫于金銅鉤竿竿以朱飾懸五色間暈羅下有橫木板作碾玉文○告止旛緋帛錯綵爲告止字承以雙鳳立仗者紅羅銷金升龍餘如絳引○傳教旛制

如告止旛錯綵爲傳教字承以雙白虎立仗者白羅絳雲龍〇信旛制如傳教旛錯綵爲信字承以雙龍立仗者繪飛鳳〇黃麾旛制如信旛錯綵爲黃麾篆〇龍頭竿繡氅竿如戟無鉤下有小横木刻龍頭垂朱綠蓋每角綴珠佩一帶帶末有金銅鈴〇圍子制以金塗攢竹枝首貫銅錢而以紫絹冒之〇副竿制以木朱漆之〇火輪竿制以白鐵爲小車輪建于白鐵竿首輪及竿皆金塗之上書西天呪語帝師所制常行爲親衛中道正行在劈正斧之前以法佛衛以祛邪僻以鎮轟雷焉蓋辟惡車之意也〇豹尾竿制如戟繫豹尾朱漆竿〇寶輿方案緋羅銷金雲龍案衣緋羅銷金蒙襯複案傍有金塗鐵鞠四龍頭竿結綬二副之〇香蹬朱漆案黃羅銷金雲龍案衣上設金塗香爐一燭臺二案旁金塗鐵鞠四龍頭竿結綬二副之〇香案朱漆案緋羅銷金雲龍案衣上設金香爐合各一餘同香蹬殿庭陳設則除龍頭竿結綬〇詔案制如香案〇冊案制如前〇寶案制如前〇表案制如香案上加矮闌金塗鐵鞠四竿二副之緋羅銷金蒙複〇禮物案制如表案〇交椅銀飾之塗以黃金〇杌子四脚小床

銀飾之塗以黃金○鳴鞭綠柄鞭以梅紅絲爲之梢用黃茸而漬以蠟○鞭桶制以紫絁表白絹裏皮緣兩末○蒙鞍青錦緣緋錦複○水瓶制如湯瓶有蓋有提有觜銀爲之塗以黃金○鹿盧制如乂字兩頭卷塗金粧鈒朱絲繩副之○水盆黃金塗銀粧鈒爲之○淨巾緋羅銷金雲龍有裏○香毬制以銀爲座上插蓮花爐爐上罩以圓毬鏤細縕旋轉文于上黃金塗之○香合制以銀徑七寸塗黃金鈒雲龍於上○金拂紅犛牛尾爲之黃金塗龍頭柄○唾壺制以銀寬緣虛腹有蓋黃金塗之○唾盂制以銀形圓如缶有蓋黃金塗之○外辦牌制以象牙書國字背書漢字塡以金○外備牌制如前○中嚴牌制如前時牌制同外備而小○板位制以木長一尺二寸闊一尺厚六分白髹黑字○大繖赤質正方四角銅螭首塗以黃金紫羅表緋絹裏諸繖蓋宋以前皆平頂今加金浮屠○紫方繖制如大繖而表以紫羅○紅方繖制如大繖而表以緋羅○華蓋制如繖而圓頂隆起赤質繡雜花雲龍上施金浮屠○曲蓋制如華蓋緋瀝水繡瑞草曲柄上施金浮屠○導蓋制如曲蓋緋羅瀝水繡龍朱漆直柄

○朱繖制如導蓋而無文○黃繖制如朱繖而色黃○葆蓋金塗龍頭竿懸以瓔絡銷金圓裙六角葆蓋○孔雀蓋朱漆竿首建小蓋蓋頂以孔雀毛徑尺許下垂孔雀尾簷下以青黃紅瀝水圍之上施金浮屠蓋居竿三之一竿塗以黃金書西天咒語與火輪竿義同○朱團扇緋羅繡盤龍朱漆柄金銅飾導駕團扇蹙金線○大雉扇制稍長下方而上撱緋羅繡象雉尾中有雙孔雀間以雜花下施朱漆橫木連柄金銅裝○中雉扇制如大雉扇而減小○小雉扇制如中雉扇而減小○青瀝水扇制圓而青色四周瀝水以青絹○畢朱縢結網二螭首銜紅絲拂中有獸面朱漆柄金銅裝○罕制形如扇朱縢網中有獸面朱漆柄金銅裝○旗扇錡卽坐也旗錡制十字木于下上四枝交拱置鞍于其上以樹旗扇錡制如梔形小六木拱于上而制作精于旗錡並漆以朱○風伯旗青質赤火焰脚畫神人犬首朱髮鬼形豹汗胯朱袴負風囊立雲氣中○雨師旗青質赤火燄脚畫神人冠五梁冠朱衣黃袍黑襴黃帶白袴皂舃右手杖劍左手捧鐘○雷公旗青質赤火燄脚畫神人犬首鬼形白擁項朱犢鼻黃帶右

手持斧左手持鑿運連鼓于火中○雹母旗青質赤火燄脚畫神人爲女子形纁衣朱裳白袴兩手運光○金星旗素質赤火燄脚畫神人冠五梁冠素衣皂襴朱裳秉圭○水星旗黑質赤火焰脚畫神人冠五梁冠皂衣皂襴綠裳秉圭○木星旗青質赤火焰脚畫神人冠五梁冠青衣皂襴朱裳秉圭○火星旗赤質青火焰脚畫神人冠五梁冠朱衣皂襴綠裳秉圭○土星旗黃質赤火焰脚畫神人冠五梁冠黃衣皂襴綠裳秉圭○攝提旗赤質赤火焰脚畫神人冠五梁冠素中單黃衣朱蔽膝綠裳杖劍○北斗旗黑質赤火焰脚畫七星○角宿旗青質赤火焰脚畫神人爲女子形露髮朱袍黑襴立雲氣中持蓮荷外仗角亢以下七旗並青質青火焰脚角宿繪二星下繪蛟○亢宿旗青質赤火焰脚畫神人冠五梁冠素衣朱袍皂襴皂帶黃裳持黑笏子外仗繪四星下繪龍○氐宿旗青質赤火焰脚畫神人冠小冠衣金甲朱衣綠包肚朱擁項白袴左手杖劍乘一鱉外仗繪四星下繪貉○房宿旗青質赤火焰脚畫神人烏巾白中單碧袍黑襴朱蔽膝黃帶黃裙朱舄左手仗劍外仗繪四星下繪兎○心宿旗

青質赤火焰脚畫神人冠五梁冠朱袍皁襴右手持杖外仗繪三星下繪狐○尾宿旗青質赤火焰脚畫神人冠束髮冠素衣黃袍朱裳青帶右手杖劍左手持弓外仗繪九星下繪虎○箕宿旗青質赤火焰脚畫神人烏巾衣淺朱袍皁襴杖劍乘白馬于火中外仗繪四星下繪豹○斗宿旗青質赤火焰脚畫神人被髮素腰裙朱帶左右持杖外仗斗牛以下七旗並黑質黑火焰脚斗宿繪六星下繪獬○牛宿旗青質赤火焰脚畫神人牛首皁襴黃裳皁舄外仗繪六星下繪牛○女宿旗青質赤火焰脚畫神人為牛首衣朱服皁襴黃帶烏鞾左手持蓮外仗繪四星下繪鼴○虛宿旗青質赤火焰脚畫神人被髮裸形坐于甕中右手持一珠外仗繪二星下繪鼠○危宿旗青質赤火焰脚畫神人虎首金甲衣朱服貔皮汗胯青帶烏鞾外仗上繪三星下繪燕○室宿旗青質赤火焰脚畫神人丫髮朱服乘舟水中外仗繪二星下繪猪○壁宿旗青質赤火焰脚繪神人爲女子形被髮朱服皁襴綠帶白裳烏舄外仗繪二星下繪貐○奎宿旗青質赤火焰脚畫神人狼首朱服金甲綠包肚白汗胯黃帶烏鞾仗劍外仗

奎婁以下七旗並素質素火熖脚奎宿繪十六星下繪狼○婁宿旗青質赤火熖脚繪神人烏巾素衣皂袍朱蔽膝黃帶綠裳烏舄左手持烏牛角右手杖劍外仗繪三星下繪狗○胃宿旗青質赤火熖脚繪神人被髮裸形披豹皮白腰裙黃帶右手持劍外仗繪三星下繪雉○昴宿旗青質赤火熖脚繪神人黃牛首朱服皂襴黃裳朱舄左手持如意外仗繪七星下繪鷄○畢宿旗青質赤火熖脚繪神人作鬼形朱裩持黑杖乘赤馬行于火中外仗上繪八星下繪烏○觜宿旗青質赤火熖脚繪神人冠緇布冠朱服皂襴綠裳持一蓮坐于雲氣中外仗繪三星下繪猴○參宿旗青質赤火熖脚繪神人被髮衣黃袍綠裳朱帶朱舄左手持珠外仗上繪十星下繪猿○井宿旗青質赤火熖脚繪神人烏巾素衣朱袍皂襴坐于雲氣中左手持蓮外仗井鬼以下七旗並赤質赤火熖脚井宿繪八星下繪犴○鬼宿旗青質赤火熖脚繪神人作女子形被髮素衣朱袍黃帶黃裳烏舄右手持杖外仗繪五星下繪羊○柳宿旗青質赤火熖脚繪神人作女子形露髻朱衣黑襴黃裳皂舄撫一青龍外仗繪八星下繪麞○星

宿旗青質赤火熖脚繪神人冠五梁冠淺朱袍皂襴青帶黃裳烏舃持黃稱外仗繪七星下繪馬○張宿旗青質赤火熖脚繪神人衣豹皮朱帶素韠右手杖劍坐于雲氣中外仗繪六星下繪鹿○翼宿旗青質赤火熖脚繪神人冠道冠皂袍黃裳朱蔽膝仗劍履火于雲氣中外仗繪二十二星下繪蛇○軫宿旗青質赤火熖脚繪神人冠道冠衣朱袍黃帶黃裳左手持書外仗繪四星下繪蚓○日旗青質赤火熖脚繪日于上奉以雲氣○月旗青質赤火熖脚繪月于上奉以雲氣○祥雲旗青質赤火熖脚繪五色雲氣○合璧旗青質赤火熖脚繪雲氣日月○連珠旗青質赤火熖脚繪五星○東嶽旗青質赤火熖脚繪神人冠七梁冠黃襴青袍綠裳白中單素蔽膝執圭○南嶽旗赤質青火熖脚繪神人冠七梁冠黑襴緋袍綠裳黃中單朱蔽膝執圭○中嶽旗黃質赤火熖脚繪神人冠七梁冠皂襴黃袍綠裳白中單朱蔽膝執圭○西嶽旗白質赤火熖脚繪神人冠七梁冠青襴白袍緋裳白中單素蔽膝執圭○北嶽旗黑質赤火熖脚繪神人冠七梁冠紅襴皂袍綠裳白中單素蔽膝執圭○江瀆旗赤質青火

焰脚繪神人冠七梁冠青襴朱袍跨赤龍〇河瀆旗黑質赤火焰脚繪神人冠七梁冠皂襴黄袍跨青龍〇淮瀆旗素質赤火焰脚繪神人冠七梁冠皂襴素袍乘青鯉〇濟瀆旗青質赤火焰脚繪神人冠七梁冠皂襴青袍乘一鱉〇天下太平旗赤質青火焰脚錯采爲字〇皇帝萬歲旗赤質青火焰脚錯采爲字〇吏兵旗黑質赤火焰脚繪神人具甲兜鍪綠臂韝杖劍〇力士旗白質赤火焰脚繪神人武士冠緋袍金甲汗胯皂履執戈盾〇東天王旗青質赤火焰脚繪神人武士冠衣金甲緋裲襠右手執戟左手奉塔履石〇南天王旗赤質青火焰脚繪神人冠服同前〇西天王旗白質赤火焰脚繪神人冠服同前〇北天王旗黑質赤火焰脚繪神人冠服同前〇大神旗黄質黄火焰脚詳見牙門旗下〇牙門旗赤質赤火焰脚繪神人冠武士冠鎧甲裲襠襯肩包脚汗胯束帶長帶大口袴執戈戟〇金鼓旗黄質黄火焰脚書金鼓字〇朱雀旗赤質赤火焰脚繪朱雀其形如鸞〇玄武旗黑質黑火焰脚繪龜蛇〇青龍旗青質赤火焰脚繪蹲龍〇白虎旗白質赤火焰脚繪蹲虎〇龍君旗青質赤火焰脚繪

神人冠通真冠服青繡衣白裙朱履執戟引青龍○虎君旗白質赤火焰脚繪
神人冠流精冠服素羅繡衣朱裙朱履執斬蛇劍引白虎○大黃龍負圖旗青
質青火焰脚繡複身黃龍背八卦○小黃龍負圖旗赤質青火焰脚繪複身黃
龍背八卦○五色龍旗五色質五色直脚無火焰○大四色龍旗青赤黃白四
色質俱火焰脚○小四色龍旗制同大四色直脚無火焰脚○應龍旗赤質赤
火焰脚繪飛龍○金鸞旗赤質火焰脚繪鸞而金色○鸞旗制同前而繪以五
采○金鳳旗赤質青火焰脚繪鳳而金色○鳳旗制同前而繪以五采○五色
鳳旗五色質五色直脚無火焰○大四色鳳旗青赤黃白四色質火焰脚色隨
其質繪鳳○小四色鳳旗制同前直脚無火焰○玉馬旗赤質青火焰脚繪白
馬兩膊有火焰○駃騠旗赤質青火焰脚繪白馬○飛黃旗赤質赤火焰脚形
如馬色黃有兩翼○騼騆旗青質青火焰脚繪獸形如馬白首虎文赤尾○龍
馬旗赤質青火焰脚繪龍馬○麟旗赤質青火焰脚繪麒麟○飛麟旗赤質青
火焰脚繪飛麟其形五色身朱翼兩角長爪○黃鹿旗赤質青火焰脚繪獸如

鹿而色深黄○兕旗赤質青火焰脚繪獸似牛一角青色○犀牛旗赤質青火焰脚繪犀牛○金牛旗赤質青火焰脚繪獸形如牛金色○白狼旗赤質青火焰脚繪白狼○辟邪旗赤質赤火焰脚繪獸形似鹿長尾二角○赤熊旗赤質赤火焰脚繪獸如熊色黄○三角獸旗赤質赤火焰脚繪獸其首類白澤綠髮三角青質白腹跋尾綠色○角端旗赤質赤火焰脚繪獸如羊而小尾頂有獨角○騶牙旗赤質青火焰脚繪獸形似麋齒前後一齊○太平旗赤質青火焰脚金描蓮花四上金書天下太平字○鵕鸃旗赤質青火焰脚繪鳥似山鷄而小冠背黄服赤項綠尾紅○蒼烏旗赤質青火焰脚繪烏如烏而色蒼○白澤旗赤質赤火焰脚繪獸虎首朱髮而有角龍身○東方神旗綠質赤火焰脚繪神人金兜牟金鎧甲杖劍已下四旗所繪神同西方神旗白質赤火焰脚○中央神旗黄質赤火焰脚○南方神旗赤質青火焰脚○北方神旗黑質赤火焰脚○凡立仗諸旗各火焰脚三條色與質同長一丈五尺杠長二丈一尺牙門太平萬歲質長一丈橫闊五尺日月龍君虎君橫豎並八尺餘旗並豎長八尺橫闊六尺

○車輻朱漆八稜施以銅釘形如柯舒○吾杖朱漆金飾兩末○鐙杖朱漆棒首標以金塗馬鐙○殳制如矟而短黑飾兩末中畫雲氣上綴朱絲拂○骨朵朱漆棒首貫以金塗銅鎚○列絲骨朵制如骨朵加紐絲丈○臥瓜制形如瓜塗以黃金臥置朱漆棒首○立瓜制形如瓜塗以黃金立置朱漆棒首○長刀長丈有奇闊上窄下單刀○儀刀制以銀飾紫絲帉錔○橫刀制如儀刀而曲鞘以沙魚皮飾鞗革帉錔○千牛刀制如長刀○劍班鞘飾以沙魚皮劍口兩刃○班劍制劍鞘黃質紫班又金銅裝紫絲帉錔○刀盾之刀制如長刀而柄短木爲之青質有環紫絲帉錔○刀盾之盾制以木赤質畫異獸執人右刀左盾○朱滕絡盾制同而朱其質○綠滕絡盾制同而綠其質○戟制以木有枝塗以黃金竿以朱漆○小戟飛龍掌制如戟畫雲氣上綴飛掌垂五色帶末有銅鈴掌下方而上兩角微揹繪龍於其上○鈒戟制如戟無飛掌而有橫木○矟制以木黑質畫雲氣上刻刃塗以青五色矟並同而質異○鑽制如戟鋒兩旁微起下有鐏銳○叉制如戟而短青飾兩末中白畫雲氣上綴紅絲拂○斧

雙刃斧貫于朱漆竿首○鉞金塗鐵鉞單刃腦後繫朱拂朱漆竿○劈正斧制以玉單刃金塗柄銀鐏○儀鍠斧制如斧刻木爲之柄以朱上綴小錦旛五色帶○弓矢○弩制如弓而有臂○服制以虎豹皮或暴綠文金銅裝○韔制以黑革○蘭弩矢室○象韉鞍五采裝明金木蓮花座緋繡攀鞍條紫繡襜襦紅錦屜鍮石蓮花跋塵錦緣氈盤紅犛牛尾纓拂并胸攀鞦攀上各帶紅犛牛尾纓拂鍮石胡桃鈸子杏葉鉸具緋皮轡頭鉸具蓮花座上金塗銀香爐一元初既定占城交趾真臘歲貢象育于析津坊海子之陽行幸則蕃官騎引以導大駕以駕巨輦○駝鼓設金裝鉸具花罽鞍褥橐駝前峯樹皂纛或施采旗後峯樹小旗絡腦當胸後鞦並以毛組爲轡勒五色瓘玉毛結纓絡周綴銅鐸小鏡上施一面有底銅摑小鼓一人乘之擊以毛繩凡行幸先鳴鼓于駝以威振遠邇亦以試橋梁伏水而次象焉○騾鼓制似駝而小○馬鼓轡勒後勒當胸皆綴紅纓拂銅鈴杏葉鉸具金塗鈀上插雉尾上負四足小架上施以華鼓一面一人前引凡行幸負鼓于馬以先馳與纛並行○誕馬纓轡緋涼鐵○御馬鞍

鑾纓複全〇珂馬銅面雉尾鼻拂胸上綴銅杏葉紅絲拂又胸前腹下皆有攀
綴銅鈴後有跋塵錦包尾

崇天鹵簿

中道〇頓遞隊象六飾以金裝蓮座香寶鞍韂鞦鑾罽勒犛牛尾拂跋塵鉸具
導者六人馭者南越軍六人皆弓花角唐帽緋絁銷金襖衫鍍金束帶烏韡横
列而前行次駝鼓九飾以鍍金鉸具鑾飾罽籠旗鼓纓槍馭者九人服同馭象
者中道相次而行次舍人二人四品服騎分左右夾駝而行次青衣一人武弁
青絁衫青勒帛青韡執青杖次清道官四人本品服騎次信旛二執者二人引
護者四人武弁黃絁生色寶相花袍黃勒帛黃韡次騾鼓六飾騾以鍍金鉸具
鑾罽籠旗鼓纓槍馭者六人服同馭駝者次告止旛二執者二人引護者四人
武弁緋絁生色寶相花袍紅勒帛紅韡次傳教旛二執者二人引護者四人武
弁黃絁生色寶相花袍黃勒帛黃韡並分左右次橋道頓遞使一人本品服騎
中道舍人清道官橋道頓遞使從者凡七人錦帽紫襖衫小銀束帶行縢鞋襪

後凡從者之服皆同此○纛矟隊金吾將軍二人交角幞頭緋羅繡抹額紫羅繡辟邪裲襠紅錦襯袍錦縢蛇金帶烏鞾橫刀佩符騎分左右次弩而騎者五人錦帽青絁生色寶相花袍銅帶綠雲鞾次矟而騎者五人錦帽緋絁生色寶相花袍銅帶朱雲鞾次纛一執者一人夾者四人護者二人皆錦帽紫生色寶相花袍鍍金帶紫雲鞾押纛官二人皆騎本品服次馬鼓四飾如騾鼓馭者四人服同御騾次佩弓矢而騎者五人服同執弩者押衙四人騎而佩劍錦帽紫絁生色寶相花袍鍍金帶雲頭鞾襍矟者四人騎錦帽緋絁生色寶相花袍銅帶朱鞾控馬八人錦帽紫衫銀帶烏鞾次矟而騎者五人服佩同執弩者金吾將軍押纛官從者四人服同前隊○朱雀隊舍人一人四品服騎而前次朱雀旗一執者一人引護者四人錦帽緋絁生色鳳花袍銅帶朱雲鞾皆佩劍而騎護者加弓矢次金吾折衝一人交角幞頭緋絁繡抹額紫羅繡辟邪裲襠紅錦襯袍金帶錦縢蛇烏鞾橫刀佩弓矢而騎帥甲騎凡二十有五弩五人次弓五人次矟五人次弓五人次矟五人皆冠甲騎冠朱畫甲青勒甲絛鍍金環白繡汗胯束帶

紅韡帶弓箭器仗馬皆朱甲具裝珂飾全舍人金吾折衝從者凡二人服同前隊〇十二旗隊舍人一人四品服騎而前金吾果毅二人交角幞頭緋羅繡抹額紫羅繡辟邪裲襠紅錦襯袍金帶錦螣蛇烏韡横刀佩弓矢騎分左右帥引旗騎士五皆錦帽黃生色寶相花袍銀帶烏韡次風伯旗左雨師旗右雷公旗左電母旗右執者四人騎青甲騎冠綠甲青勒甲條鍍金環白繡汗胯束帶青雲韡馬皆青甲珂飾次五星旗五執者五人甲騎冠五色畫甲青勒甲條鍍金環白繡汗胯束帶五色韡馬甲如其甲之色珂飾次北斗旗一執者一人甲騎冠紫畫甲青勒甲條鍍金環白繡汗胯束帶紫雲韡馬甲隨其甲之色珂飾左右攝提旗二執者二人甲騎冠朱畫甲青勒甲條鍍金環白繡汗胯束帶紅雲韡馬朱甲珂飾執副竿者二人騎錦帽黃生色寶相花袍銀帶烏韡執矟而護者五人騎服同執副竿者舍人金吾果毅從者凡三人服同前隊〇門旗隊舍人二人四品服監門將軍二人皆交角幞頭緋絁繡抹額紫羅繡獅子裲襠紅錦襯袍金帶烏韡横刀佩弓矢騎馬甲珂飾全次門旗二執者二人錦帽緋絁

生色獅子文袍銅革帶紅雲韠劍而騎引護者四人服佩同執人而加弓矢騎

次監門校尉二人騎服佩同監門將軍分左右行次鸞旗一執者一人引護者

四人錦帽五色絁生色瑞鸞花袍束帶五色雲韠佩劍護人加弓矢皆騎舍人

監門將軍監門校尉從者凡六人服同前隊○雲和樂雲和署令二人朝服騎

分左右引前行凡十有六人戲竹二排簫四簫管二龍笛二板二歌工四皆展

角花幞頭紫絁生色雲花袍鍍金帶紫韠次琵琶二十箏十有六箜篌十有六

篥十有六方響八頭管二十有八龍笛二十有八已上工百三十有二人皆花

幞頭緋絁生色雲花袍鍍金帶朱韠次杖鼓三十工人花幞頭黃生色花襖紅

生色花袍錦臂韝鍍金帶烏韠次板八工人服色同琵琶工人次大鼓二工十

人服色同杖鼓工人雲和署令從者二人服同前隊○殿中黃麾隊舍人二人

四品服殿中侍御史二人本品服皆騎次黃麾一執者一人夾者二人騎武弁

緋絁生色寶相花袍紅勒帛紅雲韠舍人殿中侍御史從者凡四人服同前隊

○太史鉦鼓隊太史一人本品服騎引交龍掆鼓左金鉦右舁四人工二人皆

武弁緋絁生色寶相花袍紅勒帛紅鞾次司辰郎一人左典事一人右並四品
服騎太史司辰郎典事從者三人服同前隊○武衞鈒戟隊武衞將軍一人交
角幞頭緋羅繡抹額紫羅繡瑞鷹裲襠紅錦襯袍錦縢蛇金帶橫刀騎領五色
繡旛一金節八罕右畢左朱雀青龍白虎幢三橫布導蓋一中道次四武衞果
毅二人服佩同武衞將軍鈒二十戟二十徒五十有九人武弁緋絁生色寶相
花袍紅勒帛紅鞾武衞將軍武衞果毅從者凡三人服同前隊○龍墀旗隊舍
人二人四品服中郎將二人服佩同鈒戟隊武衞將軍騎分左右帥騎士凡二
十有四人執旗者八人天下太平旗中道中嶽帝旗左中央神旗右次日旗左
月旗右次祥雲旗二分左右次皇帝萬歲旗中道執人皆黃絁巾黃絁生色寶
相花袍黃勒帛黃雲鞾橫刀引者八人青絁巾青絁生色寶相花袍青勒帛青
雲鞾橫刀執弓矢護者八人緋絁巾緋絁生色寶相花袍紅勒帛紅雲鞾橫刀
執弓矢舍人中郎將從者凡四人服同前隊○御馬隊舍人二人四品服引左
右衞將軍二人緋羅繡抹額紫羅繡瑞馬裲襠紅錦襯袍錦縢蛇金帶烏鞾橫

刀皆騎分左右行御馬十有二疋分左右飾以纓轡鞍複馭士控鶴二十有四人交角金花幞頭紅錦控鶴襖金束帶鞾鞋次尚乘奉御二人四品服騎分左右行舍人左右衞將軍從者四人服同前隊○拱衞控鶴第一隊拱衞指揮使二人本品服騎分左右帥步士凡二百五十有二人負劍者三十人次執吾杖者五十人次執斧者五十人次執鐙杖者六十人次執列絲骨朶者三十人皆分左右次攜金水瓶者一人左金盆者一人右次執列絲骨朶者三十人皆分左右皆金縷額交角幞頭青質孫控鶴襖塗金荔枝束帶鞾鞋拱衞指揮使從者二人服同前隊○安和樂安和署令二人本品服騎分左右行領押職二人弓角鳳翅金花幞頭紅質孫加襴袍金束帶花鞾次扎鼓八爲二重次和鼓一中道次板二次龍笛四次頭管二次羌笛二次笙二次纂二左右行次雲璈一中道工二十有四人皆弓角鳳翅金花幞頭紅錦質孫襖金荔枝束帶花鞾從者二人服同前隊○金吾援寶隊舍人二人四品服引金吾將軍二人交角幞頭緋羅繡抹額紫羅繡辟邪裲襠紅錦襯袍錦螣蛇橫刀佩弓矢皆騎分左右

前引駕十二重甲士一十二騎弩四次弓四次矟四爲三重次香案二金爐合
各二分左右舁士十有六人侍香二人騎而從次典瑞使二人本品服騎而左
右引八寶受命寶左傳國寶右次天子之寶左皇帝之寶右次天子行寶左皇
帝行寶右次天子信寶左皇帝信寶右每輿寶盝銷金蒙複襯複案輿紅銷金
衣龍頭竿結授舁士八人朱團扇四人凡九十有六人皆交角金花幞頭青紅
錦質孫襖每輿前青後紅金束帶鞾鞋授寶三十人交角金花幞頭窄紫衫銷
金紅汗胯金束帶烏鞋執金縷黑杖次符寶郎二人四品服騎分左右次金吾
果毅二人服佩同金吾將軍騎分左右次矟四人次弓四人次弩四人爲三重
舍人金吾將軍侍香典瑞使符寶郎金吾果毅從者凡十有二人服同前隊○
殿中繖扇隊舍人二人四品服騎分左右領騎而執旗者四人日月合璧旗左
五星連珠旗右次金龍旗左金鳳旗右黃絁巾黃絁生色寶相花袍黃勒帛黃
韡佩劍騎而引旗者四人青絁巾青絁生色寶相花袍青勒帛青韡佩劍執弓
矢騎而護旗者四人紅絁巾紅絁生色寶相花袍紅勒帛紅韡佩劍執弓矢次

朱團扇十有六次小雉扇八次中雉扇八次大雉扇八爲十重重四人次曲蓋二紅方繖二次紫方繖二次華蓋二次大繖二執者五十人武弁紅絁生色寶相花袍紅勒帛紅韡舍人從者二人服同前隊○控鶴圍子隊圍子頭一人執骨朵由中道交角幞頭緋錦質孫襖鍍金荔枝帶鞥鞋領執圍子十有六人分左右交角金花幞頭白襯肩青錦質孫襖鍍金荔枝帶鞥鞋次朱繖中道次金脚踏左金椅右服如圍子頭拱衛指揮使一人本品服騎中道控鶴二十人服同上拱衛指揮使從者二人服同前隊○天樂一部天樂署令二人本品服騎分左右領押職二人弓角鳳翅金花幞頭紅錦質孫襖加襴金束帶花韡次琵琶二箜篌二火不思二板二箏二胡琴二笙二頭管二龍笛一響鐵一工十有八人徒二人皆弓角鳳翅金花幞頭紅錦質孫襖鍍金束帶花韡○控鶴第二隊僉拱衛司事二人本品服騎分左右帥步士凡七十有四人執立瓜者三十有六人分左右次捧金杌一人左鞭桶一人右次蒙鞍一人左繖手一人右次執立瓜者三十有四人分左右皆交角金花幞頭緋錦質孫襖鍍金荔枝帶鞥

鞋僉拱衛司事從者二人服同前隊○殿中導從隊舍人二人四品服騎左右
引香鐙案一黃銷金盤龍衣金爐合結綬龍頭竿舁者十有二人交角金花幞
頭紅錦質孫控鶴襖鍍金束帶𩍐鞋侍香二人騎分左右次警蹕三人交角幞
頭紫窄袖衫鍍金束帶烏鞾次舍人二人四品服騎引天武官二人執金鉞金
鳳翅兜牟金鎖甲青勒甲條金環繡汗胯金束帶馬珂飾次金骨朵二次幢二
次節二分左右次金水盆左金椅右次蒙複左副執椅右次金水瓶鹿盧左銷
金淨巾右次金香毬二金香合二分左右次金唾壺左金唾盂右金拂四扇十
分左右次黃繖中道繖衣從凡騎士三十人服如警蹕加白繡汗胯步卒四人
執椅二人蒙複一人繖衣一人服如舁香鐙徒舍人天武官從者六人服同前隊○控鶴第三
隊拱衛直鈐轄二人本品服騎引執臥瓜八十人服如第二隊○導駕官引進
使二人分左右前行次給事中一人左起居注一人右侍御史一人左殿中侍
御史一人右次翰林學士二人左集賢學士一人右次御史中丞一人左同知
樞密院事一人右次御史大夫一人左知樞密院事一人右次侍儀使四人中

書侍郎二人黃門侍郎二人侍中二人皆分左右次儀仗使一人左鹵簿使一人右次禮儀使二人分左右持劈正斧一人中道次大禮使一人左太尉一人右皆本品服騎從者三十人惟執劈正斧官從者二人服同前隊○羽林宿衛舍人二人四品服前行次羽林將軍二人交角幞頭緋羅繡抹額紫羅繡瑞鷹裲襠紅錦襯袍錦螣蛇金帶烏鞾橫刀佩弓矢皆騎分左右領宿衛騎士二十人執骨朵六人次執短戟六人次執斧八人皆弓角金鳳翅幞頭紫袖細褶辮線襖束帶烏鞾橫刀舍人羽林將軍從者凡四人服同前隊○檢校官分布中道之外外仗之內頓遞隊監察御史二人本品服次纛矟隊循仗檢校官二人次朱雀隊金吾中郎將二人皆交角幞頭緋羅繡抹額紫羅繡辟邪裲襠紅錦襯袍錦螣蛇金帶烏鞾佩儀刀加弓矢次十二旗隊兵部侍郎二人本品服次門旗隊糾察儀仗官二人本品服次雲和樂部金吾將軍二人服佩如金吾中郎將知隊仗官二人本品服次武衛鈒戟隊監察御史二人本品服次外道左右牙門巡仗監門中郎將二人交角幞頭緋羅繡抹額紫羅繡獅子裲襠紅錦襯袍錦螣蛇

金帶烏鞾佩儀刀弓矢次金吾援寶隊兵部尚書二人次巡仗檢校官二人次
殿中繖扇隊監察御史二人次禮部尚書二人皆本品服次圍子隊知隊仗官
二人次金吾大將軍二人服同金吾將軍各懪矟從次殿中導從隊糾察儀仗
官二人次巡仗檢校官二人次羽林宿衛隊左點檢一人左右點檢一人右紫
羅繡瑞麟裲襠餘同金吾大將軍領大黃龍負圖旗二執者二人夾者八人騎
錦帽五色絁巾五色絁生色雲龍袍塗金束帶五色雲鞾佩劍夾者加弓矢並
行中道控鶴外外仗內前後檢校仗內知班六人展角幞頭紫窄衫塗金束帶
烏鞾承奉班都知一人太常博士一人皆朝服騎門檢校官前後巡察宿直將
軍八人服佩同左右點檢夾輅檢校三衞○陪輅隊誕馬二疋珂飾纓轡青屜
乘黃令二人本品服分左右次殿前將軍二人交角幞頭緋羅繡抹額紫羅繡
辟邪裲襠紅錦襯袍錦縢蛇金帶烏鞾橫刀騎玉輅太僕卿馭本品服千牛大
將軍驂乘交角幞頭紅抹額繡瑞牛裲襠紅錦襯袍錦縢蛇金帶烏鞾橫刀左
右衞將軍服如千牛大將軍惟裲襠繡瑞虎文陪輅輅馬六疋珂飾纓轡青屜

牽套鞶帶步卒凡八十有二人馭士四人駕士六十有四人行馬二人踏道八人推竿二人托义一人梯一人皆平巾青幘青繡雲龍花袍塗金束帶青鞾教馬官二人進輅職長二人皆本品服夾輅將軍二人金鳳翅兜牟金鎖甲條環繡汗胯金束帶綠雲花鞾青瀝水扇二次千牛備身二人皆分左右交角幞頭緋羅繡抹額紫羅繡瑞牛裲襠紅錦襯袍金帶烏鞾橫刀佩弓矢獻官二人殿中監六人內侍十人皆本品朝服騎分左右千牛備身後騎而執弓矢者十人尙衣奉御四人尙食奉御二人尙藥奉御二人皆騎本品服次腰輿黃紵絲銷金雲龍蒙複步卒凡十有三人舁八人道扇四人黃繖一人皆交角金花幞頭紅質孫控鶴襖金束帶鞰鞋尙舍奉御二人騎左尙輦奉御二人騎右皆朝服從者三十有四人服同前隊○大神牙門旗隊都點檢一人騎交角幞頭緋羅繡抹額紫羅繡瑞麟裲襠紅錦襯袍次監門大將軍二人分左右騎服如都點檢帷裲襠紫繡獅文門凡三重親衛郎將帥甲士分左右夾輅而陣繞出輅後合執鞶者二爲第一門翊衛郎將帥護尉夾親衛而陣繞出輅後合爲第二門

監門校尉二人騎左右衛大將軍帥甲士執五色龍鳳旗夾護尉而陣繞出輅後合牙門旗二爲第三門監門校尉二人主之服色詳見外仗○雲和樂後部雲和署丞二人本品服騎分左右領前行戲竹二排簫二簫管二歌工二凡十人皆騎花幞頭紫絁生色花袍塗金帶烏鞾次琵琶四箏四箜篌四篥四頭管六方響二龍笛六杖鼓十工四十人皆騎服同上惟絁色紅從者二人服同前隊後黃麾隊玄武幢一絳麾二徒三人皆武弁紫絁生色龜雲花袍紫羅勒帛紫鞾次黃麾執者一人夾者二人皆騎豹尾一執者一人夾者二人皆騎武弁紫生色寶相花袍紫勒帛紫鞾○玄武黑甲掩後隊金吾將軍一人騎中道交角幞頭緋羅繡抹額紫羅繡辟邪裲襠紅錦襯袍金帶錦縢蛇烏鞾佩刀後衛指揮使二人騎分左右服同各衛指揮使帥甲騎五十有七人玄武旗一執者一人夾者二人小金龍鳳黑旗二執者二人皆黑兜牟金飾黑甲條環汗胯束帶鞾帶弓矢器仗馬黑金色獅子甲珂飾䂍四十人弩十人黑兜牟黑甲條環汗胯束帶鞾帶弓矢器仗馬黑甲珂飾執衛司纛䂍二人錦帽紫生色辟邪文

袍鍍金帶烏鞾從者三人服同前隊

外仗

金鼓隊金鼓旗二執者二人引護者八人皆五色絁巾生色寶相花五色袍五色勒帛鞾佩劍引護者加弓矢分左右次折衝都尉二人交角幞頭緋羅繡抹額紫羅繡辟邪裲襠紅錦襯袍金帶錦螣蛇騎帥步士凡百二十人鼓二十四人鉦二十四人並黃絁巾黃絁生色寶相花袍黃勒帛黃鞾角二十四人紅絁巾紅絁生色寶相花袍紅勒帛紅鞾車輻棒二十四人長刀二十四人並金飾青兜牟青甲條環白繡汗胯束帶青雲鞾○清游隊舍人二人四品服騎導金吾折衝二人交角幞頭緋羅繡抹額紫羅繡辟邪裲襠紅錦襯袍金帶錦螣蛇橫刀佩弓矢騎分左右帥步士凡百有十人白澤旗二執者二人引護者八人次執弩二十人次執矟二十人次執弓二十人次執矟二十人次執弓二十人皆甲騎冠金飾綠畫甲條環白繡汗胯束帶綠雲鞾佩弓矢器仗馬金飾朱畫甲珂飾分左右○佽飛隊鐵甲佽飛執矟者十有二人甲騎冠鐵甲佩弓矢器

仗馬鐵甲珂飾次金吾果毅二人交角幞頭緋絁繡抹額紫羅繡辟邪裲襠紅錦褾袍金帶錦螣蛇橫刀弓矢騎次虞候佽飛執弩二十人錦帽紅生色寶相花袍塗金帶烏鞾○殳仗隊領軍將軍二人交角幞頭緋絁繡抹額紫羅繡白澤裲襠紅錦褾袍金帶錦螣蛇烏鞾橫刀騎帥步士五十人執殳二十五人執叉二十五人錯分左右皆五色絁生色巾寶相花五色袍五色勒帛五色雲頭鞾領軍將軍從者二人錦帽紫䙆衫小銀束帶行縢鞋韈○諸衛馬前隊舍人二人四品服騎導左右衛郎將二人交角幞頭緋絁繡抹額紫繡瑞馬裲襠紅錦褾袍金帶錦螣蛇烏鞾橫刀佩弓矢騎分左右帥騎士百五十有六人前辟邪旗左應龍旗右次玉馬旗左三角旗右次黃龍負圖旗左黃鹿旗右次飛麟旗左駃騠旗右次鸞旗左鳳旗右次飛黃旗左麒麟旗右執旗十有二人生色黃袍巾勒帛鞾引旗十有二人服同執人惟袍色青護旗十有二人生色紅袍巾勒帛鞾執弓六十人錦帽青生色寶相花袍塗金帶烏鞾執矟六十人服如執弓者惟袍色紅每旗弓五矟五從者四人服同前隊○二十八宿前隊舍人

二人四品服騎導領軍將軍二人紫羅繡白澤裲襠餘如前隊左右衞郎將皆騎帥步士百十有二人前井宿旗左參宿旗右各五盾從次鬼宿旗左觜宿旗右各五弓從次柳宿旗左畢宿旗右各五盾從次星宿旗左昴宿旗右各五盾從次張宿旗左胃宿旗右各五弓從次翼宿旗左婁宿旗右各五䂎從次軫宿旗左奎宿旗右各五盾從執旗十有四人生色黃袍巾勒帛韡引旗十有四人服如執人惟袍巾色青護旗十有四人服如執人惟袍巾色紅執刀盾者三十人弓矢者二十人䂎者二十人皆五色兜牟甲條環白繡汗胯束帶五色雲韡舍人領軍將軍從者四人服同前隊○領軍黃麾仗前隊舍人二人四品服騎導領軍將軍二人服佩如二十八宿旗隊領軍將軍騎分左右帥步士凡一百五十人絳引旛十次龍頭竿繡氅十皆分左右次江瀆旗左濟瀆旗右次小戟十次弓十皆分左右次南方神旗左西方神旗右次鍠十次綠縢絡盾加刀十皆分左右次南岳帝旗左西岳帝旗右次龍頭竿氅十次朱縢絡盾加刀十皆分左右次南天王旗左西天王旗右次小戟十次弓十皆分左右次龍君旗左

虎君旗右次鍠十次緑縢絡盾加刀十皆分左右執人一百三十人武弁五色生色寶相花袍勒帛鞾引旗十人青生色寶相花袍巾勒帛鞾護旗十人服同惟袍巾色紅○殳仗後隊領軍將軍二人騎帥步士凡五十人殳二十有五乂二十有五錯分左右服佩同前隊○左右牙門旗隊監門將軍二人騎紫繡獅子裲襠餘如殳仗隊領軍將軍之服佩次牙門旗四每旗執者一人引夾者二人並黃絁巾黃絁生色寶相花袍黃勒帛黃雲鞾皆騎次監門校尉二人騎服佩同監門將軍從者四人服同前隊○左右青龍白虎隊舍人二人四品服騎導領軍將軍二人服佩同殳仗隊之領軍將軍騎分左右帥甲士凡五十有六人騎青龍旗左執者一人夾者二人從以執弩五人弓十人矟十人皆冠青甲騎冠青鐵甲青條金環束帶白繡汗胯青雲鞾白虎旗右執者一人夾者二人從以執弩五人弓十人矟十人皆冠白甲騎冠白鐵甲青條金環束帶白繡汗胯白雲鞾舍人領軍將軍從者四人服同前隊○二十八宿後隊舍人二人四品服騎導領軍將軍二人騎分左右帥步士百十有二人角宿旗左壁宿旗右

從以執弓者五人次亢宿旗左室宿旗右各從以執矟者五人次氐宿旗左危宿旗右各從以執盾者五人次房宿旗左虛宿旗右各從以執弓者五人次心宿旗左女宿旗右各從以執矟者五人次尾宿旗左牛宿旗右各從以執盾者五人次箕宿旗左斗宿旗右各從以執弓者五人舍人領軍將軍從者四人執夾引從服佩皆同前隊○諸衞馬後隊舍人二人四品服騎導左右衞果毅都尉二人騎分左右帥衞士百五十有六人角端旗左赤熊旗右次兕旗左太平旗右次騶騶旗左騶牙旗右次犀牛旗左鵔鸃旗右次蒼烏旗左白狼旗右次龍馬旗左金牛旗右舍人左右衞果毅都尉從者四人執夾引從服佩同前隊○左右領軍黃麾後隊舍人二人四品服騎導領軍將軍二人騎分左右帥步士百六十人龍頭竿十次朱縢絡盾加刀十皆分左右次吏兵旗左力士旗右次小戟十次弓十皆分左右次東天王旗左北天王旗右次鍠十次綠縢絡盾加刀十皆分左右次東岳帝旗左北岳帝旗右次龍頭竿十次朱縢絡盾加刀十皆分左右次東方神旗左北方神旗右次小戟十次弓十皆分左右淮瀆

旗左河瀆旗右次鍠十次綠縢絡盾加刀十皆分左右次絳引旛十分左右掩後舍人領軍將軍從者四人執夾服佩並同前隊○左右衞儀刀班劍隊舍人二人四品服騎導左右衞中郎將二人交角幞頭緋羅繡抹額紫羅繡瑞馬裲襠紅錦襯袍錦螣蛇金帶烏韡騎分左右帥步士凡四十人班劍二十人儀刀二十人並錦帽紅生色寶相花袍塗金束帶烏韡舍人左右衞中郎將從者四人服同前隊○供奉宿衞步士隊供奉中郎將二交角幞頭緋絁繡抹額紫羅繡瑞馬裲襠紅錦襯袍錦螣蛇金帶烏韡橫刀佩弓矢騎分左右帥步士凡五十有二人執短戟十有二人次執列絲十有二人次乂戟十有二人次斧十有六人分左右夾玉輅行皆弓角金鳳翅幞頭紫細摺辮線襖塗金束帶烏韡○親衞步士隊親衞郎將二人服同供奉中郎將騎分左右帥步士凡百四十有八人執龍頭竿氅四人次小戟十人次氅二人次儀鍠十人次氅二人次小戟十人次氅二人次儀鍠十人次氅二人次小戟十人次氅二人次儀鍠十人次氅二人次小戟十人次氅二人次儀鍠十人次氅二人次小戟十人皆分左右

夾供奉宿衞隊次氅二人次儀鍠十人次氅二人次小戟十人次氅二人次儀鍠十人次氅二人折繞宿衞隊後而合其端爲第一門士皆金兜牟甲青勒甲絛金環緑雲韠○翊衞護尉隊翊衞郎將二人服同親衞郎將騎帥護尉騎士百有二人皆交角金花幞頭窄袖紫衫紅銷金汗胯塗金束帶烏韠執金裝骨朶分左右夾親衞隊行折繞隊後而合其端爲第二門○左右衞甲騎隊左右衞大將軍二人服如翊衞郎將帥騎士百人執青龍騎五人左青鳳旗五人右次青龍旗五人左赤鳳旗五人右次黃龍旗五人左黃鳳旗五人右次白龍旗五人左白鳳旗五人右次黑龍旗五人左黑鳳旗五人右次五色鳳旗二十五居左五色龍旗二十五居右曲繞輅後合牙門旗爲第三門士皆冠甲騎冠金飾朱畫甲青勒甲絛鍍金環白繡汗胯紅韠佩弓矢器仗馬青金毛獅子甲珂飾○左衞青甲隊左衞指揮使二人騎服紫羅繡雕虎裲襠餘同左右衞大將軍帥騎士三十有八人執大青龍旗一人左大青鳳旗一人右次小青龍旗一人左小青鳳旗一人右次大青鳳旗一人左大青龍旗一人右每旗從以持青

矟者四人次小青鳳旗一人左小青龍旗一人右皆從以持青矟者三人皆青
兜牟金飾青畫甲青條塗金環汗胯束帶鞾佩弓矢器仗馬青金毛獅子甲珂
飾折繞陪門○前衛赤甲隊前衛指揮使二人騎服佩同前衛指揮使帥騎士
凡四十有八人執大赤鳳旗一人左大赤龍旗一人右次小赤鳳旗一人左小
赤龍旗一人右次大赤龍旗一人左大赤鳳旗一人右次小赤龍旗一人左小
赤鳳旗一人右每旗從以持朱矟者四人次執大赤鳳旗一人左大赤龍旗一
人右皆從以持朱矟者三人皆朱兜牟金飾朱畫甲條環汗胯束帶鞾佩弓矢
器仗馬朱甲珂飾從者二人服同前隊折繞陪門○中衛黃甲隊中衛指揮使
二人騎服同前衛指揮使帥騎士凡五十有八人執大黃龍旗一人左大黃鳳
旗一人右次小黃龍旗一人左小黃鳳旗一人右次大黃鳳旗一人左大黃龍
旗一人右次小黃鳳旗一人左小黃龍旗一人右次大黃龍旗一人左大黃鳳
旗一人右每旗從以持黃矟者四人次小黃龍旗一人左小黃鳳旗一人右皆
從以持黃矟者三人皆黃兜牟金飾黃甲條環汗胯束帶鞾佩弓矢器仗馬黃

甲珂飾從者二人服同前隊折繞陪門○右衞白甲隊右衞指揮使二人騎服同中衞指揮使帥騎士凡七十有四人執大白鳳旗一人左大白龍旗一人右次小白鳳旗一人左小白龍旗一人右次大白龍旗一人左大白鳳旗一人右次小白龍旗一人左小白鳳旗一人右次大白鳳旗一人左大白龍旗一人右每旗從以持白矟者四人次小白鳳旗一人左小白龍旗一人右次大白龍旗一人左大白鳳旗一人右皆從以持白矟者五人皆白兜牟金飾白甲條環汗胯束帶韡佩弓矢器仗馬白甲珂飾從者二人服同前隊折繞陪門○牙門四監門中郎將二人服佩同各衞指揮使騎分左右次左衞次前衞次中衞次右衞牙門旗各二色並赤監門校尉各二人騎服佩同各衞之執旗者從者十人服同前隊

元史卷七十九

明翰林學士亞中大夫知制誥兼修國史宋　濂等修

輿服志第三十

輿服三

儀衛

殿上執事

挈壺郎二人掌直漏刻冠學士帽服紫羅窄袖衫塗金束帶烏鞾漏刻直御榻南○司香二人掌侍香以主服御者（國語曰速古兒赤）攝之冠服同挈壺香案二在漏刻東西稍南司香侍案側東西相向立○酒人凡六十人主酒（國語曰答刺赤）二十人主湩（國語曰郃刺赤）二十人主膳（國語曰博鬼赤）二十人冠唐帽服同司香酒海直漏南酒人北面立酒海南○護尉四十人以質子在宿衛者攝之（質子國語曰覩魯花）冠交角幞頭紫梅花羅窄袖衫塗金束帶白錦汗胯帶弓矢佩刀執骨朵分立東西宇下○警蹕三人以控鶴衞士爲之冠交角幞頭服紫羅窄袖衫塗金束帶烏靴捧立

于露階每乘出入則鳴其鞭以警衆

殿下執事

司香二人亦以主服御者攝之冠服同殿上司香香案直露階南司香東西相

向立護尉凡四十人以戶郎國語曰玉典赤二十人質子二十人攝之服同宇下護尉

夾立階戺右階之下伍長凡六人都點檢一人右點檢一人左點檢一人凡宿

衛之人及諸門者戶者皆屬焉如怯薛歹八剌哈赤玉典赤之類是也殿內將軍一人凡殿內佩

弓矢者佩刀者諸司禦者皆屬焉如火兒赤溫都赤之類是也殿外將軍一人宇下護尉屬

焉宿直將軍一人黃麾立仗及殿下護尉屬焉右無常官凡朝會則以近侍重

臣攝之服白帽白衲襖行縢履襪或服其品之公服恭事則侍立舍人授以骨

朶而易笏都點檢以玉右點檢以瑪瑙左點檢以水精殿內將軍以瑪瑙殿外

將軍以水精宿直將軍以金〇左階之下伍長凡三人殿內將軍一人殿外將

軍一人宿直將軍一人冠服同右恭事則侍立舍人授以骨朶而易笏殿內將

軍以瑪瑙殿外將軍以水精宿直將軍以金〇司辰郎二人一人立左樓上服

視六品候時北面而雞唱一人立樓下服視八品候時捧牙牌趨丹墀跪報露階之下左黃麾仗內設表案一禮物案一輿士凡八人每案四人前二人冠縷金額交角幞頭緋錦寶相花窄袖襖塗金束帶行縢鞋襪後二人冠服同前惟襖色青○圍人十人國語曰阿塔赤冠唐巾紫羅窄袖衫青錦緣白錦汗胯銅束帶烏靴馭立仗馬十覆以青錦緣緋錦鞍復分左右立黃麾仗南○侍儀使二人引進使一人通班舍人一人尚引舍人一人閱仗舍人一人奉引舍人一人先輿舍人一人糾儀官凡四人尚書一人侍郎一人監察御史二人知班三人視班內失儀者白糾儀官而行罰焉皆東向立右仗之東以北爲上○侍儀使二人引進使一人承奉班都知一人宣表目舍人一人宣表修撰一人宣禮物舍人一人奉表舍人一人奉幣舍人一人尚引舍人一人閱仗舍人一人奉引舍人一人先輿舍人一人押禮物官凡二人工部侍郎一人禮部侍郎一人糾儀官凡四人尚書一人侍郎一人監察御史二人知班三人視班內如左右輦路宣輦舍人一人通贊舍人一人戶郎二人承傳贊席前皆西向立左仗之西以北

爲上凡侍儀使引進使尚書侍郎御史各服其本品之服承奉班都知舍人借
四品服知班冠展角幞頭服紫羅窄袖衫塗金束帶烏靴○護尉三十人以質
子在宿衛者攝之立大明門闌外冠服同宇下護尉○承傳二人控鶴衛士爲
之立大明門楹間以承傳于外仗冠服同警蹕執金柄小骨朵

殿下黃麾仗黃麾仗凡四百四十有八人分布于丹墀左右各五行

右前列執大蓋二人執華蓋二人執紫方蓋二人執紅方蓋二人執曲蓋二人
冠展角幞頭服緋絁生色寶相花袍勒帛烏靴○次二列執朱團扇八人執大
雉扇八人執中雉扇八人執小雉扇八人執朱團扇八人冠武弁服同前執蓋
者○次三列執黃麾幡十人武弁青絁生色寶相花袍青勒帛烏靴執絳引幡
十人武弁緋絁生色寶相花袍緋勒帛烏靴執信旛十人冠服同上其色黃執
傳教旛十人冠服同上其色白執告止旛十人冠服同上其色紫○次四列以
下執葆蓋四十人服緋服緋絁生色寶相花袍勒帛烏靴執儀鍠斧四十人冠
服同上其色黃執小戟蛟龍掌四十人冠服同上其色青左列亦如之皆以北

爲上押仗四人行視仗內而檢校之冠服同警蹕者

殿下旗仗旗仗執護引屏凡五百二十有八人分左右以列

左前列建天下太平旗第一牙門旗第二每旗執者一人護者四人皆五色緋巾五色絁生色寶相花袍勒帛雲頭靴執人佩劍護人加弓矢後屏五人執稍朱兜鍪朱甲雲頭靴○左二列日旗第三龍君旗第四每旗執者一人護者四人後屏五人巾服執佩同前列○右前列建皇帝萬歲旗第一牙門旗第二每旗執者一人護者四人後屏五人巾服執佩同左前列○右二列月旗第三虎君旗第四每旗執者一人護者四人後屏五人巾服執佩同前列○左次三列青龍旗第五執者一人黃絁巾黃絁生色寶相花袍勒帛花靴佩劍護者二人朱白二色絁巾二色絁生色寶相花袍勒帛花靴佩劍加弓矢天王旗第六執者一人巾服同上護者二人青白二色絁巾二色生色寶相花袍勒帛花靴佩劍加弓矢後屏五人執稍朱兜鍪朱甲雲頭靴風伯旗第七執者一人護者二人後屏五人巾服佩執同天王旗雨師旗第八執者一人護者二人後屏五人

巾服佩執同青龍旗雷公旗第九執者一人巾服佩同上護者二人青紫二色
絁巾二色絁生色寶相花袍勒帛花靴佩劍加弓矢後屏五人執矟白兜鍪白
甲雲頭靴電母旗第十執者一人護者二人後屏五人巾服執佩同風伯旗吏
兵旗第十一執者一人護者二人巾服佩同雷公旗後屏五人執矟黃兜鍪黃
甲雲頭靴○右次三列白虎旗第五執者一人黃絁巾黃絁生色寶相花袍勒
帛花靴佩劍護者二人青朱二色絁巾二色絁生色寶相花袍勒帛花靴佩劍
加弓矢後屏五人執矟朱兜鍪朱甲雲頭靴江瀆旗第七執者一人護者二人
後屏五人巾服執佩同天王旗河瀆旗第八執者一人巾服佩同上護者二人
青紫二色絁巾二色絁生色寶相花袍勒帛花靴佩劍加弓矢後屏五人執矟
黃兜鍪黃甲雲頭靴淮瀆旗第九執者一人巾服佩同上護者二人青朱二色
絁巾二色絁生色寶相花袍勒帛花靴佩劍加弓矢後屏五人巾服執佩同白
虎旗濟瀆旗第十執者一人巾服佩同上護者二人朱白二色絁巾二色絁生
色寶相花袍勒帛花靴佩劍加弓矢後屏五人執矟青兜鍪青甲雲頭靴力士

旗第十一執者一人護者二人後屏五人巾服佩執同河瀆旗二十二旗內拱衞直指揮使二人分左右立服本品朝服執玉斧次臥瓜一列次立瓜一列次列絲一列冠縷金額交角幞頭緋錦寶相花窄袖襖塗金荔枝束帶行縢履襪次鐙仗一列次吾仗一列次班劍一列並分左右立冠縷金額交角幞頭青錦寶相花窄袖襖塗金荔枝束帶行縢履韈○左次四列朱雀旗第十二執者一人黃絁巾黃絁生相寶相花袍勒帛花靴佩劍護者二人青白二色絁巾二色絁生色寶相花袍勒帛花靴佩劍加弓矢後屏五人執矟朱兜鍪朱甲雲頭靴木星旗第十三執者一人巾服佩同上護者二人青朱二色絁巾二色絁生色寶相花袍勒帛花靴佩劍加弓矢後屏五人執矟青兜鍪青甲雲頭靴熒惑旗第十四執者一人巾服佩同上護者二人青紫二色絁巾二色絁生色寶相花袍勒帛花靴佩劍加弓矢後屏五人巾服執佩同朱雀旗土星旗第十五執者一人護者二人巾服佩同熒惑旗後屏五人執矟黃兜鍪黃甲雲頭靴太白旗第十六執者一人護者二人巾服佩同木星旗後屏五人執矟白兜鍪白甲雲

頭靴水星旗第十七執者一人護者二人巾服佩同太白旗後屏五人執矟紫
兜鍪紫甲雲頭靴鸞旗第十八執者一人巾服佩同上護者二人朱白二色絁
巾二色絁生色寶相花袍勒帛花靴佩劍加弓矢後屏五人巾服執同木星旗
○右次四列玄武旗第十二執者一人黃絁巾黃絁生色寶相花袍勒帛花靴
佩劍護者二人朱白二色絁巾二色絁生色寶相花袍勒帛花靴佩劍加弓矢
後屏五人紫兜鍪紫甲雲頭靴執矟東嶽旗第十三執者一人護者二人巾服
佩同玄武旗後屏五人執矟青兜鍪青甲雲頭靴南嶽旗第十四執者一人巾
服佩同上護者二人青白二色絁巾二色絁生色寶相花袍勒帛花靴佩劍加
弓矢後屏五人執矟朱兜鍪朱甲中嶽旗第十五執者一人巾服佩同上護者
二人紫青二色絁巾二色絁生色寶相花袍勒帛花靴佩劍加弓矢後屏五人
執矟黃兜鍪黃甲雲頭靴西嶽旗第十六執者一人巾服佩同上護者二人朱
青二色絁巾二色絁生色寶相花袍勒帛花靴佩劍加弓矢後屏五人執矟白
兜鍪白甲北嶽旗第十七執者一人護者二人巾服佩同南嶽旗後屏五人巾

服執同玄武旗麟旗第十八執者一人護者二人後屏五人巾服執佩同西嶽旗○左次五列角宿旗第十九亢宿旗第二十氐宿旗第二十一房宿旗第二十二心宿旗第二十三尾宿旗第二十四箕宿旗第二十五每旗執者一人黃絁巾黃絁生色寶相花袍勒帛花靴佩劍護者二人青朱二色絁巾二色絁生色寶相花袍勒帛花靴佩劍加弓矢後屏五人青兜鍪青甲執矟○右次五列奎宿旗第十九婁宿旗第二十胃宿旗第二十一昴宿旗第二十二畢宿旗第二十三觜宿旗第二十四參宿旗第二十五每旗執者一人黃絁巾黃絁生色寶相花袍勒帛花靴佩劍護者一人青朱二色絁巾二色絁生色寶相花袍勒帛花靴佩劍加弓矢後屏五人執矟白兜鍪白甲○左次六列斗宿旗第二十六牛宿旗第二十七女宿旗第二十八虛宿旗第二十九危宿旗第三十室宿旗第三十一壁宿旗第三十二每旗執者一人黃絁巾黃絁生色寶相花袍勒帛花靴佩劍護者二人朱白二色絁巾二色絁生色寶相花袍勒帛花靴佩劍加弓矢後屏五人執矟紫兜鍪紫甲○右次六列井宿旗第二十六鬼宿旗第

二十七柳宿旗第二十八星宿旗第二十九張宿旗第三十翼宿旗第三十一軫宿旗第三十二每旗執者一人黃絁巾黃絁生色寶相花袍勒帛花靴佩劍護者二人朱白二色絁巾二色絁生色寶相花袍勒帛花靴佩劍加弓矢後屏五人執矟朱兜鍪朱甲

宮內導從

警蹕三人以控鶴衞士爲之並列而前行掌鳴其鞭以警衆（服見前）○天武二人執金鉞分左右行金兜鍪金甲蹙金素汗胯金束帶緑雲靴○舍人二人服視四品○主服御者凡三十人（速古兒赤也）執骨朵二人執幢二人執節二人皆分左右行攜金盆一人由左負金椅一人由右攜金水瓶鹿盧一人由左執巾一人由右捧金香毬二人捧金香合二人皆分左右行捧金唾壺一人由左捧金唾盂一人由右執金拂四人執升龍扇十人皆分左右行冠交角幞頭服紫羅窄袖衫塗金束帶烏靴○劈正斧官一人由中道近侍重臣攝之侍儀使四人分左右行○佩弓矢十人（國語曰火兒赤）分左右由外道行服如主服御者○佩寶刀十

人國語曰溫都赤分左右行冠鳳翅唐巾服紫羅辮線襖金束帶烏鞾

中宮導從

舍人二人引進使二人中政院判二人同僉中政院事二人僉中政院事二人中政院副使二人同知中政院事二人中政院使二人皆分左右行各服其本品公服內侍二人分左右行服視四品○押直二人冠交角幞頭紫羅窄袖衫塗金束帶烏鞾小內侍凡九人執骨朶二人執葆蓋四人皆分左右行執繖一人由中道行攜金盆一人由左負金椅二人由右服紫羅團花窄袖衫冠帶鞾如押直○中政使一人由中道捧外辦象牌服本品朝服○宮人凡二十人攜水瓶金鹿盧一人由右執銷金淨巾一人由左捧金香毬二人捧金香合二人分左右捧金唾壺一人由左捧金唾盂一人由右執金拂四人執雉扇十人各分左右行冠鳳翅縷金帽銷金緋羅襖銷金緋羅結子銷金緋羅繫腰紫羅衫五色嵌金黃雲扇瓘玉束帶

進發冊寶

清道官二人警蹕二人並分左右皆攝官服本品朝服○雲和樂一部署令二人分左右次前行戲竹二次排簫四次簫管四次板二次歌四並分左右前行內琵琶二十次箏十六次箜篌十六次築十六次方響八次頭管二十八次龍笛二十八爲三十三重重四人次杖鼓三十爲八重次板八爲四重板內大鼓二工二人舁八人本工服並與鹵簿同法物庫使二人服本品服次朱團扇八爲二重次小雉扇八次中雉扇八次大雉扇八分左右爲十二重次朱團扇八爲二重次大繖二次華蓋二次紫方繖二次紅方繖二次曲蓋二並分左右執繖扇所服並同立仗○圍子頭一人中道次圍子八人分左右服與鹵簿內同○安和樂一部署令二人服本品服札鼓六爲二重前四後二次和鼓一中道次板二分左右次龍笛四次頭管四並爲二重次羌管二次笙二並分左右次雲璈一中道次築二分左右樂工服與鹵簿內同○繖一中道椅左踏右執人皂巾大團花緋錦襖金塗銅束帶行縢鞋韈○拱衞使一人服本品服○舍人二人次引寶官二人並分左右服四品服○香案中道輿士控鶴八人服同立仗

內表案輿士侍香二人分左右服四品服○寶案中道輿士控鶴十有六人服
同香案輿士方輿官三十人夾香案寶案分左右而趨至殿門則控鶴退方輿
官舁案以陛唐巾紫羅窄袖衫金塗銅束帶烏靴○引冊二人四品服○香案
中道輿士控鶴八人服同寶案輿士侍香二人分左右服四品服○冊案中道
輿士控鶴十有六人服同寶案輿士方輿官三十人夾香案冊案分左右而趨
至殿門則控鶴退方輿官舁案以陛巾服與寶案方輿官同○葆蓋四十人次
閱仗舍人二人服四品服次小戟四十人次儀鍠四十人夾雲和樂繖扇分左
右行服同立仗○拱衞使二人服本品朝服次班劍十次吾仗十二次斧十二
次鐙仗二十次列絲十皆分左右次水瓶左金盆右次列絲十次立瓜十次金
杌左鞭桶右蒙鞍左繖手右次立瓜十次臥瓜三十並夾葆蓋小戟儀鍠分左
右行服並同鹵簿內○拱衞外舍人二人服四品服引導冊諸官次從九品以
上次從七品以上次從五品以上並本品朝服○金吾折衝二人牙門旗二每
旗引執五人次青矟四十人赤矟四十人黃矟四十人白矟四十人紫矟四十

人並兜鍪甲靴各隨䄷之色行道册官外○册案後舍人二人服四品服次太
尉右司徒左次禮儀使二人分左右次舉册官四人右舉寶官四人左次讀册
官二人右讀寶官二人左次閤門使四人分左右並本品服○知班六人分左
右服同立仗往來視諸官之失儀者而行罰焉
　　册寶攝官
上尊號册寶凡攝官二百十有六人奉册官四人奉寶官四人捧册官二人捧
寶官二人讀册官二人讀寶官三人引册官五人引寶官五人典瑞官三人糾
儀官四人殿中侍御史二人監察御史四人閤門使三人清道官四人點試儀
衛五人司香四人備顧問七人代禮三十人拱衛使二人押仗二人方輿一百
六十人○上皇太后册寶凡攝官百五十人攝太尉一人攝司徒一人禮儀使
四人奉册官二人奉寶官二人引册官二人引寶官二人舉册官二人舉寶官
二人讀册官二人讀寶官二人捧册官二人捧寶官二人奏中嚴一人主當內
侍十人閤門使六人充內臣十三人糾儀官四人代禮官四十二人掌謁四人

司香十二人折衝都尉二人拱衞使二人清道官四人警蹕官四人方輿官百二十人〇太皇太后冊寶攝官同前〇授皇后冊寶凡攝官百八十人攝太尉一人攝司徒一人主節官二人禮儀使四人奉冊官一人奉寶官二人引冊官二人引寶官二人舉冊官二人舉寶官二人讀冊官二人讀寶官二人內臣職掌十人宣徽使二人閤門使二人代禮官三十七人侍香二人清道官四人折衝都尉二人警蹕官四人中宮內臣九人糾儀官四人接冊內臣二人接寶內臣二人方輿官七十四人〇授皇太子冊凡攝官四十有九人攝太尉一人奉冊官二人持節官一人捧冊官二人讀冊官二人引冊官二人攝禮儀使二人主當內侍六人副持節官五人侍從官十一人代禮官十六人

班序

先期侍儀使糾庀陳設〇殿內兩楹北香案二〇殿門內殿內將軍板位二其外殿外將軍板位二宇下斜界護尉板位二軒溜前斜外出畫白蓮六右點檢板位三左宣徽板位三蓮南一步橫列鳴鞭板位三左右階南兩隅天武板位

二宇下左右第一第三重斜界導從板位二〇殿東門兩磌斜界出導從二道
三層各圈十五先扇錡各五寶蓋錡各二〇殿東階下各圈十直至東門階下
爲回倒導從位正階下二十四甓香案一護尉席內各所迤內第四螭首取直
邊北左右護尉第五席相向布席北二席宿直次殿中次典瑞次起居每席函
丈五尺設〇殿前板位八各以左右戺道內邊丹墀迤內第五甓縱直北空路
五丈五尺東西走路各違四丈九尺中布席四十席函九尺設護尉板位二輦
路東西各五道袤二丈一仭五寸南北兩道廣丈有奇北至道當中第一北三
南一自兩端各函六丈第二北起十一各函丈咫南起九各函丈三尺第三北
起十三各函丈五尺南起十二各函丈五寸第四北起十六各函丈二尺南起
十四各函九尺第五北起同上南起各函八尺北頭曲尺路內各函九尺設黃
麾仗錡二百二十仗南畫闌約丈許左右同中央置席設尙廏板位二仗內丹
墀橫界一十八道道函五尺縱引橫引三仗中設九品板位一十八尙廏南左
右縱畫各一十八道道函仞左右向設起居旁折板位三十六以內爲上〇大

明門中兩楹外斜界二道護尉板位二外設管旗板位二門下左右闕邊各六丈南北各畫一道廣一引七丈一仞六寸空各二丈一仞內橫二引二丈五寸空各三丈五尺每錡後丈五尺屏風渠一道長五尺坐各違四壁丈五尺設牙旗錡七十四闕下兩觀內各六丈縱各界一十八道道違仞左右設外序班板位三十六自序班北入闕左右門邊兩外仗往北折西至月華門東至日精門道中央入至起居旁折界一道導引

元史卷八十

元史卷八十一

明翰林學士亞中大夫知制誥兼修國史宋　濂等修

選舉志第三十一

選舉一

選舉之法尚矣成周庠序學校以鄉三物教萬民而賓興之舉於鄉升於司徒司馬論定而後官之兩漢有賢良方正孝弟力田等科或奉對詔策事猶近古隋唐有秀才明經進士明法明算等科或兼用詩賦士始有棄本而逐末者宋大興文治專尚科目雖當時得人爲盛而其弊遂至文體卑弱士習委靡識者病焉遼金居北方俗尚弓馬遼景宗道宗亦行貢試金太宗世宗屢闢科場亦麤稱得士元初太宗始得中原輒用耶律楚材言以科舉選士世祖既定天下王鶚獻計許衡立法事未果行至仁宗延祐間始斟酌舊制而行之取士以德行爲本試藝以經術爲先士褎然舉首應上所求者皆彬彬輩出矣然當時仕進有多岐銓衡無定制其出身於學校者有國子監學有蒙古字學回回國學

有醫學有陰陽學其策名於薦舉者有遺逸有茂異有求言有進書有童子其出於宿衞勳臣之家者待以不次其用於宣徽中政之屬者重爲內官文蔭敘有循常之格而超擢有選用之科由直省侍儀等入官者亦名清望以倉庾賦稅任事者例視冗職捕盜者以功敘入粟者以貲進至工匠皆入班資而輿隸亦躋流品諸王公主寵以投下俾之保任遠夷外徼授以長官俾之世襲凡若此類殆所謂吏道雜而多端者歟矧夫儒有歲貢之名吏有補用之法曰掾史令史曰書寫銓寫曰書吏典吏所設之名未易枚舉曰省臺院部曰路府州縣所入之途難以指計雖名卿大府亦往往由是躋要官受顯爵而刀筆下吏遂致竊權勢舞文法矣故其銓選之備考覈之精曰隨朝外任曰省選部選曰文官武官曰考數曰資格一毫不可越而或援例或借資或優陞或回降其縱情破律以公濟私非至明者不能察焉是皆文繁吏弊之所致也今採摭舊編載於簡牘或詳或略條分類聚殆有不勝其紀述者姑存一代之制作選舉志

科目

太宗始取中原中書令耶律楚材請用儒術選士從之九年秋八月下詔令斷事官朮忽斛與山西東路課稅所長官劉中歷諸路考試以論及經義詞賦分爲三科作三日程專治一科能兼者聽但以不失文義爲中選其中選者復其賦役令與各處長官同署公事得東平楊英等凡若干人皆一時名士而當世或以爲非便事復中止世祖至元初年有旨命丞相史天澤條具當行大事嘗及科舉而未果行四年九月翰林學士承旨王鶚等請行選舉法遠述周制次及漢隋唐取士科目近舉遼金選舉用人與本朝太宗得人之効以爲貢舉法廢士無入仕之階或習刀筆以爲吏胥或執僕役以事官僚或作技巧販鬻以爲工匠商賈以今論之惟科舉取士最爲切務矧先朝故典尤宜追述奏上帝曰此良法也其行之中書左三部與翰林學士議立程式又請依前代立國學選蒙古人諸職官子孫百人專命師儒教習經書俟其藝成然後試用庶幾勳舊之家人材輩出以備超擢十一年十一月裕宗在東宮時省臣復啓謂去年奉旨行科舉今將翰林老臣等所議程式以聞奉令旨准蒙古進士科及漢人

進士科參酌時宜以立制度事未施行至二十一年九月丞相火魯火孫與留夢炎等言十一月中書省臣奏皆以爲天下習儒者少而由刀筆吏得官者多帝曰將若之何對曰惟貢舉取士爲便凡蒙古之士及儒吏陰陽醫術皆令試舉則用心爲學矣帝可其奏繼而許衡亦議學校科舉之法罷詩賦重經學定爲新制事雖未及行而選舉之制已立至仁宗皇慶二年十月中書省臣奏科舉事世祖裕宗累嘗命行成宗武宗尋亦有旨今不以聞恐或有沮其事者夫取士之法經學實修己治人之道詞賦乃摛章繪句之學自隋唐以來取人專尚詞賦故士習浮華今臣等所擬將律賦省題詩小義皆不用專立德行明經科以此取士庶可得人帝然之十一月乃下詔曰惟我祖宗以神武定天下世祖皇帝設官分職徵用儒雅崇學校爲育材之地議科舉爲取士之方規模宏遠矣朕以眇躬獲承丕祚繼志述事祖訓是式若稽三代以來取士各有科目要其本末舉人宜以德行爲首試藝則以經術爲先詞章次之浮華過實朕所不取爰命中書參酌古今定其條制其以皇慶三年八月天下郡縣興其賢者

能者充賦有司次年二月會試京師中選者朕將親策焉具合行事宜于后科場每三歲一次開試舉人從本貫官司於諸色戶內推舉年及二十五以上鄉黨稱其孝悌朋友服其信義經明行修之士結罪保舉以禮敦遣資諸路府其或徇私濫舉幷應舉而不舉者監察御史肅政廉訪司體察究治考試程式蒙古色目人第一場經問五條大學論語孟子中庸內設問用朱氏章句集註其義理精明文辭典雅者爲中選第二場策一道以時務出題限五百字以上漢人南人第一場明經經疑二問大學論語孟子中庸內出題並用朱氏章句集註復以己意結之限三百字以上經義一道各治一經詩以朱氏爲主尙書以蔡氏爲主周易以程氏朱氏爲主已上三經兼用古註疏春秋許用三傳及胡氏傳禮記用古註疏限五百字以上不拘格律第二場古賦詔誥章表內科一道古賦詔誥用古體章表四六參用古體第三場策一道經史時務內出題不矜浮藻惟務直述限一千字以上成蒙古色目人願試漢人南人科目中選者加一等注授蒙古色目人作一榜漢人南人作一榜第一名賜進士及第從六

品第二名以下及第二甲皆正七品第三甲以下皆正八品兩榜並同　所在
官司遲悞開試日期監察御史肅政廉訪司糾彈治罪　流官子孫廕敘並依
舊制願試中選者優陞一等　在官未入流品願試者聽若中選之人已有九
品以上資級比附一高加一等注授若無品級止依試例從優銓注鄉試處所
幷其餘條目命中書省議行於戲經明行修庶得真儒之用風移俗易益臻至
治之隆咨爾多方體予至意中書省所定條目　鄉試中選者各給解據錄連
取中科文行省移咨都省送禮部腹裏宣慰司及各路關申禮部拘該監察御
史廉訪司依上錄連科文申臺轉呈都省以憑照勘　鄉試八月二十日蒙古
色目人試經問五條漢人南人明經經疑二問經義一道二十三日蒙古色目
人試策一道漢人南人古賦詔誥章表內科一道二十六日漢人南人試策一
道　會試省部依鄉試例於次年二月初一日試第一場初三日第二場初五
日第三場　御試三月初七日前期奏委考試官二員監察御史二員讀卷官
二員於殿廷考試每舉子一名怯薛歹一人看守漢人南人試策一道限一千

字以上成蒙古色目人時務策一道限五百字以上成　選考試官行省與宣慰司及腹裏各路有行臺及廉訪司去處與臺憲官一同商議選差上都大都從省部選差在內監察御史在外廉訪司官一員監試每處差考試官同考試官各一員並於見任并在閑有德望文學常選官內選差封彌官一員謄錄官一員選廉幹文資正官充之凡謄錄試卷并行移文字皆用朱書仍須設法關防毋致容私作弊省部會試都省選委知貢舉同知貢舉官各一員考試官四員監察御史二員彌封謄錄對讀官監門等官各一員　鄉試行省一十一河南陝西遼陽四川甘肅雲南嶺北征東江浙江西湖廣宣慰司二河東山東直隸省部路分四真定東平大都上都　天下選合格者三百人赴會試於內取中選者一百人內蒙古色目漢人南人分卷考試各二十五人蒙古人取合格者七十五人大都十五人上都六人河東五人真定等五人東平等五人山東四人遼陽五人河南五人陝西五人甘肅三人嶺北三人江浙五人江西三人湖廣三人四川一人雲南一人征東一人色目人取合格者七十五人大都十

人上都四人河東四人東平等四人山東五人真定等五人河南五人四川三人甘肅二人陝西三人嶺北二人遼陽二人雲南二人征東一人湖廣七人江浙一十人江西六人漢人取合格者七十五人大都一十人上都四人真定等十一人東平等九人山東七人河東七人河南九人四川五人雲南二人甘肅二人嶺北一人陝西五人遼陽二人征東一人南人取合格者七十五人湖廣一十八人江浙二十八人江西二十二人河南七人　鄉試會試許將禮部韻略外餘並不許懷挾文字差搜檢懷挾官一員每舉人一名差軍一名看守無軍人處差巡軍　提點擗掠試院差廉幹官一員度地安置席舍務令隔遠仍自試官入院後常川妨職監押外門　鄉試會試彌封謄錄對讀官下吏人於各衙門從便差設　試卷不考格犯御名廟諱及文理紕繆塗注乙五十字以上者不考謄錄所承受試卷並用朱書謄錄正文實計塗注乙字數標寫對讀無差將朱卷逐旋送考試所如朱卷有塗注乙字亦皆標寫字數謄錄官書押候考校合格中選人數已定抄錄字號索上元卷請監試官知貢舉官同試官

對號開拆　舉人試卷各人自備三場文卷幷草卷各一十二幅於卷首書三代籍貫年甲前期半月於印卷所投納置簿收附用印鈐縫訖各還舉人　凡就試之日日未出入場黃昏納卷受卷官送彌封所撰字號封彌訖送謄錄所

科舉既行之後若有各路歲貢及保舉儒人等文字到官並令還赴本鄉應試　倡優之家及患廢疾若犯十惡奸盜之人不許應試　舉人於試場內毋得喧譁違者治罪仍殿二舉　舉人與考試官有五服內親者自須迴避仍令同試官考卷若應避而不自陳者殿一舉　鄉試會試若有懷挾及令人代作者漢人南人有居父母喪服應舉者並殿二舉　國子監學歲貢生員及伴讀出身並依舊制願試者聽中選者於監學合得資品上從優銓注　別路附籍蒙古色目漢人大都上都有恆產住經年深者從兩都官司依上例推舉就試其餘去處冒貫者治罪

知貢舉以下官會集至公堂議擬合行事目云　諸輒於彌封所取問舉人試卷封號姓名及漏泄者治罪諸試題未出而漏泄者許人告首諸對讀試卷官

不躬親而輒令人吏對讀其對讀訖而差誤有礙考校者有罰諸謄錄人書寫不慎及錯誤有礙考校者重事責罰諸官司故縱舉人私將試卷出院及秖應人知而爲傳送者許人告首諸監試官掌試院事不得干預考校諸試院官在簾內者不許與簾外官交語諸色人無故不得入試廳諸舉人謗毀主司率衆喧競不服止約者治罪諸舉人就試無故不冠及擅移坐次者或偶與親姻鄰坐而不自陳者懷挾代筆傳義者並扶出諸折毀試卷首家狀者推治諸舉人於試卷書他語者駁放涉謗訕者推治諸試日爲舉人傳送文書及因而受財者並許人告諸舉人於別紙上起草者出榜退落諸科文內不得自敘苦辛門第委謄錄所點檢得如有違犯更不謄錄移文考試院出榜退落諸冒名就試別立姓名反受財爲人懷挾代筆傳義者並許人告諸被黜而妄訴者治罪諸監門官譏察出入其物應入者拆封點檢諸巡鋪官及兵級不得喧擾及輒視試文幷容縱舉人無故往來非因公事不得與舉人私語諸試卷彌封用印訖以三不成字爲號標寫仍於塗注乙處用印　每舉人一名給秖應巡軍一人

隔夜入院分宿席房試日擊鐘爲節一次院官以下皆盥漱二次監門官啓鑰舉人入院搜檢訖就將解據呈納禮生贊曰舉人再拜知貢舉官隔簾受一拜跪答一拜試官受一拜答一拜鐘三次頒題就次日午賜膳其納卷者赴受卷所揖而退不得交語受卷官書舉人姓名于曆人揖而退　取解據出院巡軍亦出至晚鳴鐘一次鎖院門第二場舉人入院依前搜檢每十人一甲序立至公堂下作揖畢頒題就次第三場如前儀　其受卷官具受到試卷逐旋關發彌封官將家狀草卷腰封用印蒙古色目漢人南人分卷以三不成字撰號每名累場同用一號於卷上親書及於曆內標附訖牒送謄錄官置曆分給吏人並用朱書謄錄正文仍具元卷塗注乙及謄錄塗注乙字數卷末書謄錄人姓名謄錄官具銜書押用印鈐縫牒送對讀所翰林掾史具謄錄訖試卷總數呈報監察御史對讀官以元卷與朱卷躬親對讀無差具銜書押呈解貢院元卷發還彌封所各所行移並用朱書試卷照依元號附簿　試官考卷知貢舉居中試官相對向坐公同考校分作三等逐等又分上中下用墨筆批點考校既

定收掌試卷官於號簿內標寫分數知貢舉官同試官監察御史彌封官公同取上元卷對號開拆知貢舉於試卷家狀上親書省試第幾名拆號既畢應有試卷並付禮部架閣貢舉諸官出院中書省以中選舉人分爲二榜揭于省門之左右　三月初四日中書省奏准以初七日御試舉人於翰林國史院定委監試官及諸執事初五日各官入院初六日譔策問進呈俟上采取初七日執事者望闕設案於堂前置策題於上舉人入院搜檢訖蒙古人作一甲序立禮生導引至於堂前望闕兩拜賜策題又兩拜各就次色目人作一甲漢人南人作一甲如前儀每進士一人差蒙古宿衞士一人監視日午賜膳進士納卷畢出院監試官同讀卷官以所對策第其高下分爲三甲進奏作二榜用敕黃紙書揭于內前紅門之左右　前一日禮部告諭中選進士以次日詣闕前所司具香案侍儀舍人唱名謝恩放榜擇日賜恩榮宴于翰林國史院押宴以中書省官凡預試官並與宴預宴官及進士並簪華至所居擇日恭詣殿廷上謝恩表次日詣中書省參見又擇日諸進士詣先聖廟行舍菜禮第一人具祝文行

事刻石題名於國子監　延祐二年春三月廷試進士賜護都答兒張起巖等五十有六人及第出身有差　五年春三月廷試進士護都達兒霍希賢等五十人　至治元年春三月廷試進士達普化宋本等六十有四人　泰定元年春三月廷試進士捌剌張益等八十有六人　四年春三月廷試進士阿察赤李黼等八十有六人　天曆三年春三月廷試進士篤列圖王文燁等九十有七人　元統癸酉科廷試進士同同李齊等復增名額以及百人之數稍異其制左右榜各三人皆賜進士及第其餘出身有差科舉取士莫盛於斯後三年其制遂罷又七年而復興遂稍變程式減蒙古色目人明經二條增本經義易漢南人第一場四書疑一道爲本經疑增第二場古賦外於詔誥章表內又科一道此有元科目取士之制大略如此若夫會試下第者自延祐創設之初丞相帖木迭兒阿散及平章李孟等奏下第舉人年七十以上者與從七品流官致仕六十以上者與教授元有出身者於應得資品上稍優加之無出身者與山長學正受省劄後舉不爲例今有來遲而不及應試者未曾區用取旨帝曰

依下第例恩之勿著爲格　泰定元年三月中書省臣奏下第舉人仁宗延祐間命中書省各授教官之職以慰其歸今當改元之初恩澤宜溥蒙古色目人年三十以上幷兩舉不第者與教授以下與學正山長漢人南人年五十以上幷兩舉不第者與教授以下與學正山長先有資品出身者更優加之不願仕者令備國子員後勿爲格從之自餘下第之士恩例不可常得間有試補書吏以登仕籍者惟已廢復興之後其法始變下第者悉授以路府學正及書院山長又增取鄉試備榜亦授以郡學錄及縣教諭於是科舉取士得人爲盛焉

學校

世祖至元八年春正月始下詔立京師蒙古國子學教習諸生於隨朝蒙古漢人百官及怯薛歹官員選子弟俊秀者入學然未有員數　以通鑑節要用蒙古語言譯寫教之俟生員習學成效出題試問觀其所對精通者量授官職成宗大德十年春二月增生員廩饍通前三十員爲六十員武宗至大二年定伴讀員四十人以在籍上名生員學問優長者補之仁宗延祐二年冬十月以所

設生員百人蒙古五十人色目二十人漢人三十人而百官子弟之就學者常不下二三百人宜增其廩餼乃減去庶民子弟一百一十四員聽陪堂學業於見供生員一百名外量增五十名元置蒙古二十人漢人三十人其生員紙札筆墨止給三十人歲凡二次給之　至元六年秋七月置諸路蒙古字學十二月中書省定學制頒行之命諸路府官子弟入學上路二人下路二人府一人州一人餘民間子弟上路三十人下路二十五人願充生徒者與免一身雜役以譯寫通鑑節要頒行各路俾肄習之至成宗大德五年冬十月又定生員散府二十人上中州十五人下州十人元貞元年命有司割地給諸路蒙古學生員餼廩其學官至元十九年定擬路府路設教授以國字在諸字之右府州教授一任准從八品再歷路教授一任准正八品任回本等遷轉大德四年添設學正一員上自國學下及州縣舉生員高等從翰林考試凡學官譯史取以充焉

世祖至元二十六年夏五月尚書省臣言亦思替非文字宜施於用今翰林院

益福的哈魯丁能通其字學乞授以學士之職凡公卿大夫與夫富民之子皆依漢人入學之制日肄習之帝可其奏是歲八月始置回回國子學至仁宗延祐元年四月復置回回國子監設監官以其文字便於關防取會數目令依舊制篤意領教泰定二年春閏正月以近歲公卿大夫子弟與夫凡民之子入學者衆其學官及生員五十餘人已給飲膳者二十七人外助教一人生員二十四人廩膳並令給之學之建置在於國都凡百司庶府所設譯史皆從本學取以充焉

太宗六年癸巳以馮志常爲國子學總教命侍臣子弟十八人入學世祖至元七年命侍臣子弟十有一人入學以長者四人從許衡童子七人從王恂至二十四年立國子學而定其制設博士通掌學事分教三齋生員講授經旨是正音訓上嚴教導之術下考肄習之業復設助教同掌學事而專守一齋正錄申明規矩督習課業凡讀書必先孝經小學論語孟子大學中庸次及詩書禮記周禮春秋易博士助教親授句讀音訓正錄伴讀以次傳習之講說則依所讀

之序正錄伴讀亦以次而傳習之次日抽籤令諸生復說其功課對屬詩章經解史評則博士出題生員具藁先呈助教俟博士既定始錄附課簿以憑考校其生員之數定二百人先令一百人及伴讀二十人入學其百人之內蒙古半之色目漢人半之許衡又著諸生入學雜儀及日用節目七年命生員八十人入學俾永爲定式而遵行之成宗大德八年冬十二月始定國子生蒙古色目漢人三歲各貢一人十年冬閏十月國子學定蒙古色目漢人生員二百人三年各貢二人武宗至大四年秋閏七月定生員額二百人冬十二月復立國子學試貢法蒙古授官六品色目正七品漢人從七品試蒙古生之法宜從寬色目生宜稍加密漢人生則全科場之制仁宗延祐二年秋八月增置生員百人陪堂生二十人用集賢學士趙孟頫禮部尙書元明善等所議國子學貢試之法更定之一曰陞齋等第六齋東西相向下兩齋左曰游藝右曰依仁凡誦書講說小學屬對者隸焉中兩齋左曰據德右曰志道講說四書課肄詩律者隸焉上兩齋左曰時習右曰日新講說易書詩春秋科習明經義等程文者隸焉

每齋員數不等每季考其所習經書課業及不違規矩者以次遞陞二曰私試
規矩漢人驗日新時習兩齋蒙古色目取志道據德兩齋本學舉實歷坐齋二
周歲以上未嘗犯過者許令充試限實歷坐齋三周歲以上以充貢舉漢人私
試孟月試經疑一道仲月試經義一道季月試策問表章詔誥科一道蒙古色
目人孟仲月各試明經一道季月試策問一道辭理俱優者爲上等準一分理
優辭平者爲中等準半分每歲終通計其年積分至八分以上者陞充高等生
員以四十名爲額內蒙古色目各十名漢人二十名歲終試貢員不必備惟取
實才有分同闕少者以坐齋月日先後多少爲定其未及等幷雖及等無闕未
補者其年積分並不爲用下年再行積算每月初二日蚤旦圓揖後本學博士
助教公座面引應試生員各給印紙依式出題考試不許懷挾代筆各用印紙
真楷書寫本學正錄彌封謄錄餘並依科舉式助教博士以次考定次日監官
覆考於名簿內籍記各得分數本學收掌以俟歲終通考三曰黜罰科條應私
試積分生員其有不事課業及一切違戾規矩者初犯罰一分再犯罰二分三

犯除名從學正錄糾舉正錄知見而不糾舉者從本監議罰之應已補高等生員其有違戾規矩者初犯殿試一年再犯除名從學正錄糾舉之正錄知見而不糾舉者亦從本監議罰之應在學生員歲終實歷坐齋不滿半歲者並行除名除月假外其餘告假並不準算學正錄歲終通行考校應在學生員除蒙古色目別議外其餘漢人生員三年不能通一經及不肯勤學者勒令出學其餘責罰並依舊規泰定三年夏六月更積分而爲貢舉並依世祖舊制其貢試之法從監學所擬大概與前法略同而防閑稍加嚴密焉其本學正錄各二員司樂一員典籍二員管勾一員及侍儀舍人舊例舉積分生員充之後以積分既革於上齋舉年三十以上學行堪範後學者爲正錄通曉音律學業優贍者爲司樂幹局通敏者爲典籍管勾其侍儀舍人於上中齋舉禮儀習熟音吐洪暢曾掌春秋釋奠每月告朔明贊衆與其能者充之文宗天曆二年春三月惟伴讀員數自初二十人歲貢二人後於大德七年定四十人歲貢六人至大四年定四十人歲貢四人延祐四年歲貢八人人爲淹滯既額設四十名宜充部令史

者四人路教授者四人是後又命所貢生員每大比選士與天下士同試於禮部策於殿廷又增至備榜而加選擇焉

國初燕京始平宣撫王檝請以金樞密院爲宣聖廟太宗六年設國子總教及提舉官命貴臣子弟入學受業憲宗四年世祖在潛邸特命修理殿廷及卽位賜以玉斝俾永爲祭器至元十三年授提舉學校官六品印遂改爲大都路學署曰提舉學校所二十四年既還都北城立國子學于國城之東迺以南城國子學爲大都路學自提舉以下設官有差仁宗延祐四年大興府尹馬思忽重修殿門堂廡建東西兩齋泰定三年府尹曹偉增建環廊文宗天曆二年復增廣之提舉郝義恭又增建齋舍自府尹郝朵而別至曹偉始定生員凡百人每名月餼京畿漕運司及本路給之泰定四年夏四月諸生始會食于學焉

太宗始定中原卽議建學設科取士世祖中統二年始命置諸路學校官凡諸生進修者嚴加訓誨務使成材以備選用至元十九年夏四月命雲南諸路皆建學以祀先聖二十三年二月帝御德興府行宮詔江南學校舊有學田復給

之以養士二十八年令江南諸路學及各縣學內設立小學選老成之士教之或自願招師或自受家學于父兄者亦從其便其他先儒過化之地名賢經行之所與好事之家出錢粟贍學者並立爲書院凡師儒之命於朝廷者曰教授路府上中州置之命於禮部及行省及宣慰司者曰學正山長學錄教諭路州縣及書院置之路設教授學正學錄各一員散府上中州設教授一員下州設學正一員縣設教諭一員書院設山長一員中原州縣學正山長學錄教諭並受禮部付身各省所屬州縣學正山長學錄教諭並受行省及宣慰司劄付凡路府州書院設直學以掌錢穀從郡守及憲府官試補直學考滿又試所業十篇陞爲學錄教諭凡正長學錄教諭或由集賢院及臺憲等官舉充之諭錄歷兩考陞正長正長一考陞散府上中州教授上中州教授又歷一考陞路教授教授之上各省設提舉二員正提舉從五品副提舉從七品提舉凡學校之事後改直學考滿爲州吏例以下第舉人充正長備榜舉人充諭錄有薦舉者亦參用之自京學及州縣學以及書院凡生徒之肄業於是者守令舉薦之臺憲

來與朕語而遣歸至大三年復召吳澄拜國子司業以病還延祐三年召拜集賢直學士以疾不赴至治三年召拜翰林學士武宗仁宗累徵蕭𣂏授集賢學士國子司業未赴改集賢侍講學士又以太子右諭德徵始至京師授集賢學士國子祭酒諭德如故仁宗延祐七年十一月詔曰比歲設立科舉以取人材尙慮高尙之士晦跡丘園無從可致各處其有隱居行義才德高邁深明治道不求聞達者所在官司具姓名牒報本道廉訪司覆奏察聞以備錄用又屢詔求言於下使得進言於上雖指斥時政並無譴責往往采擇其言任用其人列諸庶位以圖治功其他著書立言裨益教化啓迪後人者亦斟酌錄用著爲常式云

童子舉唐宋始著于科然亦無常員成宗大德三年舉童子楊山童海童五年大都提舉學校所舉安西路張泰山江浙行省舉張昇甫武宗至大元年舉武福安仁宗延祐三年江浙行省舉俞傳孫馮怙哥六年河南路舉張答罕學士完者不花舉丁頑頑七年河閒縣舉杜山童大興縣舉陳聃英宗至治元年福

世祖至元二十八年夏六月始置諸路陰陽學其在腹裏江南若有通曉陰陽之人各路官司詳加取勘依儒學醫學之例每路設教授以訓誨之其有術數精通者每歲錄呈省府赴都試驗果有異能則於司天臺內許令近侍延祐初令陰陽人依儒醫例於路府州設教授員凡陰陽人皆管轄之而上屬於太史焉

舉遺逸以求隱跡之士擢茂異以待非常之人世祖中統間徵許衡授懷孟路教官詔於懷孟等處選子弟之俊秀者教育之是年又詔徵金進士李冶授翰林學士徵劉因爲集賢學士不至又用平章咸寧王野仙薦徵蕭䫻不起卽授陝西儒學提舉至元十八年詔求前代聖賢之後儒醫卜筮通曉天文曆數幷山林隱逸之士二十年復召拜劉因右贊善大夫辭不允未幾以親老乞終養俸給一無所受後遣使授命于家辭疾不起二十八年復詔求隱晦之士俾有司具以名聞成宗大德六年徵臨川布衣吳澂擢應奉翰林文字拜命卽歸九年詔求山林間有德行文學識治道者遣使徵蕭䫻且曰或不樂於仕可試一

來與朕語而遣歸至大三年復召吳澄拜國子司業以病還延祐三年召拜集
賢直學士以疾不赴至治三年召拜翰林學士武宗仁宗累徵蕭𣂏授集賢學
士國子司業未赴改集賢侍講學士又以太子右諭德徵始至京師授集賢學
士國子祭酒諭德如故仁宗延祐七年十一月詔曰比歲設立科舉以取人材
尙慮高尙之士晦跡丘園無從可致各處其有隱居行義才德高邁深明治道
不求聞達者所在官司具姓名牒報本道廉訪司覆奏察聞以備錄用又屢詔
求言於下使得進言於上雖指斥時政並無譴責往往采擇其言任用其人列
諸庶位以圖治功其他著書立言裨益教化啓迪後人者亦斟酌錄用著爲常
式云
童子舉唐宋始著于科然亦無常員成宗大德三年舉童子楊山童海童五年
大都提舉學校所舉安西路張秦山江浙行省舉張昇甫武宗至大元年舉武
福安仁宗延祐三年江浙行省舉俞傳孫馮怙哥六年河南路舉張答罕學士
完者不花舉丁頑頑七年河間縣舉杜山童大興縣舉陳聃英宗至治元年福

州路連江縣舉陳元麟至治三年河南行省舉張英泰定四年福州舉葉留畊
文宗天曆二年舉杜夙靈至順二年制舉答不歹子買來的皆以其天資穎悟
超出兒輩或能默誦經文書寫大字或能綴緝辭章講說經史並令入國子學
教育之惟張泰山尤精篆籀陳元麟能通性理葉留畊問以四書大義則對曰
無過事父母能竭其力事君能致其身時人以遠大期之

元史卷八十一

元史卷八十二

明翰林學士亞中大夫知制誥兼修國史宋　濂等修

選舉志第三十二

選舉二

銓法上

凡怯薛出身元初用左右宿衞爲心膂爪牙故四怯薛子孫世爲宿衞之長使得自舉其屬諸怯薛歲久被遇常加顯擢惟長官薦用則有定制至元二十年議久侍禁闥門地崇高者初受朝命散官減職事一等否則量減二等至大四年詔蒙古人降一等色目人降二等漢人降三等

凡臺憲選用大德元年省議臺官舊無選法俱於民職選取後互相保選省臺各爲一選宜令臺官幕官聽自選擇惟廉訪司官則省臺共選若臺官於省部選人則與省官共議之省官於臺憲選人亦與臺官共議之至元八年定監察御史任滿在職無異政元係七品以下者例加一等六品以上者陞擢其有不

顧權勢彈劾非違及利國便民者別議陞除或有不稱者斟酌銓注
凡選舉守令至元八年詔以戶口增田野闢詞訟簡盜賊息賦役均五事備者爲上選九年以五事備者爲上選陞一等四事備者減一資三事有成者爲中選依常例遷轉四事不備者添一資五事俱不舉者黜降一等二十三年詔勸課農桑克勤奉職者以次陞獎其怠於事者笞罷之二十八年詔路府州縣除達魯花赤外長官並宜選用漢人素有聲望及勳臣故家并儒吏出身資品相應者佐貳官遴選色目漢人參用庶期於政平訟理民安盜息而五事備矣
凡進用武官至元十五年詔軍官有功而陞職者舊以其子弟襲職陣亡者許令承襲若罷去者以有功者代之十七年詔渡江總把百戶有功陞遷者總把依千戶降等承襲百戶無遞降職名則從其本等十九年奏擬萬戶千戶百戶物故視其子孫堪承襲者依例承襲外都元帥詔討使總管總把視其子孫堪承襲者止令管其元軍元帥詔討子孫爲萬戶總管子孫爲千戶總把子孫爲百戶給元佩金銀符病故者降等惟陣亡者本等承襲二十年詔萬戶千戶百

戶分上中下三等定立條格通行遷轉以三年爲滿理算資考陞加品級若年老病故者令其子弟依例廕敘是年以舊制父子相繼管領元軍不設蒙古軍官故定立資考三年爲滿通行遷轉後各翼大小軍官俱設蒙古軍官又兼調遣征進俱已離翼難與民官一體遷轉廕敘合將萬戶千戶鎮撫自奏准日爲始以三年爲滿通行遷轉百戶以下不拘此例凡軍官征戰有功過者驗實跡陞降又定蒙古奧魯官大翼萬戶下設奧魯總管府從四品小翼萬戶下設奧魯官從五品各千戶奧魯亦設奧魯官受院劄各千戶奧魯不及一千戶者或二百戶三百戶以遠就近以小就大合併爲千戶翼奧魯官受院劄若干礙投下難以合併宜再議之又定首領官受敕牒元帥詔討司經歷知事就充萬戶府經歷知事換降敕牒如元翼該革別與遷除若王令旨并行省劄付樞密院劄付經歷充中下萬戶府知事行省諸司劄付充提領案牘并各翼萬戶自設經歷知事一例俱作提控案牘受院劄又議隨朝各衛千戶鎮撫所提控案牘已擬受院劄外任千戶鎮撫所提控案牘合從行省許准受萬戶府付身二十

四年詔諸求襲其父兄之職者宜察其人而用之凡舊臣勳閥及有戰功者其子弟當先任以小職若果有能則大用之二十五年軍官陣亡者本等承襲病故者降二等雖陣亡其子弟無能勿用雖病故其子弟果能不必降等於本等用之大德四年以上都虎賁司幷武衛內萬戶千戶百戶達魯花赤亡歿而無奏准承襲定例似爲偏負今後各翼達魯花赤亡歿宜察其子弟有能者用之無能則止五年詔軍官有不赴任者有患病因事不行者有已赴任被差委而出公事已辦爲私事稱故不迴者今後宜限以六月越限者以他人代之期年後以他職授之十一年詔色目鎮撫已歿其子有能依例用之子幼則取其兄弟之子有能者用之俟其子長卽以其職還之至大二年議各衛翼首領官至經歷以上不得陞除似與官軍一體其子孫乃不得承襲今後年踰七十而散官至正從四品者宜正從五品軍官內任用四年詔軍官有故令其嫡長子亡歿令嫡長孫爲之嫡長孫亡歿則令嫡長孫之嫡長子爲之若嫡長俱無則以其兄弟之子相應者爲之

太禧院天曆元年罷會福殊祥二院而立之秩正二品其所轄諸司則從其擢用

宣徽院皇慶二年省臣奏其所轄倉庫屯田官員半由都省半由本院用之奉旨宜俱從省臣用之

中政院至大四年言諸司錢糧選法悉令中書省掌之可更選人任用移文中書給降宣勅延祐七年院臣啓皇后位下中政院用人奉懿旨依樞密院御史臺等例行之

直省舍人內則侍相臣之興居外則傳省闥之命令選宿衞及勳臣子弟爲之又擇其高等二人專掌奏事至元二十五年省臣奏其充是職者俾受宣命大德八年擬歷六十月者始令從政

凡禮儀諸職有太常寺檢討至元十三年擬歷一百月除從八品　有御史臺殿中司知班十五年擬歷九十月除正八品　有通事舍人二十年議從本司選已入流品職官爲之考滿驗應得資品陞一等還用未入流官人員擬充侍

儀舍人受中書省劄一考除從九品三十年議於二品三品官子內選用不限
廕敘兩考從七品遷敘　有侍儀舍人三十年議於四品五品官子內選用不
限廕敘一考從九品大德三年議有闕宜令侍儀司於到部正從九品流官內
選用仍受省劄三十月爲滿依朝官內陞轉如不敷於應得府州儒學教授內
選用歷一考正九品敘　有禮直管勾大德三年省選合用到部人員俱從太
常寺舉保非常選除充者任迴止於本衙門敘用　有郊壇庫藏都監二人至
大三年議受省劄者歷一考之上受部劄者歷兩考之上再歷本院屬官一任
擬於從九品內敘天曆二年擬在朝文翰衙門於國子生員內舉充
至元九年部議巡檢流外職任擬三十月爲一考任迴於從九品遷敘二十年
議巡檢六十月陞從九品大德七年議各處所委巡檢自立格月日爲始已歷
兩考之上者循舊例九十月出職不及兩考者須歷一百二十月方許出職遷
轉十年省奏奉旨腹裏巡檢任回及考者止於巡檢內注授所歷未及者於錢
穀官內定奪通理巡檢月日各處行省所設巡檢考滿者咨省定奪未及考滿

者行省於錢穀官等職內委用通理月日依舊陞轉不及一考如係告廕弁提控案牘例應轉充者於雜職內委用考滿各理本等月日依例陞轉

腹裏諸路行用鈔庫至元十九年部擬州縣民官內選充係八品九品人員三十月爲滿任回驗元資品減一資歷通理遷敘　庫使受都省劄付任滿從優遷敘

庫副受本路劄付二十月爲滿於本處上戶內公選交替　陝西四川西夏中興等路提舉司鈔庫俱係行省管領合就令依上選擬庫官移文都省給降勑牒劄付省議除鈔庫使副咨各省選擬外提領省部選注　腹裏官員二十六年定選充倉庫等官擬於應得資品上陞一等通理月日陞轉　江南官員若曾腹裏歷仕前資相應依例陞轉遷去江淮歷仕人員所歷月日一考之上者除一考准爲根脚餘有月日後任通理不及考者添一資若選充倉庫等官擬於應得資品上例陞一等任回依上於腹裏陞轉　接連官員選充倉庫等官應本地面從七品者准算腹裏從七資品歷過一考者爲始理算月日後任通

理一考之上餘有月日後任通理不及考者添一資陞轉　福建兩廣官員選
充倉庫等官應得本地面從七品者准算江南從七資品歷過一考者爲始理
算月日一考之上餘有月日後任通理不及考者添一資陞轉　元係流官任
回止於流官內任用雜職者雜職內遷敘　萬億庫寶鈔總庫八作司以一年
滿代錢物甚多未易交割宜以二年爲滿少者以一年爲滿　上都稅務官止
依上例遷轉　都省所轄去處二周歲爲滿者各處都轉運使司官司屬官首
領官　各處都漕運使司官首領官　諸路寶鈔都提舉司官　腹裏江南隨
路平準行用庫官　印造寶鈔庫官　鐵冶提舉司官首領官　採金提舉司
官首領官　銀場提舉司官首領官　新舊運糧提舉司官首領官　都提舉
萬億庫八作司寶鈔總庫首領官　一周歲爲滿者泉府司所轄富藏庫官
廩給司　四賓庫　薄斂庫官　大都稅課提舉司官首領官　酒課提舉司
官首領官　提舉太倉官首領官　提舉醴源倉官首領官　大都省倉官
河倉官　通州等處倉官應受省部劄付管錢穀院務雜職等官　大都平準

行用庫官　燒鈔四庫官　抄紙坊官　幣源庫官　行省所轄去處二周歲爲滿者各處都轉運使司官司屬官首領官　各處都漕運使司官首領官行諸路寶鈔都提舉司官　腹裏江南隨路平準行用庫官　甘州寧夏府等處都轉運使司官　市舶提舉司官首領官　榷茶提舉司官首領官　一周歲爲滿者行泉府司所轄阜通庫官　各處行省收支錢帛諸物庫官　三十年部議凡內外平準行用庫官提領從七品大使從八品副使從九品若流官內選充者任回減一資陞轉雜職人員止理本等月日　元貞二年部議凡倉官有闕於到選相應職官并諸衙門有出身令譯史通事知印宣使奏差兩考之上人內選用依驗難易收糧多寡陞等任回於應去地方遷敘　通州河西務李二寺等倉官於應得資品上陞一等任滿交割別無短少減一資通理在都并城外倉分收糧五萬石之上倉官於應得資品上陞一等任滿交割別無短少依例遷敘　收糧一萬石之上倉官止依應得品級除授任滿交割別無短少減一資通理　大德元年省擬大都萬億四年富億庫寶紗總庫上都

萬億庫官止依合德資品選注須二周歲滿日別無短少擬同隨朝例陞一等
二年省議上都應昌倉官比同萬億庫官例二周歲爲滿於應得資品上擬
陞一等　六年部議在都平準行用庫官擬合與外路一體二周歲爲滿元係
流官內選充者任回減一資陞轉　萬億四庫知事例陞一等提控案牘減資
遷轉　和林昔寶赤八剌哈孫孔古烈倉改立從五品提舉司提舉一員從五
品同提舉一員從六品副提舉一員從七品周歲爲滿於到選人內選充應得
資品上擬陞二等任回遷用所歷月日通理　甘肅二路每處設監支納一員
正六品倉使一員從六品倉副一員正七品二周歲爲滿於到選人內銓注入
倉先陞一等任滿交割別無短少又陞一等　受給庫提領從九品使副受省
劄攢典合干人各設二名　七年部擬大都路永豐庫提領從七大使從八副
使從九於到選相應人內銓注　江西省英德路河西務兩處設立平準行用
庫擬合設官員係從七以下人員依例銓注　英德路平準行用庫提領一員
從七大使一員從八副使一員從九品　河西務行用庫大使一員從八品副

使一員吏部劄　甘肅行省豐備庫提領一員從七品大使一員正八品於到選迤西資品人內陞等銓注　大同倉官擬二周歲交代永盈倉例陞一等其餘六倉任回擬減一資陞轉　八年部議湖廣行省所轄散府司吏充倉官依河南行省散府司吏充倉官比總管府司吏取充者降等定奪　至大二年部呈凡平準行用庫設官二員常平倉設官三員於流官內銓注以二年爲滿依例減資　四年部議上都兩倉二周歲爲滿於應得資品上陞一等歷過月日今後比例通理皇慶元年部議上都平盈庫二周歲爲滿減一資陞轉延祐四年部議江浙行省各路見役司吏已及兩考選充倉官五萬石之上比同考滿出身充典史一考陞吏目五萬石之下者於典史添一考依例遷敘　湖廣行省倉官如係路吏及兩考選充倉官一界同考滿出身充典史一考陞吏目遷敘庫官周歲准理本等月日考滿依例陞轉

凡稅務官陞轉至元二十一年省議應敘辦課官分三等一百錠之上設提領一員使一員五十錠之上設務使一員五十錠之下設都監一員十錠以下從

各路差人管辦　都監歷三界陞務使一周歲爲滿月日不及者通理務使歷三界陞提領提領歷三界受省劄錢穀官再歷三界始於資品錢穀官并雜職任用　各處就差相副官增及兩酬者聽各處官司再差增及三酬以上及後界又增者申部定奪　二十九年省判所辦諸課增虧分數陞降人員增六分陞二等增三分陞一等其增不及分數比全無增者到選量與從優虧兌一分降一等　三十年省擬提領二年爲滿省部於流官內銓注一萬錠之上擬從六品五千錠之上擬正七品二千錠之上擬從七品一千錠之上正八品五百錠之上從八品大使副使俱周歲交代大使從行省吏部於解由合敘相應人內選調副使從各路於本處係籍近上戶內公選　至大三年詔定立辦課例一百錠之下院務官分爲三等五十錠之上爲上等設題領一員受省劄大使一員受部劄二十錠之上爲中等設大使副使各一員二十錠之下爲下等設都監同監各一員俱受部劄並以一年爲滿齊界交代都監同監四界陞副使又四界陞大使又三界陞提領又三界入資品錢穀官并雜職內選用行省差

設人員各添兩界陞轉仍自立界以後爲始理算月日並於有陞轉出身人員內定奪不許濫用白身議得例前部劄提領於大使內銓注都監同監本等擬注止依歷一十二界至大三年例後𠞰入錢穀人員及正從六品七品取廕子孫亦依先例陞轉不須添界外其餘雜進之人依今次定例遷用通歷一十四界依上例陞轉

至元九年部議凡總府續置提控案牘多係入仕年深似比巡檢例同考滿轉入從九緣從九係銓注巡檢闕提領案牘吏員文資出職難應捕捉兼從九員多闕少本等人員不敷銓注凡陞轉資考從九三任陞從八正九兩任陞從八巡檢提領案牘等考滿轉入從九從九再歷三考陞從八通理一百二十月陞巡檢依已擬提領案牘權擬六十月正九再歷兩任通理一百二十月陞從九較之陞轉資考卽比巡檢庶員闕易就都吏目擬吏目一考轉充都目一考轉充提領案牘考滿依上轉入流品都吏目應陞無闕止注本等職名驗理陞轉

二十年部擬提控案牘九十月陞九品　二十五年部擬各路司吏實歷六

十月吏目兩考陞都目歷一考陞提控案牘兩考陞正九若依路司吏九十月

吏目歷一考與都目餘皆依上陞轉省議江南提控案牘除各路司吏比附腹

裏路司吏至元二十五年呈准定例遷除其餘已行直補并自行踏逐歷案牘

兩考者再添資遷除　三十年省准提控案牘補注巡檢陞轉資品不相爭懸

如已歷提控案牘月日者任回止於提控案牘內遷敘　三十一年省議都目

巡檢員闕雖不相就若不從宜調用似涉壅滯下部先儘到選巡檢餘闕准告

銓注任回各理本等月日　大德二年省准京城內外省倉典吏例於大都路

州司吏縣典史內勾補二周歲轉陞吏目除行省所轄外腹裏下州并雜職等

衙門計設吏目一百餘處其籍記未注者以次銓注俱擬三十月爲滿任回本

等內不次銓注　三年部擬提控案牘都吏目有三周歲二周歲一周歲爲滿

者俱以三十月爲滿　八年省准和林兵馬司掌管案牘人等比依下州合設

吏目一員於籍記吏目外發補任回從九品遷用添一資陞轉　司吏量擬四

名從本司選補通吏業者六十月提控案牘內任用　九年部呈都吏目已於

典史內銓注宜將籍記案牘驗歷仕以遠就近於吏目闕內參注各理本等月日　十一年江浙省臣言各路提控案牘改受勑牒不見通例部照江北提控案牘皆自府州司縣轉充路吏請俸九十月方得吏目一考陞都目都目一考陞提控案牘兩考正九品通理二百一十月入流其行省所委者九十月與九品今議行省委用例革提控案牘合於散府諸州案牘都吏目幷雜職錢穀官內行省依例銓注通理月日陞轉之後行省所設提控案牘都吏目合依江北由司縣府州轉充路吏通理月日考滿方許入流

凡選取宣使奏差至元十九年部擬六部奏差額設數目每一十名內令各部選取四名九十月與從九品餘外合設數目俱於到部巡檢提領案牘都吏目內選取候考滿日驗下項資品銓注省准解由到部闕會完備人員內選取應入吏目選充奏差三考與從九品吏目一考應入都目人員選充奏差兩考與從九品都目一考應入提領案牘人員選充奏差一考與從九品巡檢提領案牘一考選充奏差一考與正九品　二十六年省准上都留守司兼本路都總

管府典吏出身歷九十月比通政院例合轉補本司宣使考滿依例定奪　二十九年省議行省行院宣使於正從九品有解由職官內選取如是不敷於各道宣慰司一考之上奏差本衙門三考典吏內選取不敷於各道廉訪司三考奏差內并本衙門三考典史內選取仍須色目漢人相參選取自行踏逐者亦須相應人員考滿例降一等須歷九十月方許出職　內外諸衙門宣使以色目漢人相參九十月爲滿自行踏逐者降一等　凡內外諸衙門宣使通事知印奏差都省宣使有闕於臺院等衙門一考之上宣使并有解由正從八品職官內選補如係都省直選人員不拘此例仍須色目漢人相參選取自行踏逐者考滿例降一等須歷九十月方許出職　樞密院宣使正從九品職官內選取仍須色目漢人相參選用自行踏逐者亦須相應人員考滿例降一等須歷九十月方許出職　御史臺宣使正從九品職官內選取自行踏逐者考滿例降一等須歷九十月方許出職　宣政院宣使選補同　宣尉司奏差於本衙門三考典吏內選取自行踏逐者考滿降等敘須色目漢人參用歷九十月方

許出職　山東運司奏差九十月於近下錢穀官內任用大都運司一體定奪

七年省准鞏昌等處便宜都總帥府令史人等已擬依各道宣慰司令史人等一體出身自行踏逐者降等敍有闕於本司三考典吏內選取　八年部呈各寺監保本處典吏補奏差若元係請俸典吏本把人等補充者考滿同自行踏逐者降等敍　九年擬宣徽院典吏九十月補宣使并所轄寺監令史　十年省擬中政院宣使於本衙門三考之上典吏及正從九品職官內選用以色目漢人相參自行踏逐者降等　十一年省擬燕南廉訪司奏差州吏內選補考滿於都目內選用　延祐三年省議各衙門典吏須歷九十月方許轉補奏差

凡匠官至元九年工部驗各管戶數二千戶之上至一百戶之上隨路管匠官品級省議除在都總提舉司去處依准所擬　東平雜造提舉司并隨路織染提舉司二千戶之上提舉正五品同提舉從六品副提舉從七品一千戶之上提舉從五品同提舉正七品副提舉正八品五百戶之上至一千戶之下提舉

正六品同提舉從七品副提舉從八品三百戶之上大使正七品副使正八品一百戶之上大使從七品副使從八品一百戶之下院長一員同院務例不入流品量給食錢　凡一百戶之下管匠官資品受上司劄付者依已擬充院長已受宣牌充局使者比附一百戶之上局使資品遞降量作正九資品　二十二年凡選取陞轉匠官資格元定品給員數提舉司二千戶之上者無之一千戶之上提舉從五品同提舉正七品副提舉正八品五百戶之上一千戶之下提舉正六品同提舉從七品副提舉從八品使副三百戶之上局使正七品副使正八品一百戶之上局使從七品副使從八品一百戶之下院長一員比同務院例不入流品工部議三百戶之上局副從八一百戶之上局副正九遇有闕於一百戶之下院長內選充院長一百二十月陞正九正九兩考陞從八從八三考正八兩考俱陞從七如正八有闕別無資品相應人員於已授從八匠官內選注通歷九十月陞從七從七三考陞正七正七兩考陞從六從六三考正六兩考俱陞從五為所轄司屬無從六名闕如已歷正七兩考擬陞加從六

散官止於正七匠官內遷轉九十月陞從五如正六匠官有闕於已授從六散官人員內選注通歷九十月陞從五從五三考擬陞正五別無正五匠官名闕陞加正五散官止於從五匠官內遷轉如歷仕年深至日斟酌定奪至元十二年以前受宣敕省劄人員依管民官例擬准已受資品十三年以後受宣敕省劄人員若有超陞越等者驗實歷俸月定擬合得資品上例存一等選用　管匠官遇有闕員去處如無資品相應之人擬於雜職資品相應到選人內銓用

凡中原江淮匠官正從五品子從九品匠官內廕敘六品七品子於院長內敘用，以匠官無從九品闕擬正從五品子應廕者於正九匠官內銓注任回理等從九月日　二十三年詔管匠官其造作有好惡虧少勿令遷轉　二十四年部言管匠衙門首領官宜於本衙門內選委知會造作相應人員區用勿令遷轉合依舊例從本部於常選內選差相應人員掌管案牘任滿交代遷敘元貞元年淮湖廣行省所擬三千戶之上提舉司從五品提舉從五品同提舉正七品副提舉正八品二千戶之上提舉司正六品提舉正六品同提舉從七

品副提舉從八品一千戶之上局局使正七品副使正八品五百戶之上局局使從七品副使正九品五百戶之下院長一員

凡諸王分地與所受湯沐邑得自舉其人以名聞朝廷而後授其職至元二年詔以各投下總管府長官不遷外其所屬州縣長官於本投下分到城邑內遷轉　四年省劄應給印官員若受宣命及諸王令旨或投下官員批劄省府樞密院制府左右部劄付者驗戶給印　五年詔凡投下官必須用蒙古人員　六年以隨路見任幷各投下拁差達魯花赤內多女直契丹漢人除回回畏吾兒乃蠻唐兀同蒙古例許敘用其餘擬合革罷曾歷仕者於管民官內敘用　十九年詔各投下長官宜依例三年一次遷轉　省臣奏江南諸王分地長官已令如例遷轉其間若有兼管軍鎮守爲達魯花赤者一體代之似爲不宜合令於投下長官之上署字一同莅事　二十年議諸王各投下千戶於江南分地已於長官內委用其州縣長官亦令如之似爲相宜　二十三年諸王駙馬幷百官保送人員若曾仕者驗資歷於州縣內相間用如無歷仕從本投下自

用　三十年各投下州縣長官三年一次給由互相遷轉如無可遷轉依例給由申呈省部仍牒廉訪司體訪　大德元年諸投下達魯花赤從七以下者依例類選　十年議各投下官員非奉省部明文毋得擅自離職　皇慶二年詔各投下分地城邑長官其常選所用者居衆人之上投下所委者爲添設其常選內路府州及各縣內減一員　三年以中下縣主簿錄事司錄判掌錢糧捕盜等事不宜減去幷增置副達魯花赤一員　四年凡投下郡邑令自置達魯花赤其爲副者罷之　各投下有闕用人自於其投下內選用不許冒用常選內人

凡壕寨官至元十九年省部擬都水監併入本部其壕寨官比依各部奏差出身大德二年擬考滿除從九品凡入粟補官天曆三年河南陝西等處民饑省臣議江南陝西河南等處富實之家願納粟補官者驗糧數等第從納粟人運至被災處所隨即出給勘合朱鈔實授茶鹽流官咨申省部除授凡錢穀官隸行省者行省銓注腹裏省者吏部注擬考滿依例陞轉其願折納價鈔者並以

中統鈔爲則江南三省每石四十兩陝西省每石八十兩河南并腹裏每石六十兩其實授茶鹽流官如不願仕而讓封父母者聽　陝西省一千五百石之上從七品一千石之上正八品五百石之上從八品三百石之上正九品二百石之上從九品一百石之上上等錢穀官八十石之上中等錢穀官五十石之上下等錢穀官三十石之上旌表門閭　河南并腹裏二千石之上從七品一千五百石之上正八品一千石之上從八品五百石之上正九品三百石之上從九品二百石之上上等錢穀官一百五十石之上中等錢穀官一百石之上下等錢穀官　江南三省一萬石之上正七品五千石之上從七品三千石之上正八品二千石之上從八品一千石之上正九品五百石之上從九品三百石之上上等錢穀官二百五十石之上中等錢穀官二百石之上下等錢穀官

凡先嘗入粟遙授虛名者今再入粟則依驗糧數照依資品令實授茶鹽流官　陝西省一千石之上從七品六百六十石之上正八品三百三十石之上從八品二百石之上正九品一百三十石之上從九品　河南并腹裏一千三

百石之上從七品一千石之上正八品六百六十石之上從八品三百三十石之上正九品二百石之上從九品　江南三省六千六百六十石之上正七品二千三百三十石之上從七品二千石之上正八品一千三百三十石之上從八品六百六十石之上正九品二百二十石之上從九品　先嘗入粟實授茶鹽流官者今再入粟則依驗糧數加等陞職　陝西省七百五十石之上五百石之上二百五十石之上一百五十石之上一百石之上　河南弁腹裏一千石之上七百五十石之上五百石之上二百五十石之上一百五十石之上

僧道能以自己衣鉢濟饑民者三百石之上六字師號都省出給二百石之上四字師號一百石之上二字師號俱禮部出給　四川省所轄地分富實民戶有能入粟赴江陵者依河南省入粟補官例行之其糧合用之時從長處置

江浙江西湖廣三省已糴官糧見在價鈔於此差人赴河南省別與收貯合用之時從長處置

凡獲盜賞官大德五年詔獲強盜五人與一官捕盜官及應捕人本境失盜而

獲他境盜者聽功過相補獲強盜過五人捕盜官減一資至十五人陞一等應
捕人與一官不在論賞之列
凡控鶴傘子至元二十二年擬控鶴受省劄保充御前傘子者除充拱衛都直
指揮使司鈐轄官進義副尉　二十八年控鶴提控受勑進義副尉管控鶴百
戶及一考擬元除散官從八職事正九於從八內遷注　元貞元年控鶴提控
奉旨充速古兒赤一年受省劄充御前傘子歷三百三十二月詔於從六品內
遷用　大德六年控鶴百戶部議於巡檢內任用其離役百戶人等擬從八品
傘子從七品　延祐三年控鶴百戶歷兩考之上擬於正九品遷用
凡玉典赤至元二十七年定擬歷三十月至九十月者並與縣達魯花赤進義
副尉一百月以上者官敦武校尉　至大二年令玉典赤權於州判縣丞內銓
注三年令依舊例九十月除從七下縣達魯花赤任回添一資
凡蠻夷官議播州宣撫司保蠻夷地分副長官係遠方蠻夷不拘常調之職合
准所保其蠻夷地分雖不拘常調之處而所保之人多有泛濫今後除襲替土

官外急闕久任者依例以相應人舉用不許預報違者罪及所由官司

元史卷八十二

元史卷八十三

明翰林學士亞中大夫知制誥兼修國史宋　濂等修

選舉志第三十三

選舉三

銓法中

至元四年詔諸官品正從分等職官用廕各止一名　諸廕官不以居官去任致仕身故其承廕之人年及二十五以上者聽　諸用廕者以嫡長子若嫡長子有廢疾立嫡長子之子孫曾玄同如無立嫡長子同母弟曾玄同如無立繼室所生如無立次室所生如無立婢子如絕嗣者傍廕其親兄弟各及子孫如無傍廕伯叔及其子孫　諸用廕者孫降子曾孫降孫婢生子及傍廕者皆於合敘品從降一等　諸廕子入品職循其資考流轉陞遷廉慎幹濟者依格超陞特恩擢用者不拘此例其有不務廉慎違犯禮法者依格降罰重者除名　諸自九品依例遷至正三品止於本等流轉二品以上選自特旨　諸職官廕

子之後若有餘子不得於諸官府自求職事諸官府亦不許任用　五年詔諸廕官各具父祖歷仕緣由去任身故歲月并所受宣勅劄付彩畫宗支指實該承廕人姓名年甲本處官司體勘房親揭照籍冊別無詐冒及無廢疾過犯等事上司審驗相同保結申覆令親齎文解赴部　諸廕敘人員除蒙古及已當禿魯花人數別行定奪外三品以下七品以上年二十五之上者當儤使一年並不支俸滿日三品至五品子孫量材敘用外六品七品子准上銓注監當差使已後通驗各界增虧定奪　十六年部擬管匠官止於管匠官內遷用其身故匠官之子若依管民官品級承廕緣匠官至正九品以下止有院長同院務例不入流品似難一例廕用比附承廕例量擬正從五品子於九品匠官內敘六品七品子於院長內敘　凡儤直曾當怯薛身役已經歷仕及止有一子五十以上者並免　二十七年詔凡軍民官陣亡軍官襲父職民官陣亡者其子比父職降二等敘其孫若弟復降一等　大德四年省議諸職官子孫廕敘正一品子正五品敘從一品子從五品敘正二品子正六品敘從二品子從六品

敘正三品子正七品敘從三品子從七品敘正四品子正八品敘從四品子從八品敘正五品子正九品敘從五品子從九品敘正六品子流官於巡檢內用雜職於省劄錢穀官內用從六品子近上錢穀官正七品子酌中錢穀官從七品子近下錢穀官諸色目人比漢人優一等廕敘達魯花赤子孫與民官子孫一體廕敘傍廕照例降敘　至大四年詔諸職官子孫承廕須試一經一史能通大義者免儤使不通者發還習學蒙古色目願試者聽仍量進一階　延祐六年部呈福建兩廣海北海南左右兩江雲南四川甘肅等處廕敘之人如父祖始仕本處止以本地方敘用據腹裏江南歷仕陞等遷往者其子孫弟姪承廕又注遠方誠可憐憫今將承廕人等量擬敘用福建兩廣八番官員擬江南廕敘海北海南左右兩江官員擬接連廕敘雲南官員擬四川廕敘四川甘肅官員擬陝西廕敘

凡遷調閩廣川蜀雲南官員每三歲遣使與行省銓注而以監察御史往涖之

至元十九年省議江淮州郡遠近險易不同似難一體今量分為三等若腹裏常調官員遷入兩廣福建溪洞州郡者於本等資歷上例陞二等其餘州郡例

陞一等福建兩廣官員五品以上照勘員闕移咨都省銓注六品以下就便委用開具咨省　二十年部議遷敘江淮官員擬定應得資品若於接連福建兩廣溪洞州郡任用陞一等　甘肅中興行省所轄係西夏邊地除本處籍貫見任官外腹裏遷去甘肅者擬陞二等中興府擬陞一等　二十二年詔管民官腹裏遷去四川陞一等接連溪洞陞二等四川見任官遷往接連溪洞陞一等若遷去溪洞諸蠻夷別議定奪達魯花赤就彼處無軍蒙古軍官內選擬不爲常例　二十二年江淮官員遷於龍南安遠縣地分者擬陞三等仍以三十月爲滿陞轉　二十八年詔腹裏官員遷去雲南近裏城邑擬陞二等若極邊重地更陞一等行省咨保人員比依定奪其蒙古土人及招附百姓有功之人不拘此例　省臣奏准福建兩廣官員多闕都省差人與彼處行省行臺官一同以本土周迴相應人員委用　部議雲南六品以下任滿官員依御史臺所擬選資品相應人擬定名闕具歷仕脚色咨省奏准勑牒到日許令之任若有急闕依上選取權令之任歷過月日依上准理　二十九年詔福建兩廣官員歷

兩任滿者遷於接連去處一任滿日歷江南一任許入腹裏通行遷轉願於兩廣福建者聽依例陞等　至治元年省臣奏江浙江西湖廣四川雲南五處行省所轄邊遠地分官員三年一次差人與行省行臺官一同遷調　泰定四年部擬諸職官子孫承廕已有元定廕敍地方通例別難議擬如願於廣海廕敍者聽其所請依例陞等遷敍其已咨到都省應合本省地方廕敍而未受除者依例咨行省令差去遷調官就便銓注　廣海闕官於任滿得代有由應得路府州縣儒學教授學正山長內願充者借注正九品以下名闕任迴止理本等月日　廣海應設巡檢於本省應得常選上等錢穀官選擬權設理本等月日行省自用弃不應之人不許委用如受勅巡檢到彼即聽交代

凡遷調循行各省所轄路府州縣諸司應合遷調官員先儘急闕次及滿任急闕須憑各官在任解由依驗月日應得資品及解由到行省月日依次就便遷調若有急闕委無相應之人或員闕不能相就者於應敍職官內選用驗各得資品上雖有超越不過一等　本管地面若有遐荒煙瘴險惡重地除土官外

依例公選銓注其有超用人員多者不過二等　軍官匠官醫官站官各投下人等例不轉入流品者雖資品相應不許銓注　都省已除人員例應到任若有違限一年者聽別行補注　應有合就彼遷敘人員如在前給由已咨都省聽除未經遷注照會不曾咨到本省者卽聽就便開咨　無解由人員不許銓注　諸犯贓經斷應敘人員照例銓注　令譯史奏差人等須驗實歷月日已滿方許銓注　邊遠重難去處如委不可闕官從差去官與本省官公同選注能幹人員開具歷仕元由并所注職名擬咨都省候回准明文方許之任　應遷調官員三品四品擬定咨呈五品以下先行照會之任

凡文武散官多采用金制建官之初散官例降職事二等至元二十年始陞官職對品九品無散官謂之平頭勑蒙古色目初授散官或降職事再授職雖不降必俟官資合轉然後陞職漢人初授官不及職再授則降職授官惟封贈廕敘官職各從一高必歷官至二品則官必從職不復用理算法矣至治初稍改之尋復其舊此外月日不及者惟歷繁劇得優獲功賞則優由內地入邊遠則

優憲臺舉廉能政蹟則優以選出使絕域則優然亦各有其格也

凡保舉職官大德二年制各廉訪司所按治城邑內有廉愼幹濟者歲舉二人九年詔臺院部五品以上官各舉廉能識治體者三人行省臺宣尉司廉訪司各舉五人　凡翰林院國子學官大德七年議文翰師儒難同常調翰林院宜選通經史能文辭者國子學宜選年高德卲能文辭者須求資格相應之人不得預保布衣之士若果才德素著必合不次超擢者別行具聞

凡遷官之法從七以下屬吏部正七以上屬中書三品以上非有司所與奪由中書取進止自六品至九品爲勑授則中書牒署之自一品至五品爲宣授則以制命之三品以下用金寶二品以上用玉寶有特旨者則有告詞其理算論月日遷轉憑散官內任以三十月爲滿外任以三歲爲滿錢穀典守以二歲爲滿而理考通以三十月爲則內任官率一考陞一等十五月進一階京官率一考視外任減一資外任官或一考進一階或兩考陞一等或三考陞二等四品則內外考通理此秋毫不可越然前任少則後任足之或前任多則後任累之

一考者及二十七月兩考者及五十七月三考者及八十一月以上遇陞則借陞而補以後任此又其權衡也

凡選用不拘常格省參議都司郎中員外高第者拜參預政事六曹尚書侍郎及臺幕官監察御史出爲憲司官外補官已制授入朝或用勅除朝蹟秩視六品外任或爲長伯在朝諸院由判官至使寺監由丞至卿館閣由屬官至學士有遞陞之法用人重於用法如此又覃官或准實授或普減資陞等或內陞等或外減資或外減內不減斯則恩數之不常有者惟四品以下者有之三品則遞進一階至正議大夫而止若夫勳臣世胄侍中貴人上命超遷則不可以選格論亦有傳勅中書送部覆奏或致繳奏者斯則歷代以來封駁之良法也

凡吏部月選至元十九年議到部解由卽行照勘合得七品者呈省從七以下本部注擬其餘流外人員不拘多寡並以一月一次銓注

凡官吏遷敘至元十年議舊以三十月遷轉太速以六十月遷轉太遲二十八年定隨朝以三十月爲滿在外以三周歲爲滿錢穀官以得代爲滿吏員以九

十月日出職職官轉補與職官同
凡覃官至大二年詔內官四品以下普覃散官一等服色班次封廕皆憑散官
三品者遞進一階至正三品上階而止其應入流品者有出身吏員譯史等考
滿加散官一等　三年蒙古儒學教授一體普覃　四年詔在任官員普覃散
官一等　泰定元年詔內外流官已帶覃官准理實授所有軍官及其餘未覃
人員四品以下並覃散官一等三品遞進一階至三品上階止服色班次封廕
悉從一高其有出身應入流品人等如在恩例之前入役支俸者考滿亦依上
例覃授　二年省議應覃人員依例先理月日後准實授其正五品任回已歷
一百三十五月者九十月該陞從四餘有四十五月既循行舊例覃官三品擬
合准理實授月日未及者依驗散官止於四品內遷用所有月日任回四品內
通行理算
凡減資陞等大德九年詔外任流官陞轉甚遲但歷在外兩任五品以下並減
一資部議外任五品以下職官若歷過隨朝及在京倉庫官鹽鐵等職曾經陞

等減資外以後至大德九年格前歷及在外兩任或一任六十月之上者並與優減未及者不拘此格　至治二年太常禮儀院臣奏皇帝親祭太廟恩澤未加詔四品以下諸職官不分內外普減一資有出身應入流品者考滿任回依上優減　天曆元年詔以兵興內外官吏供給繁勞在京者陞一等至三品止在外者減一資

凡注官守闕至元八年議已除官員無問月日遠近許准守闕外未奏未注者許注六月滿闕六月以上不得預注　二十二年詔員多闕少守闕一年年月滿者照闕注授餘無闕者令候一年　大德元年以員多闕少宜注二年

凡注官避籍至元五年議各路地理闊遠若更避路恐員闕有所礙止宜斟酌避籍銓選

凡除官照會至元十年議受除民官若有守闕人員當前官任滿預期一月檢舉照會錢穀官候見界官任滿至日行下合屬照會　二十四年議受除官員省劄到部照勘急闕任滿者比之滿期預先一月照會

凡赴任程限大德八年定赴任官在家裝束假限二千里內三十日三千里內四十日遠不過五十日馬日行七十里車日行四十里乘驛者日兩驛百里以上止一驛舟行上水日八十里下水百二十里職當急赴者不拘此例違限百日外依例作闕

凡赴任公參至元二年定散府州縣赴任官去上司百里之內者公參百里之外者申到任月日上司官不得非理勾擾失誤公事

凡官員給假中統三年省議職官在任病假及緣親病假滿百日所在官司勘當申部作闕仍就任所給據期年後給由求敘自願休閑者聽　至元八年省准在任因病求醫幷告假侍親者擬自離職住俸日爲始限一十二月後聽仕其之任官果因病患事故不能赴任自受除日爲始限一十二月後聽仕　部擬凡外任官日久不行赴任除行程幷裝束假限外違者計日斷罪　二十七年議祖父母父母喪亡幷還葬者許給假限其限內俸鈔擬合支給違例不到停俸定罪　二十八年部議官吏遠離鄉土不幸患病難議截日住俸果有患

病官吏百日內給俸百日外停俸作闕　大德元年議雲南官員如遇祖父母父母喪葬其家在中原者並聽解任奔赴　二年詔凡值喪除蒙古色目人員各從本俗外管軍官幷朝廷職不可曠者不拘此例　五年樞密院臣議軍官宜限以六月越限日以他人代之期年後授以他職　七年議已除官員若有病故及因事不能赴任者即牒所在官司否則親隣主首呈報上司別行銓注　八年吏部言赴任官即將署事月日飛申以憑標附有犯贓事故並仰申聞　天曆二年詔官吏丁憂各依本俗蒙古色目倣效漢人者不用部議蒙古色目人願丁父母憂者聽

凡官員便養至大三年詔銓選官員父母衰老氣力單寒者得就近遷除尤爲便益果有親年七十以上別無以次侍丁合從元籍官司保勘明白斟酌定奪

凡遠年求敘元貞元年部擬自至元二十八年三月爲限於本處官司明具實跡保勘申覆上司遷敘　大德七年議求敘人員具由陳告州縣體覆相同明白定奪依例敘用

銓法下

凡省部令史譯史通事等至元六年省議舊例一百二十月出職今案牘繁冗難同舊日會量作九十月爲滿其通事譯史繁劇合與令史一體近都省未及兩考省令史譯史授宣注六品職事部令史已授省劄注從七品職事今擬省令譯史通事由六部轉充者中統四年正月已前合與直補人員一體擬九十月考滿注六品職事回降正七一任還入六品中統四年正月已後將本司歷過月日三折二驗省府月日考滿通理九十月出職與正七職事並免回降職官充省令譯史舊例文資右職參注一考滿合得從七品注從六品未合得從七品注正七品如更勒留一考合同隨朝陞一等一考滿未得從七注正七品者回降從七還入正七一考滿合得從七注從六品合得正七注正六品者免回降正從六品人員不合收補省令史譯史如有已補人員合同隨朝一考陞一等注授　中統四年正月已前收補部令史譯史通事擬九十月爲考滿照依已除部令史例注從七品回降正八一任還入從七　中統四年正月已

後充部令譯史通事人員亦擬九十月爲考滿依舊例正八品職事仍免回降
省宣使舊例無此職名中統以來初立中書省曾受宣命充宣使者擬出職正
七品職外有非宣授人員擬九十月爲考滿與正八品　至元二十年吏部言
准內外諸衙門令譯史通事知印宣使奏差等病故作闕未及九十月並令貼
補值例革者比至元九年例定奪省准宣使各部令史出職同三考從七一考
之上驗月日定奪一考之下二十月以上者正九十五月以上者從九十五月
以下擬充巡檢　臺院大司農司譯史令史出身同三考正七一考之上驗月
日定奪一考之下二十月以上從八十五月以上正九十五月以下十月之上
從九添資十月以下巡檢宣使三考正八品一考之上驗月日定奪一考之下
二十月以上從九十五月以上巡檢十五日以下酒稅醋使　部令史譯史通
事三考從七一考之上驗月日定奪一考之下二十月以上者正九十五月以
上從九十五月以下令史提控案牘通事譯史巡檢　奏差三考從八品一考
之上驗月日定奪一考之下二十月以上巡檢十五月之上酒稅醋使十五月

之下酒稅醋都監　大德四年中書省准吏部擬腹裏江南都吏目提控案牘陞轉通例凡腹裏提控案牘都吏目京畿漕運司令史元擬六十月考滿今准九十月考滿都漕運司令史九十月諸路寶鈔提舉司司吏元擬六十月考滿今准九十月考滿萬億四庫司吏元擬六十月考滿今准九十月考滿大都路令史元擬六十月考滿任回減資陞轉今准六十月考滿不須減資大都運司令史九十月考滿都目寶鈔總庫司吏元擬六十月都目九十月提控案牘今准九十月都目富寧庫司吏元擬六十月提控案牘今准九十月都目左右八作司吏元擬六十月今准九十月都目又議已經改擬出職人員各路司吏轉充提控案牘都目比同陞用其餘直補人數並循至元二十一年之例遷用江南提控案牘都目至元二十五年呈准各路司吏六十月吏目兩考陞都目一考陞提控案牘兩考正九路司吏九十月吏目一考轉都目餘皆依上陞轉江南提控案牘除各路司吏比腹裏路司吏至元二十五年呈准例遷除其餘已行直補升自行保舉自呈准月日立格實歷案牘兩考者止依至元二十一

年定例九十月入流未及兩考者再添一資遷除例後違越挪補者雖歷月日不准　大德十一年省臣奏凡內外諸司令史譯史通事知印宣使有出身者一半於職官內選用依舊一百二十月爲滿外任減一資又議選補吏員除都省自行選用外各部依元設額數遇闕職官與籍記內相參發補合用一半職官從各部自行選用通事知印從長官選用譯史則從翰林院試發都省書寫典吏考滿人內挨次上名補用其有不敷從翰林發補奏差亦於職官內選一半餘於籍記應例人內發補歲貢人吏依已擬在役聽候　省議六部令史如正從九品不敷從八品內亦聽選取省掾正從七品得代有解由并見任未滿已除未任文資流官內選取考滿於應得資品上陞一等除元任地方雜職不用院臺令史如元係七品之人亦在選補之例　譯史通事選識蒙古回回文字通譯語正從七品流官考滿驗元資陞一等注元任地方雜職不預　知印於正從七品流官內選取考滿並依上例注授雜職不預　宣使於正從八品流官內選取仍取色目漢人相參歷一考於應得資品上陞一等除元任地方

雜職不預

凡歲貢吏員至元十九年省議中書省掾於樞密院御史臺令史內取臺院令史於六部令史內取六部令史以諸路歲貢人吏補充內外職官材堪省掾及院臺部令史者亦許擢用省掾考滿資品既高責任亦重皆自歲貢中出若不教養銓試必致人材失真今擬定例于後　諸州府隸省部者儒學教授選本管免差儒戶子弟入學讀書習業非儒戶而願學者聽遇按察司本路總管府歲貢之時於學生內選行義修明文學優贍通經史達時務者保申解貢　各路司吏有闕於所屬衙門人吏內選取委本路長官參佐同儒學教授考試習行移算術字畫謹嚴語言辯利詩書論孟內通一經者爲中式然後補充按察司書吏有闕府州司吏內勾補至歲貢時本州本路以上再試貢解　諸歲貢吏當該官司於見役人內公選以性行純謹儒吏兼通者爲上才識明敏吏事熟閑者次之月日雖多才能無取者不許呈貢　二十二年省擬呈試吏員先有定立貢法各道按察司上路總管府凡三年一貢儒吏各一人下路二年貢

一人以次籍記遇各部令史有闕補用若隨路司吏及歲貢儒人先補按察書
吏然後貢之於部按察書吏依先例選取考試唯以經史吏業不失章指者爲
中選隨路貢舉元額自至元二十三年爲始各道按察司每歲於書吏內以次
貢二名儒人一名必諳吏事吏人一名必知經史者遇各部令史有闕以次勾
補　元貞元年詔諸路有儒通吏事吏通經術性行修謹者各路薦舉廉訪司
試選每道歲貢二人省臺委官立法考試必中程式方許錄用　大德二年貢
部人吏擬宣慰司廉訪司每道歲貢二人儒吏兼通者自大德三年爲始依例
歲貢應合轉補各部寺監令史依至元新格發遣到部之日公座試驗收補
九年省判凡選府州教授年四十已下願試吏員程式許補各部令史除南人
已試者別無定奪到部未試之人依例考試　至治二年省准各道廉訪司書
吏先儘儒人不敷者吏員內充貢各歷一考依例試貢
凡補用吏員至元十一年省議有出身人員遇省掾有闕擬合於正從七品文
資職官并臺院六部令史內從上名轉補　翰林兩院擬同六部令史有闕於

隨路儒學教授通吏事人內選補　樞密院御史臺令史省掾有闕從上轉補考滿依例除授又於正從八品文資官及六部令史內轉補　省斷事官令史與六部令史一體三考出身於部令史內發補　少府監令史擬於六部幷諸衙門考滿典吏內補用　十三年省議行工部令史與六部令史一體於應補人內挨次填補　十四年詔諸站都統領使司令史擬同各部令史今既改通政院與臺院令史一體出身於各部令史內選補　十五年部擬翰林兼國史院令史同臺令史一體出身於各部令史內選取　二十一年省議江淮江西荆湖等處行省令史擬將至元十九年咨發各省貼補人員先行收補不許自行踏逐移咨都省於六部見役令史內補充或參用職官則從行省新除正從八品職官內選取雜職官不預　二十二年宣徽院令史考滿正七品遷敍於六部請俸令史內選取　總制院與御史臺同品令譯史通事一體如之　二十四年省准大都留守司兼少府監令史依宣徽院大司農司例遷　二十八年省議陝西行省令史於各部及考令史幷正從八品流官內選補　二十九

年大司農司令史於各部一考之上令史及正從八品職官內選取　省掾有闕於正七品文資出身人員內選吏員於樞密院御史臺令史元係六部令史內發充歷二十月以上者選如無於上名內選　三十一年省准內史府令史於各部下名令史內選　大德三年省准遼陽省令史宜從本省選正從八品文資職官補用復令各部見役令史內不限歲月或願充或籍貫附近或選到職官逐旋選解　國子監令譯史於籍記寺監令史內發補　上都留守司令史於籍記各部令史內或於正八品職官內選用考滿從七品遷用　宣徽院闌遺監令史准本院依驗元准月日挨補考滿同自行踏逐者降等遇闕如係籍記令史并常調提控案牘內及本院兩考之上典吏內補充者考滿依例遷敘自行選用者止於本衙門就給付身不入常調　四年部擬上都留守司令史仍聽本司於正從八品流官內或於上都見役寺監令史河東山北二道兼訪司上名書吏內就便選用　上都兵馬司司吏發補附近隆興大同大寧路司吏相應　部擬各處行省令史除雲南甘肅征東外其餘合依至元二十一

年定例於六部見役上名令史或正從八品流官參補不敷聽於各道宣慰司元係廉訪按察司轉補見役兩考之上令史內選充以宣尉司役過月日折半准算通理一百二十月方許出職　大德五年擬檀景等處採金鐵冶都提舉司人吏於附近州縣司吏內遴選　六年省擬太醫院令史於各部令史幷相應職官內選取　長信寺令史於元保內選補考滿降等敘用有闕於籍記令史內發補　七年擬刑部人吏於籍記令史內公選不許別行差補考滿離役依例選取餘者依次發補　禮部省判許於籍記部令史內選取儒吏一名續准一名於籍記部令史內從上選補　戶部令史於籍記部令史內從上以通曉書算練達錢穀者發遣從本部試驗收補　八年省准隨路補用吏員令各路先以州吏入役月日籍爲一簿府吏有闕從上勾補州吏有闕則於本州籍記司縣人吏內從上勾補　各道宣慰司令史遇闕以籍記部令史下名發補新除正從九品流官內選取　九年省准都城所係在京五品衙門司吏歷兩考轉補京畿都漕運兩司令史遇闕以倉庫攢典歷一考者選充及兩考則京

畿都漕運兩司籍名遇闕依次收補　上都寺監令史有闕先儘省部籍記常
調人員發補仍於正從九品流官內弁應得提控案牘內選取不敷就取元由
路吏考滿陞充都吏目典史准吏目月日及大同大寧隆興三路司吏歷兩考
之上者參用　十年省准司縣司吏有闕於巡尉司吏內依次勾補巡尉司吏
有闕從本處耆老上戶循衆推舉仍將祗應月日均以歲爲滿州吏有闕縣吏
內勾補路吏有闕州吏內勾補若無所轄府州於附近府州吏內勾補縣吏發
補附近府州司吏　戶刑禮部合選令史有闕於籍記令史上十名內弁職官
到選正從九品文資流官內試選　十一年省准縣吏如歷一考取充庫子一
界再發縣吏准理州吏月日路吏有闕依次勾補　至大元年省准典寶監令
史就用前典寶署典書蒙古必闍赤一名例從翰林院試補知印通事各一名
從長官選保　二年立資國院二品及司屬衙門令史一十名半用職官從本
院選半於上名部令史內發補譯史二名內職官一名從本院選外一名翰林
院發通事知印各一名從本院長官選宣使八名半參用職官餘許本院自用

一名外三名常選相應人內發典吏六名從本院選所轄庫二處每處司庫六名本把四名於常選人內發泉貨監六處各設令使八名於各路上名司吏內選譯史一名從翰林院發通事二名從本監長官選奏差六名各州司吏內選典吏二名本監選以上考滿同都漕運司吏出身所轄一十九處兩提舉司設吏目一人常選內選司吏五名縣司吏內選　三年省准泉貨監令史於各處行省應得提控案牘人內選參用正從九品流官山東河東二監從本部於相應人內發補考滿依例遷用見役自用之人考滿降等敘有闕以相應人補四年省准江西等處儒學提舉司司吏舊從本司公選後從國子監發補宜從本司選補　典瑞監首領官令譯史等依典寶監例選用考滿遷敘　部議長信寺通事一名例從所保譯史知印令史奏差從本衙門選一半職官餘相應人內選考滿同自用遷敘典吏二名就便定奪其自用者降等敘　皇慶元年省准羣牧監令譯史知印怯里馬赤奏差人等據諸色譯史例從翰林院發補知印通事長官選令史奏差典吏俱有發補定例其已選人考滿降等敘有闕

於相應人內選發　大都路令史歷六十月依至元二十九年例陞提控案牘減一資陞轉有過者雖貼滿月日不減資遇闕於所轄南北兩兵馬司并各州見役上名司吏內勾補有闕從本路於左右巡院大與宛平與其餘縣吏通籍從上挨補月日雖多不得無故替罷違例補用者不准除已籍記外有闕依上勾補　覆實司司吏於諸州見役司吏內選不敷則以在都倉庫見役上名攢典發充歷九十月除都目年四十五之下歷一考之上亦許轉補京畿都漕運司令史違例收補別無定奪　二年省准中瑞司譯史從翰林院發知印長官選保令史奏差參取職官一半所選相應考滿依例遷敘奉懿旨委用者考滿本司區用有闕以相應人補　征東行省令譯史宣使人等舊考滿從本省區用若經省部擬發相應之人依例遷用如不應者雖省發亦從本省區用　延祐二年省准河間等路都轉鹽運使司所轄場分二十九處二處改陞從七品司吏有闕依各縣人吏一體於附近各處巡尉捕盜司吏依次以上名勾補再歷一考與各場隣縣吏互相遷調　和林路總管府司吏以本處兵馬司吏歷

一考者轉補再歷一考轉稱海宣慰令史考滿除正八品補不盡者六十月受
部劄充提控案牘沙瓜二州屯儲總管萬戶府邊遠比例一體出身相應　會
福院令譯史通事宣使人等若省部發去者依例遷敘自用者考滿同二品衙
門出身例降一等添一資陞轉於常選教授儒人職官并見役各部令史內取
補宣使於常職官內參補通事知印從長官選用仍須參用職官典吏從本衙
門補用　五年省准詹事院立家令司府正司知印怯里馬赤俱令長官選用
令史六名內取教授二名職官二名廉訪司書吏二名譯史一名於蒙古字教
授及鄰省見役蒙古書寫內選補奏差二名以相應人補
凡宣使奏差委差巡鹽官出身　中書省宣使至元九年曾受宣命補充者九
十月考滿正七品省劄宣使九十月考滿比依部令史例從七品其臺院宣使
各部奏差比例定擬　二十三年省准省部臺院令譯史通事宣使奏差人等
未滿九十月不許預告遷轉都省元定六部奏差遷轉格例應入吏目選充者
三考從八品應入提控案牘人員選充者三考從八品任回減一資陞轉巡檢

提控案牘選充者一考正九品　二十四年省准大都留守司兼少府監奏差
改充宣使合於各部奏差內選取改陞宣使月日爲始考滿比依宣徽院大司
農司一體出身自行踏逐者降等遷敘　大司農司所轄各道勸農營田內書
吏於各路司吏內選取考滿提控案牘內任用奏差就令本司選委　二十九
年省准各道廉訪司通事譯史出身比依書吏一體考滿正九奏差考滿依通
事譯史降二等量擬於錢穀官幷巡檢內任用　三十年省准延慶司奏差比
依家令司奏差一體考滿正九品自行踏逐者降一等　大德四年省准諸路
寶鈔提舉司奏差改稱委差九十月爲滿於酌中錢穀官內任用　五年部議
山東運司奏差九十月近下錢穀官內任用大都運司一體定奪　六年部擬
河間運司巡鹽官依奏差出身九十月近下錢穀官內任用　七年部擬凡奏
差自改立廉訪司爲始九十月歷巡檢三考轉從九　皇慶元年各道廉訪司
奏差出身於本道所轄上名州司吏內選取九十月都目內任用若有路吏幷
典吏內取充者歷兩考比依上例都目內陞轉

凡庫藏司吏庫子等出身　至元二十六年省准上都資乘庫庫子本把九十月近上錢穀官內任用　衞尉院利器庫壽武庫庫子踏逐者九十月近上錢穀官內任用　二十八年省擬泉府司富藏庫本把庫子六十月近下錢穀官內任用　大府監行由藏庫子三周年爲滿省劄錢穀官內遷敘　備用庫提控三十月庫子本把三周歲近上錢穀官內任用　三十年省准大都留守司兼少府監器備庫庫子本把六十月近下錢穀官內任用　三十年省准宣徽院生料庫庫子本把幷太醫院所轄御藥局院本把出身例六十月近上錢穀官一體遷敘　大德元年部擬中御府奉宸庫庫子以三周歲爲滿擬受省劄錢穀官本把六十月近上錢穀官內任用　三年省擬萬億四庫左右八作司富寧寶源等庫各設色目司庫二名俱於樞密院各衞色目軍內選差考滿巡檢內任用自行踏逐者一考並同循行如此又漢人司庫於院務提領大使都監內發補二周歲滿日減一界陞轉其色目司庫於到選錢穀官內選發考滿優減兩界　都提舉萬億庫提控案牘比常選人員任迴減一資陞用司吏三

十五人除色目四人外漢人有闕於大都總管府轉運司漕運司下名司吏內
選取三十月擬充吏目四十五月之上六十月之下都目六十月以上轉提控
案牘省擬六十月以上四十五月以下願充寺監令史者聽司庫五十人除色
目一十四人另行定奪外漢人於大都路人戶內選用二周歲爲滿院務提領
內任用都監內充司庫二年爲滿於受省劄錢穀官內任用務使充司庫二年
爲滿於從九品雜職內任用秤子五人於大都人戶內選充一年爲滿於近下
錢穀官內任用　太醫院御藥局本把六十月近上錢穀官內任用　四年受
給庫依油磨坊設攢典庫子從工部選　會同館收支庫攢典與長秋庫同
上都廣積萬盈二倉係正六品永豐係正七品比之大都平准庫品級尤高擬
各倉攢典轉寺監本把并萬億庫司吏相應　提舉廣會司庫子考滿近下錢
穀官內任用　侍儀司法物庫所設攢典庫子依平准行用庫例補用　五年
大都尚食局本把擬於錢穀官內遷敘本院自行踏逐者就給付身考滿不入
常調　都提舉萬億寶源庫色目司庫擬於巡檢內任用添一資陞轉　京畿

都漕運司司倉於到選錢穀官內選發　六年部呈凡路府諸州提控案牘都吏目等諸衙門吏員出身依得案牘都吏目如係路府司吏轉充之人依舊選除其由倉庫攢典雜進者得提控案牘改省劄錢穀官都目近上錢穀官吏目改酌中錢穀官提控案牘都吏目月日考滿於流官內遷用　廣勝庫子合從武備寺給付身考滿本衙門定奪　大積等倉典吏與四庫案牘所掌事同任回減一資陞用　七年各路攢典庫子部議江北及行省所轄路分庫子依已擬於司縣司吏內差補周歲發充縣司吏遇州司吏有闕挨次勾補　諸倉庫攢典有闕於各部籍記典吏內發補左右八作司等五品衙門內司吏有闕却於各倉庫上名攢典內發補若萬億庫四品衙門司吏有闕亦於上項司吏內從上轉補將役過五品衙門月日五折四准算通理九十月考滿提控案牘內遷用如轉補不盡五品衙門司吏考滿止於都吏內任用油磨坊抄紙坊攢典有闕並依上例　回回藥物院本把六十月酌中錢穀內定奪九年省准提舉利林倉昔寶赤八剌哈孫倉孔古列倉司吏六十月酌中錢穀官內委用資成

庫庫子出身部議比依太府利用章佩中尚等監武備寺庫有闕如係本衙門
典吏請俸一考轉補者六十月爲近上錢穀官其餘補充之人九十月依上選
用　和林等處宣尉司都元帥府所轄廣濟庫庫子攢典自行踏逐者比依三
倉例六十月於近下錢穀官內定奪　至大二年省准廣禧庫庫子依奉宸庫
例出身如係本把一考之上轉充者四十五月受省劄錢穀官其餘補充之人
六十月依上例選用本把元係本衙門請俸一考典吏轉補者六十月近上錢
穀官其餘補充者九十月亦依上例選用　上都東西萬盈廣積二倉司倉與
倉官一體二周歲爲滿　三年省准各路庫子於各處錢穀官內發補擬不減
界考滿從優定奪江北庫子止依舊例和林設立平准行用庫庫子宜從本省
相應人內量選二名二周歲爲滿近下錢穀官內定奪　皇慶元年部議文成
供須藏珍三庫本庫庫子依太府監庫子例常選內委用考滿比例遷除有闕
於常調人內發補自行選用者考滿從本院定奪若係常選任用者考滿依例
遷敘　二年殊祥院所轄萬聖庫庫子攢典依崇祥院諸物庫例出身部議如

比上例三十月轉補五品衙門司吏再歷三十月於四品衙門司吏內補用其庫子合於常調籍記倉庫攢典人內發補六十月爲滿於務都監內任用自行委用者考滿本衙門定奪　延祐元年省議腹裏路分司倉庫子於州縣司吏內勾補滿日同舊例陞轉

凡書寫銓寫書吏典吏轉補　至元二十五年省准通政等二品衙門典吏九十月補本院宣使各寺監典吏比依上例考滿轉補本衙門奏差　戶部塡寫勘合典吏與管勘合令史一體考滿從優定奪　參議府左右司客省使令史書寫四十五月轉補如補不盡於提控案牘內任用於各部銓寫及典吏內收補　會總房承發司照磨所架閣庫典吏各部銓寫六十月轉補已上都目內任用　各部典吏幷左右部照磨所架閣庫典吏於都省參議府左右司客省使令史書寫內以次轉補如補不盡六十月轉補各監令史已上吏目內任用　樞密院典吏銓寫依御史臺典吏一體六十月轉部轉補不盡六十月已上於都目內任用御史臺典吏遇察院書吏有闕從上挨次轉補通理六十月補

各道按察司書吏部令史有闕亦行收補　二十六年省准上都留守司兼本路都總管府典吏九十月補本司宣使考滿依例定奪　二十七年省准漕運使司令史九十月提控案牘內任用如年四十五以下願充寺監令史者聽省院臺部書寫銓寫典吏人等出身與各道宣慰司按察司隨路總管府歲貢吏員一體轉部書寫人等止令轉寺監等衙門令史　二十八年省准參議府左右司客省使令史各房書寫有闕擬於都省典吏內選補五折四令史書寫月日通折四十月轉部及六部銓寫典吏一考之上選充三折二令史書寫月日通折四十五月轉補各部令史如已行選用者四十五月補寺監令史　參議府左右司客省使令史各房書寫有闕擬於都省典吏內選補五折四令史書寫月日通折四十五月轉部及六部銓寫典吏一考之上選充三折二令史書寫月日通折四十五月轉補各部令史如自行選用者四十五月補寺監令史　部議執總會總房照磨承發司架閣庫典吏一考之上轉補參議府左右司客省使令史補不盡者四十五月補寺監令史有闕於六部銓寫典吏一考

之上選充三折二省典吏月日通折六十月轉補各部令史若轉充參議府左右司客省使令史都省書寫五折四令史書寫月日通折四十五月轉部如自行選用者六十月補寺監令史　六部銓寫典吏幷左右部照磨所架閣庫典吏一考之上遇省書寫典吏月日補不盡者六十月轉補寺監令史省議除見役外後有闕擬於都省各房寫發人內公舉發補除轉充參議府左右司客省使令史都省書寫典吏者依前例轉補不盡者六十月充都目　二十九年部擬御史臺典吏三十月依廉訪司書吏轉補察院三十月轉部補不盡者考滿從八品遷用外行臺典吏三十月轉補行臺察院書吏再歷三十月發補各道宣慰司令史　參議府令史四十五月轉部令史　光祿寺典吏考滿轉補本衙門奏差　元貞元年省准省部見役典吏實歷俸月名排籍記遇都省書寫典吏有闕從上挨次發補　樞密院銓寫一考之上補都省書寫通折月日陞轉外本院銓寫有闕補請俸上名典吏　大德元年省准兩淮本道書吏轉補行臺察院書吏江南宣慰司令史　雲南四川河西三道書吏在邊遠者三十

月爲格依上遷補　江浙行省檢校書吏於行省請俸典吏內選補以典吏月
日五折四通折書吏六十月轉各道宣慰司　四年省准徽政院掌儀掌膳掌
醫署書吏宜從本院通定名排若本院典吏有闕以次轉補　八年省議院臺
以下諸司吏員俱從吏部發補據曾經省發并省判籍定典吏令史從吏部依
次試補元籍記典吏見在寫發者遇各庫攢典試補　省掾每名設貼書二名
就用已籍記者呈左右司闕吏部籍定遇部典吏闕收補歷兩考從上名轉省
典吏除一考外餘者折省典吏月日兩考陞補參議府左右司客省使令史書
寫檢校書吏通折四十五月補不盡省典吏六十月遇寺監令史宣慰司令史
有闕依次發補除宣慰司令史已有貢部定例寺監令史歷一考與籍記部令
史通籍發補各部令史寺監見役人等雖經准設未曾補闕不許轉部考滿依
舊例遷敘其省部典吏書寫人等轉入寺監宣慰司願守考滿者聽　御史臺
令史一名選貼書二名依次選試相應充架閣庫子轉補典吏三十月發充各
道廉訪司書吏再歷一考依例歲貢　三品衙門典吏歷三考陞宣使補不盡

本衙門於相應闕內委用　部典吏一考之上轉省典吏補不盡者三考補本衙門奏差兩考之上發寺監宣慰司奏差外據六部係名貼書合與都省寫發人相參轉補各部典吏補不盡者發各庫攢典都省寫發人有闕於六部係名貼書內參選不盡者依舊發各庫攢典　九年省准獄典歷一考之上轉各部典吏　翰林國史院書寫考滿除從七品有闕從本院於籍記教授試准應補部令史內指名選用　太常寺典吏歷九十月注吏目　工部符牌局典吏三十月轉各部典吏　翰林國史院蒙古書寫四十五月轉補寺監蒙古必闍赤宣徽院所轄寺監令史有闕於到部籍記寺監令史與本院考滿典吏挨次發補　十年省准陝西諸道行御史臺察院書吏若係腹裏歲貢廉訪司見役書吏選取人數須歷一考以上名貢部下名轉補察院　總管府獄典轉州司吏府州者補縣吏須歷一考方許轉補　江浙行省運司書吏九十月陞都目添一資陞轉如非各路散府上州司吏補充役過月日別無定奪　十一年省准左司言照磨所典吏遇闕宜於左右部照磨所典吏內從上發補　各路府

州獄典遇闕於廉訪司寫發人及各路通曉刑名貼書內參補　至大元年省
准各部蒙古必闍赤如係翰林院選發之人四十五月遇各衙門譯史有闕依
次與職官相參補用不敷從翰林院發補　三年省准詹事院蒙古書寫如係
翰林院選發之人四十五月遇典用等監衙門譯史有闕依次與職官相參補
用不敷從翰林院選發　和林行省典吏轉理問所令史四十五月發補稱海
宣慰司令史轉補不盡典吏須歷六十月依上發補　中瑞司掌謁司典書九
十月與寺監令史一體除正八品　行臺察院書吏俱歷九十月依舊出身敘
任迴添一資陞轉　內臺察院轉部行臺察院轉江南宣慰司令史北人貢內
臺察院各道廉訪司書吏先役書吏歷九十月擬正九品任回添一資陞轉
省議廉訪司書吏上名貢部下名轉察院不盡者通九十月除正九品察院書
吏三十月轉部不盡者九十月除從八品非廉訪司取充則四十五月轉部不
盡者考滿除正九品　二年議廉訪司書吏貢察院書吏不盡者九十月除正
九品行臺察院書吏轉補不盡者如之內臺察院書吏轉部年高不願轉部者

九十月除從八品　皇慶元年部議廉訪司職官書吏合依通例選取不許遷敘候書吏考滿通理敘用　職官先嘗爲廉訪司書吏者避元役道分幷其餘相應職官歷三十月減一資又教授學正學錄幷府州提控案牘都吏目內委充職官各理本等月日其餘歲貢儒吏依例選用又廉訪司奏差內臺行臺典吏有能者歷一考之上選充書吏通儒書者充儒人數通吏業者充吏員數參議府左右司客省使令史書寫檢校書吏依至元二十八年例以省典吏選充五折四令史書寫書吏月日通折五十五月轉部省典吏係六部銓寫典吏轉充三折二省典吏月日通折六十月轉各部令史自用之人幷轉補不盡省典吏考滿發補寺監各道宣慰司令史　二年省准河東宣慰司選河東山西道廉訪司書吏充令史合迴避按治道分選取其餘亦合一體　延祐三年部擬行臺察院書吏各道廉訪司掌書元係吏員出身者並依舊例以九十月爲滿依漢人吏員降等於散府諸州案牘內選用任迴依例陞轉　太宗正府蒙古書寫四十五月依樞密院轉各衛譯史除正八品例籍定發補諸寺監譯史

察院書吏與宣慰司令史皆係八品出身轉部者宜以五折四理算宣慰司令史出身正八品察院從八品其轉補到部者以五折四准算太優今三折二其廉訪司徑發貢部及已除者難議理算　天曆元年臺議各道書吏額設一十六人有闕宜用終場下第舉子四人教授四人各路司吏四人通吏職官四人委文資正官試驗相應方許入部

凡衛翼吏員陞轉　皇慶元年樞密院議各處都府并總管高麗女直漢軍萬戶府及臨清萬戶府秩三品本府令史有闕於一考都目兩考吏目并各衛三考典吏內呈院發補九十月歷提控案牘一任於各萬戶府知事內選用　延祐六年樞密院議各衛翼都目得代兩考者擬受院劄提控案牘內銓注三考陞千戶所知事月日不及者各衛翼挨次前後得代日期於都目內貼補　各衛提控案牘年過五旬已歷四考者陞千戶所知事及兩考年四十五以下發補各衛令史不及兩考者止於案牘內銓注受院劄通理一百二十月於千戶所知事內選用　各處蒙古都元帥府額設令史有闕於本府所轄萬戶府并

奧魯府上名司吏年四十以下者選取呈院准設歷一百二十月再歷提控案牘一任於萬戶府知事內遷用　泰定三年樞密院議行省所轄萬戶府司吏有闕於本翼上千戶所上名司吏內取補須行省准設九十月充吏目一考轉都目一考除千戶所提領案牘一考陞萬戶所提控案牘歷兩考通歷省除一百五十月行省照勘相同咨院於萬戶府知事內區用

凡各萬戶府司吏　蒙古都萬戶府司吏有闕於千戶所司吏內選補歷一百二十月陞千戶所提領案牘一考萬戶府案牘通理九十月轉萬戶府知事漢軍萬戶府并所轄萬戶府及奧魯府司吏於千戶所司吏內補用呈院准設九十月充吏目一考都目一考陞千戶所或都千戶所奧魯府提控案牘再歷萬戶府或都府奧魯府提控案牘兩任於萬戶府知事內用　各處都府令史於一考都目兩考吏目并各衞請俸三考典吏內呈院發補九十月爲滿再歷提控案牘一任於各萬戶府知事內選用　各處蒙古軍元帥府令史大德十年擬於本府所轄萬戶府并奧魯府上名司吏內年四十以下者選補呈院准

設歷一百二十月再歷提控案牘一任於萬戶府知事內遷用　各省鎮撫司
令史於各萬戶府上名六十月司吏內選取受行省劄三十月爲滿再於各萬
戶府提控案牘內歷一百二十月知事內定奪　各衞翼令史有出身轉補者
九十月正八無出身者從八內定奪
凡提控案牘都目　至元二十一年三月已後受院劄九十月爲滿行省行院
劄一百二十月爲滿於萬戶府知事內用　大德四年案牘年過五旬已歷四
考者於千戶所知事內定奪外及兩考四十五以下發補各衞令史若不及考
者止於案牘內銓注受院劄通理一百二十月於千戶所知事內用　各衞翼
都目延祐六年請俸兩考者院劄提控案牘內銓注歷三考陞千戶所知事月
日不及者各衞翼都目內貼補如各衞典吏轉充者六十月直隸本院萬戶府
提控案牘弩軍屯田千戶所鎮撫司提控案牘內銓注無俸人轉充者二十月
依上陞轉　鎮撫司屯田弩軍千戶所都目依中州例改設案牘止請都目俸
三十月爲滿依例注代

元史卷八十三

元史卷八十四

明翰林學士亞中大夫知制誥兼修國史宋　濂等修

選舉志第三十四

選舉四

考課

凡隨朝職官至元六年格一考陞一等兩考通陞二等止六部侍郎正四品依舊例通理八十月陞三品左右司郎中員外郎都事考滿陞二等六部郎中員外郎主事三十月考滿陞一等兩考通陞二等

凡官員考數省部定擬從九品擬歷三任陞從八正九品歷兩任陞從八正八品歷三任陞從七從七歷三任呈省正七歷兩任陞從六從六歷三任陞從五正六歷兩任陞從五從五轉至正五緣四品闕少通歷兩任須歷上州尹一任方入四品內外正從四品通理八十月陞三品

凡取會行止中統三年詔置簿立式取會各官姓名籍貫年甲入仕次第至元

十九年諸職官解由到省部考其功過以憑黜陟大德元年外任官解由到吏
部止於刑部照過將各人所歷立行止簿就檢照定擬
凡職官迴降至元十九年定江淮官已受宣敕資品相應例陞二等遷去江淮
官員依舊於江淮任用其已考滿者並免回降不及考者例存一等有出身未
合入流品受宣者任迴三品擬同六品四品擬同七品正從五品同正八品受
敕者正從六品同從八品七品八品同正從九品正從九品同提領案牘巡檢
無出身及白身人受宣者三品同七品四品同八品正從五品同正九品受敕
者正從六品同從九品七品八品同提領案牘巡檢正從九品擬院務監當官
其上項有資品人員再於接連福建兩廣溪洞州郡任用擬陞一等兩廣福建
別議陞轉　至元十四年都省未注江淮官已前創立官府招撫百姓實有勞
績者其見受職名若應受宣者三品同七品四品五品擬同八品若應受敕者
正從六品同正從九品其七品八品擬同提控案牘巡檢正從九品擬同院務
監當官無出身不應敘白身人其見受職名應受宣者三品同八品四品五品

同九品應受勑者正從六品同提控案牘巡檢七品以下擬院務監當官其上
項人員若再於接連福建兩廣溪洞州郡任用擬陞一等兩廣福建別議陞轉
至元十四年已後新收撫州郡准上例定奪　前資不應又陞二等遷去江淮
官員任迴擬定前資合得品級於上例陞二等止於江淮遷轉若於腹裏任用
並依上例七品以下已歷三品四品者比附上項有出身未入流品人員例從
一高前三件於見擬資品上增一等銓注　二十一年詔軍官轉入民職已受
宣勑不曾之任者擬自准定資品換授從禮任月日爲始理算資考陞轉若先
受宣敕已經禮任資品相應者通理月日陞轉外據驟陞人員前任所歷月日
除一考外餘月日與後任月日依准定資品通理陞轉不及考者擬自准定資
品換授從禮任月日爲始理算資考陞轉　腹裏常調官除資品相應者依例
陞轉外有前資未應入流品受宣敕者六品以下人員照勘有無出身依驗職
事品秩自受勑以後歷一考者同江淮例定擬不及考者更陞一等五品以上
人員斟酌比附議擬呈省據在前已經除授者任迴通理定奪

凡吏屬年勞差等　至元六年吏部呈省部譯史通事舊以一百二十月出職今案牘繁冗合以九十月爲滿　十九年部擬行省通事譯史令史宣使或經例革替罷所歷月日不等如元經省掾發去不及一考者擬令貼補及一考之上者比臺院令史出身例定奪自行踏逐者降一等敘不及一考者發還本省區用宣慰司人吏經省院發不及一考者擬貼補及一考之上者比部令史出身降一等定奪自行踏逐者又降一等不及一考者別無定奪　二十年省擬雲南行省極邊重地令譯史人等六十月考滿　甘肅行省令譯史人等六十五月考滿本土人員依舊例用　二十五年省准緬中行省令史依雲南行省一體出身　大德元年省臣奏以省臺院諸衙門令譯史通事知印宣使等舊以九十月爲滿陞遷太縣令以一百二十月爲滿於應得職事內陞用又寫聖旨掌奏事選法應辦刑名文字必闍赤等以八月折十月今後毋令折算　四年制以諸衙門令譯史宣使人等一百二十月爲滿部議遠方令譯史人等甘肅福建四川於此發去九十月爲滿兩廣海北濘南道於此發去八十月滿雲

南省八十月滿土人一百二十月滿都省議俱以九十月爲考滿土人依例一百二十月爲滿　至大元年部議和林行省即係遠方其人吏比四川甘肅行省九十月出職　二年詔中外吏員人等依世祖定制以九十月滿參詳歷一百二十月已受除者依大德十一年內制外任減一資所有詔書已後在選未曾除受并見告滿之人歷一百二十月者合同四考理算外任一資不須再減省擬以九十月爲滿餘有月日後任理算應滿而不離役者雖有役過月日不准　三年省准河西廉訪司書吏人等月日部議合准舊例雲南六十月河西四川六十五月土人九十月爲滿　皇慶二年部議凡內外諸司吏員舊以九十月爲滿大德元年改一百二十月爲滿至大二年復舊制一紀之間受除者衆其元除有以三十月爲一考者亦有四十月爲一考者以所除不等往往援例陳訴有礙選法擬合依已降詔條爲格係大德元年三月七日以後入役至未復舊制之前已除未除俱以四十月爲一考通理一百二十月爲滿減資陞轉其未滿受除者一體理考定擬餘二十六月已上准陞一等十五月之上減

外任一資十五月之下後任理算改格之後應滿而不離役者役過月日別無定奪

凡吏員考滿授從六品　至元九年省准省令史出身中統四年已前六品陞遷已後七品除授至元之後事繁責重宜依准中統四年已前考滿一體注授　三十一年省議三師僚屬蒙古必闍赤掾史宣使等依都省設置若不由臺院轉補者降等敘　元貞元年省議監修國史僚屬依三師所設非臺院轉補者降等敘　大德五年部呈考滿省掾各各資品省議今後院臺并行省令史選充省掾者雖理考滿須歷三十月方許出職仍分省發自行踏逐者各部令史毋得直理省掾月日

凡吏員考滿授正七品　至元九年部擬院臺大司農司令史出身三考正七品一考之上驗月日定奪一考之下二十月以上爲從八品十五月以上正九品十五月以下十月之上爲從九品添一資歷十月以下爲巡檢　十一年部議扎魯大赤令史譯史考滿合依樞密院御史臺令史譯史出身三考出爲正

七品自用者降一等有闕於部令史內選取　十四年部擬前諸站統領使司令史同部令史出身今既改通政院從二品通事譯史令史人等宜同臺院人吏一體出身　十五年翰林國史院言本院令史係省准人員其出身與御史臺一體遇闕省掾時亦合勾補准吏部牒本院令史以九十月考滿同部令史出身本院與御史臺皆隨朝二品令史亦合與臺令史一體出身有闕於部令史內選用　十九年部擬泉府司隨朝從二品令史譯史人等由省部發者考滿依通政院例定奪自行用者降一等　二十年定擬安西王王相府首領官令史與臺院吏屬一體遷轉　二十二年部擬宣徽院陞爲二品與臺院品秩相同令史出身合依正七品遷除貢補省院有闕於部令史內選取　總制院與御史臺俱爲正二品部擬令譯史考滿亦合一體出身　二十三年省准詹事院掾史若六部選充者考滿出爲正七品自用者降等　二十四年集賢院言本院與翰林國史院品級相同省議令史考滿一體定奪　二十五年省議上都留守司兼本路總管府令史出身三考正八品其自部令史內選取者同

宣徽院太醫院令史一體出身上都留守司陞爲正二品見設令史自行踏逐者考滿不爲例從七品內選用部令史內選取考滿宣徽院大司農司令史一體出身　部議都護府人吏依通政院令譯史人等出身由省部發者考滿出爲正七品自用者降一等　二十六年省准都功德使司隨朝二品令譯史人等比臺院人吏一體陞轉　二十九年部呈大司徒令史若各部選發者三考出爲正九自用者降等　崇福司與都護府泉府司品秩相同所設人吏由省部發者考滿出爲正七品自用者降一等　福建省征瓜哇所設人吏出征迴還俱同考滿　三十年省准將作院令史依通政院等衙門令史考滿除正七品　部議如係六部選發考滿除正七品自用者本衙門敘　元貞元年內史府秩正二品令史亦於部令史內收補考滿除正七品自用者降等　大德九年部擬闊闊出大司徒令史若各部選發考滿正七自用者降等　至大四年省准會福院令史知印通事譯史宣使典吏俱自用前擬不拘常調考滿本衙門區用隆禧院令史人等如常選者考滿依例遷敘自用者不入常調於本衙

門匾用　皇慶二年部議崇祥院人吏係部令史發補者依例遷用不應者降等敘　延祐四年部議隆禧院令史譯史通事知印典吏同五臺殊祥院人吏一體常選內委付其出身若有曾歷寺監幷籍記各部令史人等考滿同二品衙門出身降等敘白身者降等添一資陞轉省部發去者依例遷敘後有闕令史須於常選教授儒人職官幷部令史見役上名內取補宣使於職官幷相應內參補通事知印從長官保選仍參用職官違例補充別無定奪殊祥院人吏先未定擬亦合一體

凡吏員考滿授從七品　至元六年省擬部令史譯史通事人等中統四年正月以前收補者擬九十月為滿注從七品回降正八一任還入從七以後充者亦擬九十月為滿正八品仍免回降　九年吏禮部擬凡部令史二考注從七品一考之上驗月日定奪一考之下二十月以上者正九品十五月以上從九品十五月以下令史提控案牘通事譯史巡檢　太府監改擬正三品與六部同人吏自行踏逐將已歷月日准為資考似為不倫擬自改陞月日為始九十

月爲滿同部令史出職有闕於籍記部令史內挨次收補　十一年省議省斷
事官令史與六部令史一體出身若是實歷俸月九十月考滿還除有闕於應
補部令史人內挨次補用　省議中御府正三品擬同太府監令史出身九十
月於從七品內除授自行踏逐者降一等歇下名闕於應補部令史人內補填
十三年省議行工部令史與六部令史一體出身　四怯薛令史九十月同
部令史出身有闕以籍記部令史內補填　三十年部呈行省令譯史人等比
臺院一體出身行臺行院令譯史通事人等九十月考滿元係都省臺院發去
及應補之人合降臺院一等　二十三年省判大都留守司兼少府監令史如
係省部發去相應人員同部令史出身九十月考滿從七品自行踏逐者降等
二十四年省判中尚監令史人等若係省部發去人員同太府監令譯史等
出身自行踏逐者降等　太史院令史部議如省部發去人員從七品內還除
自行踏逐者降等敘用　部擬行省臺院令史九十月考滿若係都省臺院發
去腹裏請俸人員行省令史同臺院令史出身行臺行院降一等俱於腹裏還

用自行踏逐遞降一等於江南任用　二十九年省判鞏昌等處便宜都總帥府令史人等出身擬與各道宣慰司一體自行踏逐者降等敘用　大德三年省准上都留守司令史舊以見役部令史發補以籍居懸遠擬於籍記部令史內選發與六部見役令史一體轉陞二品衙門令史轉補不盡者考滿從七品敘用　八年部擬利用監自大德三年八月已前入役者若充各衙門有俸令史及本監奏差典吏轉補則於應得資品內選用由庫子本把就陞并白身人於雜職內通理定奪自用之人本監委用　皇慶元年制典瑞監人吏俱與七品出身部議太府利用等四監同省發者考滿與六部一體敘其餘寺監令譯史正八品奏差正九品令典瑞監前典寶監人吏出身同大府等監係奉旨事理省議已除者依舊例定奪　三年省准章慶使司秩正二品見役人吏若同隨朝二品衙門考滿除正七品緣係徽政院所轄司屬量擬考滿除從七品自用者降等如係及考部令史轉充考滿正七品未及考者止除從七品有闕須依例補不許自用

凡吏員考滿授正八品　至元十一年省議祕書監從三品令史擬九十月出
爲正八品自用者降一等有闕諸衙門考滿典吏內補塡　省議太常寺正三
品令史以九十月出爲從八品有闕於應補監令史內取用　省議少府監正
四品准軍器監令史出身是省部發去者三考於正八品任用自行踏逐人員
考滿降一等　省議尙牧監正四品省部發去令史擬九十月出爲正八品自
用者降一等有闕於諸衙門典吏內選補　部擬河南等路宣慰司係外任從
二品與隨朝各部正三品衙門相同准令史以九十月同部令史遷轉開元等
路宣撫司外任正三品令譯史比前例降一等九十月於正八品內遷轉　十
四年部擬樞密院斷事官令史擬以九十月出爲從八品有闕於諸衙門考滿
典吏內補用　十六年部擬樞密院斷事官令改從三品所設人吏若係上司
發去人員歷九十月比省斷事官令史降等於正八品內遷除自用者降一等
遇闕於相應人內發遣　二十一年部擬廣西海北海南道宣慰司令史譯史
奏差人等與嶺南廣西道等處按察司書吏人等一體二十月理算一考擬六

十月同考滿　省准廣東宣慰司其地倚山瀕海極邊煙瘴令史議合優陞依
泉州行省令譯史等以二十月理算一考　二十二年省准詹事院府正家令
二司給侍宮闈正班三品令史卽非各司自用人員俸秩與六部同若遇院掾
史有闕於兩司令史內選補擬定資品出身依樞密院所轄各衞令史出身考
滿出爲正八品　尙醞監令史與六部令史同議諸監令史考滿正八品內遷
用及非省部發去者例降一等尙醞監令史亦合一體　二十三年省准太常
寺令史歷九十月正八品內任用有闕於呈准籍記人內選取　雲南省羅羅
斯宣慰司兼管軍萬戶府首領官令史人等依雲南行省令史例六十月考滿
首領官受勑例以三十月爲一考　武備寺正三品令譯史等出身擬先司農
寺令譯史人等依各監例考滿出爲正八品武備寺令史亦合依例遷敘　尙
舍監令史擬同諸寺監令史考滿授正八品自行用者降一等尙舍監亦如之
陝西四川行省順元等路軍民宣慰司依雲南令譯史人等六十月爲滿遷
轉　二十四年部擬太史院武備寺光祿寺等令史九十月正八品內選用自

用者降一等太醫院係宣徽院所轄令史人等若係省部發去考滿同諸監令史擬正八品自用者降等任用　二十六年省准給事中兼修起居注人吏依諸寺監令史出身例考滿一體定奪　侍儀司令史依給事中兼起居注人吏遷轉　二十七年省准延慶司令史九十月依已准家令府正兩司例由省部發者出爲正八品自用者降等敘　二十八年省准太僕寺擬比尚乘等寺令史以九十月出爲正八品自用者降一等　拱衛直都指揮使司與武備寺同品令史考滿出爲從八品自用者降一等遷用　蒙古等衛令史卽係在先考滿令史合於正八品內遷敘各衛令史有闕由省部籍記選發者考滿出爲正八品樞密院所轄都元帥府萬戶府各衛弁屯田等司官吏俱從本院定奪遷調見役令史自用者考滿合從本院定奪　宣政院斷事官令史與樞密院及蒙古必闍赤由翰林院發者以九十月爲從七品通事令史以九十月爲正八品奏差以九十月爲正九品典吏九十月轉本府奏差自用者降等　二十九年部擬左右兩江宣慰司都元帥府令譯史人等依雲南兩廣福建人吏六十

月爲滿兩廣敘用譯史除從七品非翰林院選發別無定奪令史省發考滿正八品奏差省發考滿正九品自用者降等敘　儀鳳司令史比同侍儀司令史考滿爲正八品自用者降一等　哈迷爲頭只哈赤八剌哈孫達魯花赤令史吏部議與阿速拔都兒達魯花赤必闍赤考滿正八品任用雖必闍赤令史月俸不同各官隨朝近侍一體比依例出身相應　三十年省准孛可孫係正三品令譯史人等比依各寺監令譯史出身相應　都水監從三品令譯史等依寺監令史一體出身考滿正八品敘自用者降等　只兒哈忽昔寶赤八剌哈孫達魯花赤本處隨朝正三品與只哈赤八剌哈孫達魯花赤令史等卽係一體擬合依例考滿出爲正八品　元貞元年省准闌遺監令譯史人等省部發去者考滿正八品內任用自行踏逐者降等　家令司府正司改內宰宮正其人吏依元定爲當　拱衞直都指揮使司陞爲正三品其令譯史等俸俱與光祿寺相同擬係相應人內發補者考滿與正八品奏差正九自用者降等敘　大德三年部擬鷹坊總管府人吏依隨朝三品考滿正八品內遷用　五年部

擬和林宣慰司都元帥府人吏合與隨朝二品衙門一體及量減月日部議各道宣慰司令史一百二十月正八品敘自用者降等遷用其和林宣慰司無應取司屬又係酷寒之地人吏已蒙都省從優以九十月爲滿今擬考滿不分自用俱於正八品內遷用　八年部言行都水監准設人吏令史八人奏差六人壕寨一十人通事知印各一人譯史一人公使人二十人都水監令譯史通事知印考滿俱於正八品遷用奏差考滿正九品自用者降等壕寨出身幷俸給同奏差行都水監係江南𠡷立衙門令史比例合於行省所轄常調提控案牘內選取奏差壕寨人等亦須選相應人考滿比都水監人吏降等江南遷用典吏公使人從本監自用　九年部言尚乘寺援武備寺大府章佩等監例求陞加其人吏出身俸給議得各監人吏皆係奉旨陞加尚乘寺人吏合依已擬

至大三年部言和林係邊遠酷寒之地兵馬司司吏歷一考餘轉本路總管府司吏補不盡者六十月陞都目總管府吏再歷一考轉青海宣慰司令史考滿除正八品不係本路司吏轉補者降等敘補不盡者六十月部劄提控案牘內

任用蒙古必闍赤比上例定奪　部議晉王位下斷事官正三品除怯里馬赤知印例從長官所保蒙古必闍赤翰林院發令史以內史府考滿典吏挿籍記寺監令史發補九十月除正八品與職官相參用奏差亦須選相應人九十月依例遷用自用者考滿本衙門定奪　皇慶元年部言衞率府勾當人員令都省與常選出身議得令史係軍司勾當之人未有轉受民職定奪合自奏准日爲格係皇慶元年二月九日以前者同典牧監一體遷敍以後者若係籍記寺監令史常選提控案牘補充依上銓除自用者不入常調　部議徽政院繕珍司見役令史若係籍記寺監令史常調提控案牘院兩考之上典吏補充內宰司令史例考滿除正八通事譯史知印亦依上遷敍自用者降等後有闕須依例發補違例補充別無定奪　二年部議徽政院延福司見役令史若係籍記寺監令史常調提控案牘本院兩考之上典吏補充者依內宰司令史例考滿除正八品通事譯史知印依上遷敍自用者降等後有闕須依例發補不許自用　延祐三年省准徽政院所轄衞候司奉旨陞正三品與拱衞直都指揮使

司同品合設令譯史考滿除正八自用者降等衛候司就用前衛候司八吏擬
自呈准月日理算考滿同自用遷敘後有闕以相應人補考滿依例敘　徽政
院掌飲司人吏部議常選發補令譯史考滿從八奏差從九自用者降等後有
闕須以相應人補違例補充考滿本衙門用　四年省准屯儲總管萬戶府司
吏譯史出身至大二年尚書省劄和林路司吏未定出身和林係邊遠酷寒去
處兵馬司司吏如歷一考之上轉補本路司吏幷總管府司吏再歷一考之上
轉補青海宣慰司令史考滿正八品遷除補不盡人數從優擬六十月於部劄
提控案牘內任用蒙古必闍赤比依上例定奪其沙州瓜州立屯儲總管萬戶
府衙門卽係邊遠酷寒地面依和林路總管府司吏人員一體出身
凡吏員考滿授正九品　至元二十年省准宮籍監係隨朝從五品令史擬九
十月正九品例革人員驗月日定奪自行踏逐降一等　二十八年省擬廉訪
司所設人吏擬選取書吏止依按察司舊例上名者依例貢部下名轉補察院
貢補不盡人數廉訪司月日爲始理算考滿者正九品敘須令迴避本司分治

及元籍路分　部議察院書吏出身除見役人三十月轉補不盡者九十月出爲從八品察院書吏有闕止於各道廉訪司書吏內選取依上三十月轉部九十月從八品如非廉訪司書吏取充者四十五月轉部補不盡者九十月考滿降一等出爲正九品　三十年省准行臺察院書吏歷一考之上者轉江南宣慰司令史并內臺察院書吏於見役人內用之若有用不盡人數以九十月出爲正九品江南有闕依內臺察院書吏於各道廉訪司書吏內選取依例轉補大德四年省擬各道廉訪司書吏至元二十八年七月元定出身上名貢部下名轉補察院書吏貢補不盡者廉訪司爲始理算月日考滿正九品用今議廉訪司先役書吏歷九十月依已定出身正九品注任回添一資陞轉大德元年三月七日已後充廉訪司人吏九十月考滿須歷提控案牘一任於從九品內用通事譯史比依上例　察院書吏至元二十八年十一月元定出身於各道廉訪司書吏內選取三十月轉部九十月從八品內用如非廉訪司書吏取充者四十五月轉部補不盡者九十月考滿降一等正九品用今議先役書

吏九十月依已定出身遷用任回添一資陞轉大德元年三月七日爲始𠜂入
役者止依舊例轉部　行臺察院書吏至元三十年正月元定出身於廉訪司
書吏內選取歷一考之上轉補江南宣慰司令史并內臺察院書吏用不盡者
九十月正九品江南用省議先役書吏歷俸九十月依已定出身任回添一資
陞轉大德元年三月七日始𠜂入者止依舊例轉補江南宣慰司令史北人貢
內臺察院
凡吏員考滿除錢穀官案牘都吏目　至元十三年吏禮部言各路司吏四十
五以下以次轉補按察司書吏補不盡者歷九十月於都目內任用六十月以
上於吏目內任用　省議上都大都路司吏難同其餘路分出身依按察司書
吏遷用　十四年省准覆實司司吏俱授吏部劄付如歷九十月擬於中州都
目內遷若不滿考及六十月於下州吏目內任用有闕以相應人發充　二十
一年省准諸色人匠總管府與少府監不同又其餘相體管匠衙門人吏俱未
定擬出身量擬比外路總管府司吏考滿於都目內任用　二十二年省准大

都等路都轉運使司令史與河間等路都轉運鹽使司書吏出身同外路總管府司吏三名貢舉儒吏二名貢不盡年四十五之上考滿都目內任用　二十三年省准各路司吏轉運司書吏年四十五以上歷俸六十月充吏目九十月充都目餘有役過月日不用奏差宜從行省斟酌月日量於錢穀官內就便銓用　省准覆實司係正五品令史出身比交鈔提舉司司吏出身九十月務使六十月都監六十月之下四十五月之上都監添一界選用四十五月之下轉補運司令史　部擬京畿漕運司司吏轉補察院書吏不盡四十五以上九十月依例於都目內任用　二十四年部議各道巡行勸農官書吏於各路總管府上名司吏內選取考滿於提控案牘內任用奏差從大司農司選委　省准諸司局人匠總管府令史於都目內任用　二十五年省准大護國仁王寺昭應宮財用規運總管府令譯史人等比大都路總管府正三品司吏九十月提控案牘內任用　部議甘肅寧夏等處巡行勸農司係邊陲遠地人吏依甘肅行省幷河西隴北道提刑按察司以二十二月准一考六十五月爲滿　省准

供膳司司吏比覆實司司吏九十月出身於務使內任用　二十六年省准巡
行勸農司書吏役過路司吏月日三折二准算通理九十月於提控案牘內選
敘　尙書省右司郎中管領大都等路打捕民匠等戶總管令史比依諸司局
人匠總管府令史例九十月於都目內任用　省准諸路寶鈔都提舉司司吏
有闕於諸路轉運司漕運司上名司吏內選取三十月充吏目四十五月之上
六十月之下都目六十月已上轉提控案牘充寺監令史者聽諸路寶鈔提舉
司同　奏准大都路都總管府添設司吏一十名委差五名司吏六十月於提
控案牘內任用委差於近上錢穀官內委用有闕以有根脚請俸人補充不及
考滿不許無故替換　二十七年省准京畿都漕運司令史九十月充提控案
牘年四十五之上比依都提舉萬億庫司吏願充寺監令史者聽　二十九年
部擬大都路令史四十五以上六十月提控案牘內任用任回減一資陞轉四
十五以下六十月之上選舉貢部每歲二名奏差六十月酌中錢穀官內任用
省准京畿都漕運司令史比依諸路寶鈔提舉司司吏出身例三十月吏目

四十五月之上六十月之下都目六十月之上提控案牘　三十年省准提舉八作司係正六品司吏四十五月之上吏目六十月之上都目　元貞元年省准大都等路都轉運司令史九十月提控案牘　大德三年省准諸路寶鈔提舉司都提舉萬億四庫司吏九十月提控案牘內任用如六十月之上自願告敘者於都目內遷除有闕於平準行用庫攢典內挨次轉補　省准寶鈔總庫司提舉富寧庫司俱係從五品其司吏九十月都目內任用如六十月之上自願告敘於吏目內遷除有闕須於在京五品衙門及左右巡院大興宛平二縣及諸州司吏并籍記各部典吏內選　省准提舉左右八作司吏九十月都目內任用六十月之上自願告敘於吏目內遷除有闕於在都諸倉攢典內選補

京畿都漕運使司令史六十月之上於提控案牘內用遇闕於路府諸州并在京五品等衙門上名司吏內選　大都路司吏改爲令史六十月之上年及四十五以下貢部不過二名四十五以上六十月提控案牘內遷用任回減資陞轉大都路都總管府令史依舊六十月於提控案牘內遷敘不須減資有闕

於府州兵馬司左右巡院大興宛平二縣上名司吏內選補　大德五年省准
河東宣慰使司軍儲所司吏譯史九十月爲滿譯史由翰林院發補司吏由州
縣司吏取充與各路總管府譯史司吏一體陞轉自用譯史別無定奪司吏除
酌中錢穀官委差近下錢穀官　七年部擬濟南萊蕪等處鐵冶都提舉司及
廣平彰德等處鐵冶都提舉司秩四品司吏九十月比散府上州例陞吏目蒙
古必闍赤擬酌中錢穀官奏差近下錢穀官典吏三考轉本司奏差　省准陝
西省敘州等處諸部蠻夷宣撫司正三品其令譯史考滿比各路司吏人等一
體選用奏差行省定奪　九年宣慰司大同等處屯儲軍民總管萬戶府從三
品司吏譯史委差人等九十月爲滿司吏除酌中錢穀官委差近下錢穀官
大德十年省准諸路吏六十月須歷五萬石之上倉官一界陞吏目一考陞都
目一考陞中州案牘或錢穀官通理九十月入流五萬石之下倉官一界陞吏
目兩考都目一考依上陞轉補不盡路吏九十月陞吏目兩考陞都目依上流
轉如非州縣司吏轉補者役過月日別無定奪

凡通事譯史考滿遷敘　至元二年部擬雲南行省極邊重地令譯史等人員擬二十月爲一考歷六十月准考滿敘用　九年省准省部臺院所設知印人等所請俸給元擬出身俱在勾當官之上既將勾當官陞作從八品其各部知印考滿亦合陞正八品據例減知印除有前資人員驗前資定奪無前資者各驗實歷月日定擬遷敘　二十年各道按察司奏差通事譯史奏差已有定例通事九十月考滿擬同譯史一體遷敘　部議行省行臺行院五品以下官員幷首領官亦合比依臺院例一考陞一等任用據行省人吏比同臺院人吏出身已有定例行院行臺令史譯史通事宣使人等九十月滿考元係都省臺院發及應補者擬降臺院一等定奪　部擬甘肅行省令譯史通事宣使人等量擬以六十五月遷敘若係都省發去人員如部議自用者仍舊例　二十一年部議四川行省人吏比甘肅行省所歷月日一體遷除　二十三年部擬福建兩廣行省令譯史通事宣使人等擬歷六十月同考滿止於江南遷用若行省咨保福建兩廣必用人員於資品上陞一等　二十四年部議行省行臺行院

令史九十月考滿若係都省臺院發去腹裏相應人員行省令史同臺院令史
出身行臺行省降臺院一等俱於腹裏遷用自用者遞降一等止於江南任用
二十七年省議中書省蒙古必闍赤俱係正從五品遷除今蒙古字教授擬
比儒學教授例高一等其必闍赤擬高省掾一等內外諸衙門蒙古譯史一體
陞等遷敘　二十八年部擬諸路寶鈔都提舉司蒙古必闍赤三十月吏目四
十五月都目六十月提控案牘役過月日擬於巡檢內敘用奏差九十月近上
錢穀官六十月酌中錢穀官內任用　翰林院寫聖旨必闍赤比依都省蒙古
必闍赤內管宣勅者八月算十月遷轉正六品部議寫聖旨必闍赤比依管宣
勅蒙古必闍赤一體亦合八折十准算月日外據出身已有定例　崇禮司令
譯史知印省部發補者考滿出爲正七品自用者降一等宣使省部發去者考
滿出爲正八品自用者降一等　各道廉訪司通事譯史出身比依書吏擬合
一體考滿正九奏差考滿依通事譯史降二等量擬於省劄錢穀官并巡檢內
任用　三十年省准將作院令譯史人等由省部選發者考滿正七品遷敘自

用者止從本衙門定奪　大都路蒙古必闍赤若係例後入役人員擬六十月於巡檢內遷用任回減一資陞轉　大德三年省議各路譯史如係翰林院選發人員九十月考滿除蒙古人依准所擬外其餘色目漢人先歷務使一界陞提控一界於巡檢內遷用　省議大都運司通事比依本司令史滿考者於巡檢內任用　四年省准雲南諸路廉訪司寸白通事譯史出身比依書吏出身九十月爲滿歷巡檢一任轉陞從九品雲南地面遷用　七年宣慰司奏差除應例補者一百二十月考滿依例自行保舉者降等任回添資定奪任用　廉訪司通事譯史大德元年三月七日已後掫入補者九十月歷巡檢一任轉從九如書吏役九十月充巡檢者聽如違不准　各路譯史如係各道提舉學校官選發腹裏各路譯史九十月考滿先歷務使一界陞提領再歷一界充巡檢三考從九違者雖歷月日不准　會同館蒙古必闍赤九十月務提領內遷用　十年省准中政院寫懿旨必闍赤依寫聖旨必闍赤一體出身　八番順元海北海南宣慰司都元帥府極邊重地令譯史人等考滿依兩廣福建例於江

南選用

凡官員致仕　至元二十八年省議諸職官年及七十精力衰耗例應致仕今到選官員多有年巳七十或七十之上者合令依例致仕　大德七年省臣言內外官員年至七十者三品以下於應授品級加散官一等令致仕　十年省臣言官員年老不堪仕宦者於應得資品加散官遙授職事令致仕　皇慶二年省臣言蒙古色目官員所授散官卑於職事擬三品以下官員職事散官俱陞一等令致仕

凡封贈之制至元初唯一二勳舊之家以特恩見褒雖略有成法未悉行之至元二十年制考課雖以五事責辦管民官爲無激勸之方徒示虛文竟無實效自今每歲終考課管民官五事備具內外諸司官職任內各有成効者爲中考第一考對官品加妻封號第二考令子弟承廕敘仕第三考封贈祖父母父母品格不及封贈者量遷官品其有政績殊異者不須陞擢仰中書參酌舊制出給誥命　至大二年詔流官五品以上父母正妻七品以上正妻令尙書省議

行封贈之制禮部集吏部翰林國史院集賢院太常等官議封贈諡號等第制以封贈非世祖所行其令罷之至治三年省臣言封贈之制本以激勸將來比因泛請者衆遂致中輟詔從新設法議擬與行毋致冗濫禮部從新分立等第

正從一品封贈三代爵國公勳正上柱國從柱國母妻並國夫人　正從二品封贈二代爵郡公勳正上護軍從護軍母妻並郡夫人　正從三品封贈二代爵郡侯勳正上輕車都尉從輕車都尉母妻並郡夫人　正從四品封贈父母爵郡伯勳正上騎都尉從騎都尉母妻並郡君　正五品封贈父母爵縣子勳驍騎尉母妻並縣君　從五品封贈父母爵縣男勳飛騎尉母妻並縣君正從六品封贈父母父止用散官母妻並宜人　正從一品至五品宣授六品至七品敕牒如應封贈三代者曾祖父母一道祖父母一道父母一道生者各號給降　封贈者一品至五品並用散官勳爵六品七品止用散官職事從一高　封贈曾祖降祖一等祖降父一等父母妻並與夫子同父母在仕者不封已致仕并不在仕者封之雖在仕棄職就封者聽　父母應封而讓曾祖父母

祖父母者聽　諸子應封父母嫡母在所生之母不得封嫡母亡得並封若所生母未封贈者不得先封其妻　諸職官曾受贓不許申請封贈之後但犯取受之贓並行追奪其父祖元有官進一階不在追奪之例　父祖元有官者隨其所帶文武官上封贈若已是封贈之官上於本等官上許進一階階滿者更不在封贈之限如子官至四品其父祖已帶四品上階之類　或兩子當封者從一高文武不同者從所請婦人因其子封贈而夫子兩有官者從一高　封贈曾祖母祖母幷母生封並加太字若已亡歿或曾祖祖父父在者不加太字　職官居喪應封贈曾祖父母祖父母者聽其應受封之人居曾祖父母祖父母父母舅姑夫喪者服闋申請　應封贈者有使遠死節有臨陳死事者驗事特議加封　應封妻者止封正妻一人如正妻已歿繼室亦止封一人餘不在封贈之例婦人因夫子得封者不許再嫁如不遵守將所受宣敕追奪斷罪離異　父母曾任三品以上官亡歿生前有勳勞爲上知遇者子孫雖不仕具實跡赴所在官司保結申請驗事跡可否量擬封贈無後者許有司保結申請　曾祖父母祖父母父母

曾犯十惡奸盜除名等罪及例所封妻不是以禮娶到正室或係再醮倡優婢妾並不許申請　凡告請封贈者隨朝并京官行省行臺宣慰司廉訪司見任官各於任所申請其餘官員見任并已除未任至得替日隨其解由申請致仕官於所在官司申請　正從七品至正從六品止封一次陞至正從五品封贈一次陞至正從四品封贈一次陞至正從三品封贈一次陞至正從二品封贈一次陞至正從一品封贈一次　凡封贈流官父祖曾任三品以上者許請諡如立朝有大節功勳在王室者許加功臣之號　至治三年詔封贈之典本以激勸忠孝今後散官職事勳爵依例加授外任官員並許在任申請其餘合行事理仰各依舊制　泰定元年詔犯贓官員不得封贈沉鬱既久宜許自新有能滌慮改過再歷兩任無過者許所管上司正官從公保明監察御史廉訪司覆察是實並聽依例申請

元史卷八十四

元史卷八十五

明翰林學士亞中大夫知制誥兼修國史宋　濂等修

百官志第三十五

百官一

王者南面以聽天下之治建邦啓土設官分職其制尚矣漢唐以來雖沿革不同恆因周秦之故以爲損益亦無大相遠大要欲得賢才用之以佐天子理萬民也元太祖起自朔土統有其衆部落野處非有城郭之制國俗淳厚非有庶事之繁惟以萬戶統軍旅以斷事官治政刑任用者不過一二親貴重臣耳及取中原太宗始立十路宣課司選儒術用之金人來歸者因其故官若行省若元帥則以行省元帥授之草創之初固未暇爲經久之規矣世祖即位登用老成大新制作立朝儀造都邑遂命劉秉忠許衡酌古今之宜定內外之官其總政務者曰中書省秉兵柄者曰樞密院司黜陟者曰御史臺體統既立其次在內者則有寺有監有衛有府在外者則有行省有行臺有宣慰司有廉訪司其

牧民者則曰路曰府曰州曰縣官有常職位有常員其長則蒙古人爲之而漢人南人貳焉於是一代之制始備百年之間子孫有所憑藉矣大德以後承平日久彌文之習勝而質簡之意微僥倖之門多而方正之路塞官冗於上吏肆於下言事者屢疏論列而朝廷訖莫正之勢固然也大抵元之建官繁簡因乎時得失係乎人故取其簡牘所載而論次之若其因事而置事已則罷與夫異教雜流世襲之屬名類實繁亦姑舉其大概作百官志

三公太師太傅太保各一員正一品銀印以道爕陰陽經邦國有元襲其名號特示尊崇太祖十二年以國王置太師一員太宗卽位建三公其拜罷歲月皆不可考世祖之世其職常缺而僅置太保一員至成宗武宗而後三公並建而無虛位矣又有所謂大司徒司徒太尉之屬或置或不置其置者或開府或不開府而東宮嘗置三師三少蓋亦不恆有也

中書令一員銀印典領百官會決庶務太宗以相臣爲之世祖以皇太子兼之至元十年立皇太子行中書令大德十一年以皇太子領中書令延祐三年復

以皇太子行中書令置屬監印二人

右丞相左丞相各一員正一品銀印統六官率百司居令之次令缺則總省事佐天子理萬機國初職名未創太宗始置右丞相一員左丞相一員世祖中統元年置丞相一員二年復置右丞相二員左丞相二員至元二年增置丞相五員七年立尚書省置丞相二員八年罷尚書省乃置丞相二員二十四年復立尚書省其中書省丞相二員如故二十九年以尚書再罷專任一相武宗至大二年復置尚書省丞相二員中書丞相二員四年尚書省仍歸中書丞相凡二員自後因之不易文宗至順元年專任右相其一或置或不置

平章政事四員從一品掌機務貳丞相凡軍國重事無不由之世祖中統元年置平章二員二年置平章四員至元七年置尚書省設尚書平章二員八年尚書併入中書平章復設三員二十三年詔清冗職平章汰爲二員二十四年復尚書省中書尚書兩省平章各二員二十九年罷尚書省增中書平章爲五員而一員爲商議省事三十年又增平章爲六員成宗元貞元年改商議省事爲

平章軍國重事武宗至大二年再立尚書省平章三員中書五員四年罷尚書省歸中書平章仍五員文宗至順元年定置四員自後因之

右丞一員正二品左丞一員正二品副宰相裁成庶務號左右轄世祖中統二年置左右丞各一員三年增爲四員至元七年立尚書省中書右丞左丞仍四員八年尚書併入中書省右左丞各一員二十二年汰冗職右左丞如故二十四年復立尚書省左右丞各一而中書省缺員二十八年復罷尚書省三十年設右丞二員而一員爲商議省事成宗元貞元年右丞商議省事者又以昭文大學士與中書省事武宗至大一年復立尚書省右左丞二員中書右左丞五員四年罷尚書右左丞中書右左丞止設四員文宗至順元年定置右丞一員左丞一員而由是不復增損

參政二員從二品副宰相以參大政而其職亞於右左丞世祖中統元年始置參政一員二年增爲二員至元七年立尚書省參政三員八年尚書併入中書參政二員二十三年汰冗職參政二員如故二十四年復立尚書省參政二員

中書參政二員二十八年罷尚書省參政武宗至大二年復置尚書省參政二員中書參政二員四年併尚書省入中書參政三員文宗至順元年定參政爲二員自後因之

參議中書省事秩正四品典左右司文牘爲六曹之管轄軍國重事咸預決焉中統元年始置一員至元二十二年累增至六員大德元年止置四員後遂爲定額其治曰參議府令史二人

左司郎中二員正五品員外郎二員正六品都事二員正七品中統元年置左右司至元十五年分置兩司左司所掌吏禮房之科有九一曰南吏二曰北吏三曰貼黄四曰保舉五曰禮六曰時政記七曰封贈八曰牌印九曰好事知除房之科有五一曰次品二曰常選三曰臺院選四曰見闕選五曰別里哥選戶雜房之科有七一曰定俸二曰衣裝三曰羊馬四曰置計五曰田土六曰太府監七曰會總科糧房之科有六一曰海運二曰儹運三曰邊遠四曰賑濟五曰事故六曰軍匠銀鈔房之科有二一曰鈔法二曰課程應辦房之科有二一曰

飲膳二曰草料令史二人蒙古書寫一十人回回書寫一人漢人書寫七人典吏十五人
右司郎中二員正五品員外郎二員正六品都事二員正七品中統元年置左右司至元十五年分置兩司右司所掌兵房之科有五一曰邊關二曰站赤三曰鋪馬四曰屯田五曰牧地刑房之科有六一曰法令二曰弭盜三曰功賞四曰禁治五曰枉勘六曰鬭訟工房之科有六一曰横造軍器二曰常課段疋三曰歲賜四曰營造五曰應辦六曰河道令史二人蒙古書寫三人回回書寫一人漢人書寫一人典吏五人
中書省掾屬
監印二人掌監視省印有中書令則置
知印四人掌執用省印
怯里馬赤四人
蒙古必闍赤二十二人左司十六人右司六人

漢人省掾六十人左司三十九人右司二十一人
回回省掾十四人左司九人右司五人
宣使五十人
省醫三人
玉典赤四十一人
斷事官秩三品掌刑政之屬國初嘗以相臣任之其名甚重其員數增損不常其人則皆御位下及中宮東宮諸王各投下怯薛丹等人爲之中統元年一十六位下置三十一員至元六年十七位下置三十四員七年十八位下置三十五員八年始給印二十七年分立兩省而斷事官隨省並置二十八年十八位下置三十六員併入中書三十一年增二員後定置自御位下及諸王位下共置四十一員首領官經歷一員知事一員吏屬蒙古必闍赤二人令史一十二人回回令史一人怯里馬赤二人知印二人奏差八人典吏一人

客省使秩正五品使四員正五品副使二員正六品令史一人掌直省舍人宣使等員選舉差遣之事至元九年置使二員一員兼通事一員不兼大德元年增置四員副二員直省舍人二員至元七年始置後增至三十三員掌奏事給使差遣之役

檢校官四員正七品掌檢校左右司六部公事程期文牘稽失之事書吏六人大德元年置

照磨一員正八品掌磨勘左右司錢穀出納營繕料例凡數計文牘簿籍之事中統元年置二員至元八年省為一員典吏八人

管勾一員正八品掌出納四方文移緘縢啓拆之事郵遞之程期曹屬之承受兼主之中統元年置二員至元三年定為一員典吏八人

架閣庫管勾二員正八品掌庋藏省府籍帳案牘凡備稽考之文卽掌故之任至元三年始置二員其後增置員數不一至順初定為二員典吏十人蒙古架閣庫兼管勾一員典吏二人回回架閣庫管勾一員典吏二人

吏部尚書三員正三品侍郎二員正四品郎中二員從五品員外郎二員從六品掌天下官吏選授之政令凡職官銓綜之典吏員調補之格封勳爵邑之制考課殿最之法悉以任之世祖中統元年以吏戸禮爲左三部尚書二員侍郎二員郎中四員員外郎六員至元元年以吏禮自爲一部尚書三員侍郎仍二員郎中仍四員員外郎三員三年復爲左三部五年又合爲吏禮部尚書仍二員侍郎郎中員外郎各一員七年始列尚書六部吏部尚書一員侍郎一員郎中二員員外郎二員八年仍爲吏禮部尚書侍郎郎中各一員員外郎仍二員十三年分置吏部尚書增置七員侍郎三員郎中二員員外郎四員十九年尚書裁爲二員侍郎一員郎中一員員外郎二員二十一年尚書三員侍郎一員郎中員外郎如故二十三年定六部尚書侍郎郎中員外郎員額各二員二十八年增尚書爲三員主事三員蒙古必闍赤三人令史二十五人回回令史二人怯里馬赤一人知印二人奏差六人蒙古書寫二人銓寫五人典吏一十九人

戶部尚書三員正三品侍郎二員正四品郎中二員從五品員外郎三員從六品掌天下戶口錢糧田土之政令凡貢賦出納之經金幣轉通之法府藏委積之實物貨貴賤之直斂散准駁之宜悉以任之中統元年以吏戶禮爲左三部尚書二員侍郎二員郎中四員員外郎六員至元元年分立戶部尚書三員侍郎郎中四員員外郎省爲三員三年復爲左三部五年復分爲戶部尚書一員侍郎郎中各一員員外郎又省爲二員七年始列尚書六部尚書二員侍郎二員郎中二員員外郎如故十三年尚書增置一員侍郎郎中員外郎如故十九年郎中員外郎俱增至四員二十三年六部尚書侍郎郎中定以二員爲額明年以戶部所掌視他部特爲繁劇增置二員成宗大德五年省尚書一員員外郎亦省一員各設三員主事八員蒙古必闍赤七人令史六十一人回回令史六人怯里馬赤一人知印二人奏差三十二人蒙古書寫一人典吏二十二人司計官四人其屬附見于後

都提舉萬億寶源庫掌寶鈔玉器至元二十五年始置都提舉一員正四品

提舉一員正五品同提舉一員從五品副提舉一員從六品知事一員從八品提控案牘一員司吏二十三人譯史二人司庫四十六人內以色目二人參之

都提舉萬億廣源庫掌香藥紙劄諸物設置同上提控案牘二員司吏一十二人譯史一人司庫一十三人

都提舉萬億綺源庫掌諸色段疋設置並同上而副提舉則增一員提控案牘設三員後省二員司吏二十二人譯史一人司庫二十六人內參用色目二人

都提舉萬億賦源庫掌絲綿布帛諸物設置並同上提控案牘二員其後省一員司吏一十七人譯史一人司庫一十五人內參用色目二人

四庫照磨兼架閣庫管勾一員從九品世祖至元二十八年以四庫錢帛事繁始置一員仍給印

提舉富寧庫至元二十七年始創提舉一員從五品同提舉一員從六品副

提舉一員從七品分掌萬億寶源庫出納金銀之事吏目一人其後司吏增至六人譯史一人司庫八人

諸路寶鈔提舉司達魯花赤一員正四品都提舉一員正四品副達魯花赤一員正五品提舉一員正五品同提舉一員從五品副提舉二員從六品知事一員從八品照磨一員從九品國初戸部兼領交鈔公事世祖至元始設交鈔提舉司秩正五品二十四年改諸路寶鈔都提舉司陞正四品增副達魯花赤提控案牘各一員其後定置已上官員提控案牘又增一員設司吏十二人蒙古必闍赤一人回回令史一人奏差七人

寶鈔總庫達魯花赤一員從五品大使一員從五品副使三員正七品世祖至元二十五年改元寶庫爲寶鈔庫秩正六品二十六年陞從五品增大使副使設司庫其後遂定置已上官員司吏七人譯史一人司庫五十人

印造寶鈔庫達魯花赤一員正七品大使二員從七品副使二員正八品中統四年始置秩從八品至元二十四年陞從七品增達魯花赤一人其後遂

定置已上官員
燒鈔東西二庫達魯花赤一員正八品大使一員從八品副使一員從九品至元元年始置昏鈔庫用正九品印置監燒昏鈔官二十四年分立燒鈔東西二庫秩從八品各置達魯花赤大使副使等員
行用六庫中統元年初立中都行用庫秩從七品提領一員從七品大使一員從八品副使一員從九品至元二十四年京師改置庫者三曰光熙曰文明曰順承因城門之名爲額二十六年又置三庫曰健德曰和義曰崇仁並因城門以爲名
大都宣課提舉司掌諸色課程併領京城各市提舉二員從五品同提舉一員從六品副提舉一員從七品提控案牘一員司吏六人世祖至元十九年併大都舊城兩稅務爲大都稅課提舉司至武宗至大元年改宣課提舉司其屬四
馬市猪羊市秩從七品提領一員從七品大使一員從八品副使一員從

九品世祖至元三十年始置
牛驢市果木市品秩設官同上
魚蟹市大使一員副使二員至大元年始置
煤木所提領一員從八品大使一員從九品副使一員至元二十二年始
置
大都酒課提舉司掌酒醋榷酤之事至元十九年始置提舉一員從五品同
提舉二員從六品副提舉二員從七品提控案牘二員司吏五人二十八年
省同提舉一員副提舉一員餘如故
抄紙坊提領一員正八品大使一員從八品副使二員從九品中統四年始
置用九品印止設大使副使各一員至元二十七年陞正八品增置提領副
使各一員
印造鹽茶等引局大使一員副使一員至元二十四年置掌印造腹裏行省
鹽茶礬鐵等引仍置攢典庫子各一人

右以上屬戶部其萬億四庫國初以太府掌內帑之出納旣設左藏等庫而國計之領在戶部仍置萬億等庫爲收藏之府中統元年置庫官六員而未有品秩俸給至元十六年始爲提舉萬億庫秩正五品二十四年改陞都提舉萬億庫秩正四品二十五年分立四庫以分掌出納至二十七年又別立富寧庫焉

京畿都漕運使司秩正三品運使二員正三品同知二員正四品副使二員正五品判官二員正六品經歷一員正七品知事一員從八品提控案牘兼照磨二員掌凡漕運之事世祖中統二年初立軍儲所尋改漕運所至元五年改漕運司秩五品十二年改都漕運司秩五品十九年改京畿都漕運使司秩正三品二十四年內外分立兩運司而京畿都漕運司之額如舊止領在京諸倉出納糧斛及新運糧提舉司站車攢運公事省同知運判知事各一員而押綱官隸焉延祐六年增同知副使運判各一員其後定置官員已上正官各二員首領官四員吏屬令史二十一人譯史二人回回令史一人

通事一人知印二人奏差一十六人典吏二人其屬二十有四

新運糧提舉司秩正五品至元十六年始置管站車二百五十輛隸兵部

開設運糧壩河改隸戶部定置達魯花赤一員都提舉一員同提舉二員

副提舉一員吏目一員司吏八人奏差十二人

京師二十二倉秩正七品

萬斯北倉中統二年置　萬斯南倉至元二十四年置

千斯倉中統二年置　永平倉至元十六年置

永濟倉至元四年置　惟億倉

既盈倉　大有倉並係皇慶元年置

屢豐倉　積貯倉並係皇慶元年增置

已上十倉每倉各置監支納一員正七品大使二員從七品副使二員

正八品

豐穰倉皇慶元年置　廣濟倉皇慶元年置

廣衍倉至元二十九年置　大積倉至元二十八年置

既積倉　盈衍倉至元二十六年置

相因倉中統二年置　順濟倉至元二十九年置

已上八倉每倉各置監支納一員正七品大使一員從七品副使二員

正八品

通濟倉中統二年置　慶貯倉至元四年置

豐潤倉至元十六年置　豐實倉

已上四倉每倉各置監支納一員正七品大使一員從七品副使一員

正八品

通惠河運糧千戶所秩正五品掌漕運之事至元三十一年始置中千戶一員中副千戶二員

都漕運使司秩正三品掌御河上下至直沽河西務李二寺通州等處儹運糧斛至元二十四年自京畿運司分立都漕運司於河西務置總司分司臨

漕運使二員正三品同知二員正四品副使二員正五品運判三員正六品
經歷一員從七品知事一員從八品提控案牘二員內一員兼照磨司吏三
十三人通事譯史各一人奏差一十六人典吏一人其屬七十有五
河西務十四倉秩正七品
永備南倉　永備北倉　廣盈南倉
廣盈北倉　充溢倉
已上五倉各置監支納一員正七品大使二員從七品副使二員正八
品
崇墉倉　大盈倉　大京倉
大稔倉　足用倉　豐儲倉
豐積倉　恆足倉　既備倉
已上九倉各置監支納一員正七品大使一員從七品副使一員正八
品

通州十三倉秩正七品

有年倉　富有倉　廣儲倉

盈止倉　及秭倉　迺積倉

樂歲倉　慶豐倉　延豐倉

已上九倉各置監支納一員正七品大使二員從七品副使二員正八品

足食倉　富儲倉　富衍倉

及衍倉

已上四倉各置監支納一員正七品大使二員從七品副使一員正八品

河倉一十有七用從七品印

館陶倉　舊縣倉　陵州倉

傅家池倉

已上各置監支納一員從七品大使一員從八品副使一員

秦家渡倉　尖塚西倉　尖塚東倉

長蘆倉　武強倉　夾馬營倉

上口倉　唐宋倉　唐村倉

安陵倉　四柳樹倉　淇門倉

伏恩倉

已上各置監支納一員從八品大使一員從九品副使一員

直沽廣通倉秩正七品大使一員

滎陽等綱凡三十曰濟源曰陵州曰獻州曰白馬曰滏陽曰完州曰河內曰南宮曰沂莒曰霸州曰東明曰獲嘉曰鹽山曰武強曰膠水曰東昌曰武安曰汝寧曰修武曰安陽曰開封曰儀封曰蒲臺曰鄒平曰中牟曰膠西曰衛輝曰濬州曰曹濮州每綱皆設押綱官二員計六十員秩正八品

每編船三十隻為一綱船九百餘隻運糧三百餘萬石船戶八千餘戶綱

官以常選正八品爲之

檀景等處採金鐵冶都提舉司秩正四品提舉一員正四品同提舉一員正五品副提舉一員從六品掌各冶採金煉鐵榷貨以資國用國初中統始置景州提舉司管領景州灤陽新匠三冶至元十四年又置檀州提舉司管領雙峯暗峪大峪五峯等冶大德五年檀州景州三提舉司併置檀州等處採金鐵冶都提舉司而灤陽雙峯等冶悉隸焉他如河東山西濟南萊蕪等處鐵冶提舉司及益都般陽等處淘金總管府其沿革蓋不一也

大都河間等路都轉運鹽使司秩正三品掌場竈榷辦鹽貨以資國用使二員正三品同知一員正四品副使一員正五品運判二員正六品首領官經歷一員從七品知事一員從八品照磨一員從九品國初立河間稅課達魯花赤清滄鹽使所後𣶒立運司立提舉鹽榷所又改爲河間路課程所提舉滄清課鹽使所中統三年改都提領拘榷滄清課鹽所至元二年以刑部侍郎右三部郎中兼滄清課鹽使司尋改立河間都轉運鹽使司立清滄課三

鹽司十二年改爲都轉運使司十九年以戸部尙書行河間等路都轉運使司事尋罷改立淸滄二鹽使司二十三年改立河間等路都轉運司二十七年改令戸部尙書行河間等路都轉運使司事二十八年改河間等路都轉運司延祐六年頒分司印巡行郡邑以防私鹽之弊

鹽場二十二所每場設司令一員從七品司丞一員從八品辦鹽各有差

利國場　利民場　海豐場　阜民場

阜財場　益民場　潤國場　海阜場

海盈場　海潤場　嚴鎭場　富國場

興國場　厚財場　豐財場　三义沽場

蘆臺場　越支場　石碑場　濟民場

惠民場　富民場

山東東路轉運鹽使司品秩職掌同上運判止一員國初始置益都課稅所管領山東鹽場以總鹽課後改置運司中統四年詔以中書左右部兼諸路

都轉運司至元二年命有司兼辦其課改立山東轉運司至元十二年改立都轉運司延祐五年以鹽法澀滯降分司印巡行各場督收課程罷膠萊鹽司所屬鹽場

鹽場一十九所每場設司令一員從七品司丞一員從八品管勾一員從八品

永利場 寧海場 官臺場 豐國場

新鎮場 豐民場 富國場 高家港場

永阜場 利國場 固堤場 王家岡場

信陽場 濤洛場 石河場 海滄場

行村場 登寧場 西由場

河東陝西等處轉運鹽使司品秩職掌同前運判增一員國初設平陽府以徵課程之利中統二年改置轉運司置提舉解鹽司至元二年罷運司命有司掌其務尋復置轉運司二十二年立陝西都轉運司諸色稅課悉隸焉二

十九年置鹽運司專掌鹽課其餘課稅歸有司解鹽司亦罷延祐六年更爲

河東陝西等處都轉運鹽使司隸省部其屬三

解鹽場管勾一員正九品同管勾一員從九品

河東等處解鹽管民提領所正提領一員從八品副提領一員從九品

安邑等處解鹽管民提領所正提領一員從八品副提領一員從九品

禮部尚書三員正三品侍郎二員正四品郎中二員從五品員外郎二員從六品掌天下禮樂祭祀朝會燕享貢舉之政令凡儀制損益之文符印簡册之信神人封諡之法忠孝貞義之褒送迎聘好之節文學僧道之事婚姻繼續之辨音藝膳供之物悉以任之世祖中統元年以吏戶禮爲左三部置尚書二員侍郎二員郎中四員員外郎六員總領三部之事至元元年分立爲吏禮部尚書三員侍郎仍二員郎中仍四員員外郎四員七年別立禮部尚書三員侍郎一員郎中二員員外郎如舊明年又合爲吏禮部十三年又別爲禮部二十三年六部尚書侍郎郎中員外郎定以二員爲額成宗元貞元年復增尚書一員領

會同館事主事二員蒙古必闍赤二人令史一十九人回回令史二人怯里馬赤一人知印二人奏差十二人典吏三人其屬附見

左三部照磨所秩正八品照磨一員掌吏戶禮三部錢穀計帳之事典吏八人

侍儀司秩正四品掌凡朝會卽位冊后建儲奉上尊號及外國朝覲之禮至元八年始置左右侍儀奉御二員禮部侍郎知侍儀事一員引進使知侍儀事一員左右侍儀使二員左右直侍儀使二員左右侍儀副使二員左右侍儀僉事二員引進副使侍儀令承奉班都知尚衣局大使各一員十二年省左侍儀奉御通曰左右侍儀省引進副使及侍儀令尚衣使等員改置通事舍人十四員三十年減通事舍人七員爲侍儀舍人大德十一年陞秩正三品至大二年置典簿一員延祐七年定置侍儀使四員至治元年增置通事舍人六員侍儀舍人四員其後定置侍儀使四員正三品引進使知侍儀事二員正四品首領官典簿一員從七品屬官承奉班都知一員正七品通事

舍人一十六員從七品侍儀舍人十四員從九品吏屬令史二人譯史一人通事一人知印一人其屬法物庫秩五品掌大禮法物提點一員從五品大使一員從六品副使一員從七品直長二員正八品

拱衛直都指揮使司秩從四品掌控鶴六百餘戶及儀衛之事至元三年始置都指揮使一員副使一員鈐轄一員提控案牘一員十六年陞正三品隸虎符增置達魯花赤一員隸宣徽院二十年復爲從四品二十五年歸隸禮部元貞元年復陞正三品皇慶元年置經歷一員二年改鈐轄爲僉事至順二年撥隸侍正府定置達魯花赤一員正三品都指揮使四員正三品副指揮使二員從三品僉事二員正四品首領官經歷一員從七品知事一員從八品吏屬令史四人譯史一人通事知印各一人奏差二人其屬控鶴百戶所秩從七品色目百戶一十三員漢人百戶一十三員總十三所

儀從庫秩從七品掌收儀衛器仗大使一員從七品副使一員從八品

儀鳳司秩正四品掌樂工供奉祭饗之事至元八年立玉宸院置樂長一員

樂副一員樂判一員二十年改置儀鳳司隸宣徽院置大使副使各一員判官三員二十五年歸隸禮部省判官三員三十一年置達魯花赤一員副使一員大德十一年改陞玉宸樂院秩從二品置院使副使僉事同僉院判至大四年復爲儀鳳司秩正三品延祐七年降從三品定置大使五員從三品副使四員從四品首領官經歷一員從七品知事一員從八品吏屬令史二人譯史通事知印各一人其屬五

雲和署秩正七品掌樂工調音律及部籍更番之事至元十二年始置至大二年撥隸玉宸樂院皇慶元年陞正六品二年陞從五品署令二員署丞二員管勾二員協音一員協律一員書史二人書吏四人教師二人提控四人

安和署秩正七品職掌與雲和同至元十三年始置皇慶二年陞從五品署令二員署丞二員管勾二員協音一員協律一員書史二人書吏四人教師二人提控四人

常和署初名管勾司秩正九品管領回回樂人皇慶元年初置延祐三年
陞從六品署令一員署丞二員管勾二員教師二人提控二人
天樂署初名昭和署秩從六品管領河西樂人至元十七年始置大德十
一年陞正六品至大四年改爲天樂署皇慶元年陞從五品署令二員署
丞二員管勾二員協音一員協律一員書史二人書吏四人教師二人提
控四人
廣樂庫秩從九品掌樂器等物大使一員副使一員皇慶元年始置
教坊司秩從五品掌承應樂人及管領興和等署五百戸中統二年始置至
元十二年陞正五品十七年改提點教坊司隸宣徽院秩正四品二十五年
隸禮部大德八年陞正三品延祐七年復正四品達魯花赤一員正四品大
使三員正四品副使四員正五品知事一員從八品令史四人譯史知印奏
差各二人通事一人其屬三
興和署秩從六品署令二員署丞二員管勾二員

祥和署秩從六品署令二員署丞二員管勾二員

廣樂庫秩從九品大使一員副使一員

會同館秩從四品掌接伴引見諸番蠻夷峒官之來朝貢者至元十三年始置二十五年罷之二十九年復置元貞元年以禮部尚書領館事遂爲定制

禮部尚書領會同館事一員正三品大使二員正四品副使二員從六品提控案牘一員掌書四人蒙古必闍赤一人典給官八人其屬有收支諸物庫秩從九品大使一員副使一員至元二十九年以四賓庫改置

鑄印局秩正八品掌凡刻印銷印之事大使一員副使一員直長一員至元五年始置

白紙坊秩從八品掌造詔旨宣勅紙劄大使一員副使一員至元九年始置

掌薪司秩正七品司令一員正七品司丞二員正八品典吏一人

兵部尚書三員正三品侍郎二員正四品郎中二員從五品員外郎二員從六品掌天下郡邑郵驛屯牧之政令凡城池廢置之故山川險易之圖兵站屯田

之籍遠方歸化之人官私芻牧之地駞馬牛羊鷹隼羽毛皮革之徵驛乘郵運
祗應公廨皂隸之制悉以任之世祖中統元年以兵刑工爲右三部置尙書二
員侍郎二員郎中五員員外郎五員總領三部之事至元元年別置工部以兵
刑自爲一部尙書四員侍郎三員郎中如舊員外郎五員三年併爲右三部五
年復爲兵刑部尙書二員省侍郎二員郎中如故員外郎一員七年始列六部
尙書一員侍郎仍舊郎中一員員外郎仍一員明年又合爲兵刑部十三年復
析兵部二十三年定尙書侍郎郎中員外郎以二員爲額至治三年增尙書一
員主事二員蒙古必闍赤二人令史十四人回回令史一人怯里馬赤一人知
印二人奏差八人典吏三人其屬附見
大都陸運提舉司秩從五品掌兩都陸運糧斛之事至元十六年始置運糧
提舉司延祐四年改今名提舉二員從五品副提舉一員從七品吏目一員
司吏六人委差一十人海王庄七里庄魏家庄臘八庄四所各設提領一人
用從九品印

管領隨路打捕鷹房民匠總管府秩從三品達魯花赤一員總管一員副總管二員經歷知事各一員提控案牘一員吏屬令史六人初太祖以隨路打捕鷹房民戶七千餘戶撥隸旭烈大王位下中統二年始置至元十二年阿八合大王遣使奏歸朝廷隸兵部

管領本投下大都等路打捕鷹房諸色人匠都總管府秩正三品掌哈贊大王位下事大德八年始置官吏皆王選用至大四年省併衙門以哈兒班答大王遠鎮一隅別無官屬存設不廢定置府官達魯花赤二員總管一員同知一員副總管一員知事一員提控案牘一員令史四人譯史二人奏差二人典吏一人其屬東局織染提舉司秩從五品達魯花赤一員提舉一員副達魯花赤一員副提舉一員提控案牘一員司吏二人

隨路諸色民匠打捕鷹房等戶都總管府秩從三品達魯花赤一員總管一員同知一員經歷一員知事一員提控案牘兼照磨一員令史六人譯史一人知印通事一人奏差二人掌別吉大營盤事及管領大都路打捕鷹房等

戸至元三十年置延祐四年陞正三品

管領本位下打捕鷹房民匠等戸都總管府秩正三品達魯花赤一員總管一員副達魯花赤一員同知一員副總管一員判官一員經歷一員知事一員提控案牘兼照磨一員令史六人譯史通事知印各一人掌別吉大營盤城池阿哈探馬兒一應差發薛徹干定王位下事泰定元年始置

刑部尚書三員正三品侍郎二員正四品郎中二員從五品員外郎二員從六品掌天下刑名法律之政令凡大辟之按覆繫囚之詳讞孥收產沒之籍捕獲功賞之式冤訟疑罪之辨獄具之制度律令之擬議悉以任之世祖中統元年以兵刑工爲右三部置尚書二員侍郎二員郎中五員員外郎五員以郎中員外郎各一員專署刑部至元元年析置工部而兵刑仍爲一部尚書四員侍郎仍二員郎中四員員外郎置五員三年復爲右三部七年始別置刑部尚書一員侍郎一員郎中一員員外郎二員八年改爲兵刑部十三年又爲刑部二十三年六部尚書侍郎郎中員外郎定以二員爲額大德四年尚書增置一員其

首領官則主事三員吏屬則蒙古必闍赤四人令史三十人回回令史二人怯里馬赤一人知印二人奏差十人書寫三人典吏七人其屬附見

司獄司司獄一員正八品獄丞一員正九品獄典一人初以右三部照磨兼刑部繫獄之任大德七年始置專官部醫一人掌調視病囚

司籍所提領一員同提領一員至元二十年改大都等路斷沒提領所爲司籍所隸刑部

工部尚書三員正三品侍郎二員正四品郎中二員從五品員外郎二員從六品掌天下營造百工之政令凡城池之修濬土木之繕葺材物之給受工匠之程式銓注局院司匠之官悉以任之世祖中統元年右三部置尚書二員侍郎二員郎中五員員外郎五員內二員專署工部事至元元年始分立工部尚書四員侍郎三員郎中四員員外郎五員三年復合爲右三部七年仍自爲工部尚書二員侍郎仍二員郎中三員員外郎如舊二十三年定尚書侍郎郎中員外郎各以二員爲額明年以曹務繁冗增尚書二員二十八年省尚書一員首

領官主事五員蒙古必闍赤六人令史四十二人回回令史四人怯里馬赤一人知印一人奏差三十人蒙古書寫一人典吏七人又司程官四員右三部照磨一員典吏七人其屬附見

左右部架閣庫秩正八品管勾二員典吏十二人掌六部文卷簿籍架閣之事中統元年左右部各置二十三年併爲左右部架閣庫

諸色人匠總管府秩正三品掌百工之技藝至元十二年始置總管同知副總管各一員十六年置達魯花赤一員增同知副總管各一員二十八年省同知一員三十年省副總管一員後定置達魯花赤一員總管一員同知二員副總管二員經歷一員知事一員提控案牘一員令史五人譯史一人奏差四人其屬十有一

梵像提舉司秩從五品提舉一員同提舉一員副提舉一員吏目一員董繪畫佛像及土木刻削之工至元十二年始置梵像局延祐三年陞提舉司設今官

出蠟局提舉司秩從五品提舉一員同提舉一員副提舉一員吏目一員

掌出蠟鑄造之工至元十二年始置局延祐三年陞提舉司設今官

鑄瀉等銅局秩從七品大使一員副使一員掌鑄瀉之工至元十年始置

官三員二十八年省管勾一員後定置二員

銀局秩從七品大使一員直長一員掌金銀之工至元十二年始置

鑌鐵局秩從八品大使一員掌鏤鐵之工至元十二年始置

瑪瑙玉局秩從八品直長一員掌琢磨之工至元十二年始置

石局秩從七品大使一員管勾一員董攻石之工至元十二年始置

木局秩從七品大使一員直長一員董攻木之工至元十二年始置

油漆局副使一員用從七品印董髹漆之工至元十二年始置

諸物庫秩正九品提領一員副使一員掌出納諸物之事至元十二年始

置

管領隨路人匠都提領所提領一員大使一員俱受省檄掌工匠詞訟之

事至元十二年始置
諸司局人匠總管府秩正三品達魯花赤一員總管一員副達魯花赤一員同知一員副總管一員經歷一員知事一員提控案牘一員令史四人領兩都金銀器盒及符牌等一十四局事至元十四年置二十四年以八局改隸工部及金玉府止領五局一庫掌氈毯等事其屬有六
收支庫秩正九品大使一員掌出納之物
大都氈局秩從七品大使副使各一員管人匠一百二十有五戶
大都染局秩從九品大使一員管人匠六千有三戶
上都氈局秩從五品大使一員副使一員管人匠九十有七戶
隆興氈局大使一員副使一員管人匠一百戶
剪毛花毯蠟布局大使一員副使一員管人匠一百一十有八戶
提舉右八作司秩正六品提舉二員同提舉一員副提舉一員吏目一人司吏九人司庫十三人譯史一人秤子一人掌出納內府漆器紅瓮捎隻等幷

在都局院造作鑌鐵銅鋼鍮石東南簡鐵兩都支持皮毛雜色羊毛生熟斜皮馬牛等皮鬃尾雜行沙里陀等物中統三年始置提領八作司秩正九品至元二十五年改陞提舉八作司秩正六品二十九年以出納委積分爲左右兩司

提舉左八作司秩正六品掌出納內府氈貨柳器等物其設置官員同上

諸路雜造總管府秩正三品至元元年改提領所爲提舉司十四年又改工部尚書行諸路雜造局總管府定置達魯花赤一員總管一員同知一員副總管一員知事一員提控案牘一員令史六人譯史一人其屬二

簾網局大使一員副使一員並受省劄至元元年始置

收支庫大使一員副使一員至元三十年始置

茶迭兒局總管府秩正三品管領諸色人匠造作等事憲宗朝置至元十六年始設總管一員二十七年置同知一員後定置府官達魯花赤一員總管一員同知一員知事一員提控案牘一員司吏四人其屬二

諸司局用從七品印提領一員相副官二員中統三年始置
收支庫提領一員大使副使各一員掌造作出納之物
大都人匠總管府秩從三品至元六年始置達魯花赤一員總管一員同知一員經歷一員提控案牘一員令史十人通事一人其屬四
繡局用從七品印大使一員副使一員掌繡造諸王百官段匹
紋綿總院提領一員大使一員副使一員掌織諸王百官段匹
涿州羅局提領一員大使一員掌織造紗羅段匹
尙方庫提領一員大使副使各一員掌出納絲金顏料等物
隨路諸色民匠都總管府秩正三品掌仁宗潛邸諸色人匠延祐六年撥隸崇祥院後又屬將作院至元三年歸隸工部後定置達魯花赤一員總管一員同知一員副總管一員經歷一員知事一員提控案牘一員照磨一員令史八人譯史二人知印通事各一人奏差四人其屬五
織染人匠提舉司秩從七品至大二年設達魯花赤一員提舉一員同提

舉一員副提舉一員吏目一員
雜造人匠提舉司秩從七品設置官屬同上
大都諸色人匠提舉司秩從五品達魯花赤一員提舉一員同提舉一員
副提舉一員吏目一員
大都等處織染提舉司秩從五品管何難答王位下人匠一千三百九十
八戶達魯花赤一員提舉一員同提舉一員副提舉一員吏目一員
收支諸物庫秩從七品提領一員大使一員副使一員庫子二人
提舉都城所秩從五品提舉二員同提舉二員副提舉二員吏目一員照磨
一員掌修繕都城內外倉庫等事至元三年置其屬一左右廂官四員用從
九品印至元十三年置
受給庫秩正八品提領一員大使一員副使一員掌京城內外營造木石等
事至元十三年置
符牌局秩正八品大使一員副使一員直長一員掌造虎符等至元十七年

置
旋匠提舉司秩從五品提舉一員副提舉一員至元九年置
撒答剌欺提舉司秩正五品提舉一員副提舉一員提控案牘一員至元二十四年以札馬剌丁率人匠成造撒答剌欺與絲紬同局造作遂改組練人匠提舉司爲撒答剌欺提舉司
別失八里局秩從七品大使一員副使一員掌織造御用領袖納失失等段至元十三年始置
忽丹八里局大使一員給從七品印至元三年置
平則門窰場提領一員大使一員副使一員給從六品印至元十三年置
光熙門窰場提領一員大使一員副使一員給從八品印至元二十五年置
大都皮貨所提領一員大使一員副使一員用從九品印至元二十九年置
通州皮貨所提領一員大使一員副使一員用從九品印延祐六年置
晉寧路織染提舉司提舉一員照略案牘一員其屬提領所一係官織染人

匠局一雲內人匠東西局二本路人匠局一河中府襄陵翼城潞州隰州澤州雲州等局七每局各設提領一員副提領一員惟澤州雲州則止設提領一員

冀寧路織染提舉司真定路織染提舉司各置提舉一員同提舉一員副提舉一員照略案牘一員其屬二

開除局大使一員副使一員照略案牘一員

真定路紗羅兼雜造局大使一員副使一員

南宮中山織染提舉司各設提舉一員同提舉副提舉一員照略案牘一員

中山劉元帥局大使一員副使一員

中山察魯局大使一員副使一員

深州織染局大使一員副使一員照略案牘一員

深州趙良局大使一員副使一員

弘州人匠提舉司提舉一員同提舉一員副提舉一員照略案牘一員

納失失毛段二局院長一員

雲內州織染局大使一員副使一員照略案牘一員

大同織染局大使一員副使一員照略案牘一員

朔州毛子局大使一員

恩州織染局大使一員副使一員照略案牘一員

恩州東昌局提領一員

保定織染提舉司提舉一員同提舉一員副提舉一員照略案牘一員

大名人匠提舉司提舉一員同提舉一員副提舉一員照略案牘一員

永平路紋綿等局提舉司提舉一員同提舉一員副提舉一員照略案牘一員

大寧路織染局大使一員副使一員照略案牘一員

雲州織染提舉司提舉一員同提舉一員副提舉一員照略案牘一員

順德路織染局大使一員副使一員照略案牘一員

彰德路織染人匠局大使一員副使一員照略案牘一員
懷慶路織染局大使一員副使一員照略案牘一員
別失八里局官一員
宣德府織染提舉司提舉一員同提舉一員副提舉一員照略案牘一員
東聖州織染局院長一員局副一員
宣德八魯局提領一員副使一員
東平路曈局直長一員
興和路蕁麻林人匠提舉司提舉一員同提舉一員副提舉一員照略案牘一員
陽門天城織染局提領一員副使一員照磨案牘一員
巡河提領所提領二員副提領一員

元史卷八十五

元史卷八十六

明翰林學士亞中大夫知制誥兼修國史宋　濂等修

百官志第三十六

百官志二

樞密院秩從一品掌天下兵甲機密之務凡宮禁宿衞邊庭軍翼征討戍守簡閱差遣舉功轉官節制調度無不由之世祖中統四年置樞密副使二員僉書樞密事一員至元七年置同知樞密院事一員院判一員二十八年始置知院一員增院判一員又以中書平章商量院事大德十年增置知院二員同知五員副樞五員僉院五員同僉三員院判二員至大三年知院七員同知二員副樞二員僉院一員同僉一員院判二員革去議事平章延祐四年以分鎮北邊增知院一員五年增同知一員後定置知院六員從一品同知四員正二品副樞二員從二品僉院二員正三品同僉二員正四品院判二員正五品參議二員正五品經歷二員從五品都事四員正七品承發兼照磨二員正八品架閣

庫管勾一員正九品同管勾一員從九品掾史二十四人譯史二十四人通事三人司印二人宣使一十九人銓寫二人蒙古書寫二人典吏一十七人院醫二人

客省使秩從五品大使二員副使二員至元十四年置大使一員十六年增一員二十一年置副使一員延祐五年增一員天曆元年又增一員尋定置大使二員從五品副使二員從六品令史二人

斷事官秩正三品掌處決軍府之獄訟至元元年始置斷事官二員八年增二員十九年又增一員二十年又增二員大德十一年又增四員皇慶元年省二員後定置斷事官八員正三品經歷一員從七品令史六人譯史一人通事知印奏差典吏各一人

行樞密院國初有征伐之事則置行樞密院大征伐則止曰行院爲一方一事而設則稱某處行樞密院或與行省代設事已則罷

西川行樞密院中統四年始置設官二員管四川軍民課稅交鈔打捕鷹房人

匠及各投下應管公事節制官吏諸色人等幷軍官遷授征進等事始置於成都至元十年又於重慶別置東川行樞密院設官一員十三年併爲一院尋復分東川行院十六年罷兩川行院二十八年復立四川行院於成都

江南行樞密院至元十年罷河南省統軍司漢軍都元帥山東行院置荊湖等路行院設官三員淮西行院設官二員掌調度軍馬之事十二年罷行院十九年詔於揚州岳州俱立行院各設官五員二十一年立沿江行院二十二年立江西行院馬軍戍江州步軍戍撫州二十八年徙岳州行院於鄂州徙江淮行院於建康其後行院悉併歸行省

甘肅行樞密院至大四年置行院於甘州爲甘肅等處行樞密院設官四員提調西路軍馬後以甘肅省丞相提調遂罷行院

河南行樞密院致和元年分置專管調遣之事天曆元年罷

嶺北行樞密院天曆二年置知院一員同知二員副樞一員僉院二員同僉一員院判二員經歷一員都事二員蒙古必闍赤四人掾史二人怯里馬赤一人

知印一人宣使四人掌邊庭軍務凡大小事宜悉從裁決
右衛秩正三品中統三年初置武衛至元元年改爲侍衛八年改爲左右中
三衛掌宿衛扈從兼屯田國有大事則調度之二十年增都指揮使一員副
都指揮使一員二十一年置僉事二員大德十一年增都指揮使二員副都
指揮使一員至大元年增都指揮使三員副都指揮使一員四年省都指揮
使五員副都指揮使二員後定置都指揮使三員正三品副都指揮使二員
從三品僉事二員正四品經歷二員從七品知事二員照磨一員俱從八品
令史七人譯史通事知印各一人又其屬十有五
鎮撫所鎮撫二員
行軍千戶所十秩正五品達魯花赤十員副達魯花赤十員千戶十員副
千戶十員彈壓二十員百戶二百員知事十員
弩軍千戶所一秩正五品達魯花赤一員千戶一員彈壓二員百戶十員
屯田左右千戶所二秩正五品達魯花赤二員千戶二員彈壓二員百戶

四十員

教官二蒙古字教授一員儒學教授一員掌諸屯衞行伍耕戰之暇使之習學國字通曉書記初由樞府選舉後歸吏部

左衞秩正三品至元八年以侍衞改置掌宿衞扈從兼屯田國有大事則調度之是年增副指揮使一員十六年增副都指揮使一員二十年置僉事一員二十二年增僉事一員二十四年省都指揮使副都指揮使一員大德十一年增都指揮使五員副都指揮使二員僉事二員至大四年省都指揮使六員副都指揮使二員其後定制衞官都指揮使二員正三品副都指揮使二員從三品僉事二員正四品經歷二員從七品知事二員照磨一員俱從八品令史七人譯史通事知印各一人其屬十有五

鎭撫所鎭撫二員

行軍千戶所凡十秩正五品達魯花赤十員副達魯花赤十員千戶十員副千戶十員彈壓二十員百戶二百員知事十員

弩軍千戶所一秩正五品達魯花赤一員千戶一員彈壓二員百戶十員

屯田左右千戶所二秩正五品達魯花赤一員千戶二員彈壓二員百戶四十員

教官二蒙古字教授一員儒學教授一員

中衛秩正三品至元八年以侍衛改置掌宿衛扈從兼營屯田國有大事則調度之是年置都指揮使一員副都指揮使一員二十年增副都指揮使一員二十一年置僉事二員二十三年增都指揮使一員大德十一年增都指揮使二員副使三員至大元年增都指揮使一員四年省都指揮使三員副都指揮使三員其後定置都指揮使三員正三品副都指揮使二員從三品僉事二員正四品經歷二員從七品知事二員承發架閣照磨一員俱從八品令史七人譯史通事知印各一人其屬十有五

鎮撫所鎮撫二員

行軍千戶所十秩正五品達魯花赤十員副達魯花赤十員千戶十員副

千戶十員彈壓二十員百戶二百員知事十員
弩軍千戶一秩正五品達魯花赤一員千戶一員彈壓二員百戶十員
屯田左右千戶所二秩正五品達魯花赤二員千戶二員彈壓二員百戶四十員
教官二蒙古字教授一員儒學教授一員
前衛秩正三品至元十六年以侍衞親軍掛置前後二衞掌宿衞扈從兼營屯田國有大事則調度之是年置都指揮使一員副都指揮使二員十八年增都指揮使二員二十年置僉事一員大德十一年增都指揮使五員副都指揮使一員僉事三員至大四年省都指揮使五員副都指揮使一員僉事三員後定置衞官都指揮使三員正三品副都指揮使二員從三品僉事二員正四品經歷一員從七品知事二員承發架閣照磨一員俱從八品令史七人譯史通事知印各一人又其屬十有七
鎮撫所鎮撫二員

行軍千戸所十秩正五品達魯花赤十員副達魯花赤十員千戸十員副
千戸十員彈壓二十員百戸二百員
弩軍千戸一秩正五品達魯花赤一員千戸一員彈壓二員百戸十員
屯田千戸所二秩正五品達魯花赤二員千戸二員彈壓二員百戸四十
員
門尉二平則門尉一員順承門尉一員
教官二蒙古字教授一員儒學教授一員
後衛秩正三品至元十六年以侍衛親軍刱置掌宿衛扈從兼營屯田國有
大事則調度之是年置都指揮使二員副都指揮使二員後增設副都指揮
使一員十八年增都指揮使二員二十年置僉事二員大德十一年增都指
揮使五員副都指揮使一員僉事二員至大四年省都指揮使五員副指揮
使二員僉事二員後定置都指揮使三員正三品副都指揮使二員從三品
僉事二員正四品經歷二員從七品知事二員照磨一員俱從八品令史七

人譯史二人知印一人通事二人其屬十有四

行軍千戶所十秩正五品達魯花赤十員副達魯花赤十員千戶十員副

鎮撫所鎮撫二員

千戶十員彈壓二十員百戶二百員

弩軍千戶所一秩正五品達魯花赤一員千戶一員彈壓二員百戶十員

屯田千戶所一秩正五品達魯花赤一員千戶二員彈壓二員百戶四十員

教官二蒙古字教授一員儒學教授一員

武衞親軍都指揮使司秩正三品掌修治城隍及京師內外工役兼大都屯田等事至元二十六年樞密院以六衞六千人大都屯田三千人近路迤南萬戶府一千人總一萬人立武衞設官五員元貞大德年閒累增都指揮使四員至大三年省都指揮使四員副都指揮使一員後定置衞官達魯花赤一員正三品都指揮使三員正三品副都指揮使二員從三品僉事二員正

四品經歷二員從七品知事二員照磨一員俱從八品令史七人譯史通事知印各一人其屬十有五

鎮撫所鎮撫二員

行軍千戸所七秩正五品達魯花赤七員副達魯花赤七員千戸七員副千戸七員百戸一百四十員彈壓一十四員

屯田千戸所六秩正五品達魯花赤各一員千戸六員百戸六十員彈壓六員

教官二蒙古字教授一員儒學教授一員

隆鎮衛親軍都指揮使司秩正三品掌屯軍徼巡盜賊於居庸關南北口統領欽察阿速護軍三千六百九十三人屯駐東西四十三處皇慶元年陞隆鎮萬戸府爲隆鎮衛置都指揮使三員副都指揮使二員僉事二員延祐二年又以哈兒魯軍千戸所併隸東衛四年置色目經歷一員至治二年置愛馬知事一員後定置衛官都指揮使三員正三品副指揮使二員從三品僉

事二員正四品經歷二員從七品知事二員承發兼照磨一員俱從八品令
史七人譯史通事知印各一人其屬十有二
鎮撫所鎮撫二員
北口千戶所秩正五品達魯花赤一員千戶一員百戶七員於上都路龍
慶州東口置司
南口千戶所秩正五品達魯花赤一員千戶一員百戶一員彈壓一員於
大都路昌平縣居庸關置司
白羊口千戶所秩正五品達魯花赤一員千戶一員百戶二員彈壓一員
於大都路昌平縣東口置司
碑樓口千戶所秩正五品達魯花赤一員千戶一員百戶一員彈壓一員
於應州金城縣東口置司
古北口千戶所秩正五品達魯花赤一員千戶一員百戶六員彈壓一員
於檀州北面東口置司

遷民鎮千戶所秩正五品達魯花赤一員百戶六員彈壓一員於大寧路
東口置司
黃花鎮千戶所秩正五品達魯花赤一員千戶一員百戶六員彈壓一員
於昌平縣東口置司
蘆兒嶺千戶所秩五品達魯花赤一員千戶一員百戶六員彈壓一員於
昌平縣本口置司
太和嶺千戶所秩五品達魯花赤一員千戶一員百戶六員彈壓一員於
大同路昌邑縣本隘置司
紫荊關千戶所秩五品達魯花赤一員千戶一員百戶六員彈壓一員於
易州易縣本隘置司
隆鎮千戶所秩五品達魯花赤一員千戶一員百戶八員彈壓一員於龍
慶州北口置司
左右翼屯田萬戶府二秩從三品分掌斡端別十八里迴還漢軍及大名衛

輝新附之軍幷遥東迴軍合爲屯田至元二十六年置延祐五年隸詹事院幷入衞率府復改隸樞密院定置兩府達魯花赤各一員萬戶各一員副萬戶各一員經歷各一員知事各一員提控案牘各一員令史各五人屬官鎮撫各二員

千戶八所達魯花赤八員千戶八員副千戶八員百戶五十九員彈壓一十六員

千戶四所達魯花赤四員千戶四員副千戶四員百戶五十二員彈壓八員

左衞率府秩正三品至大元年撥江南行省萬戶府精鋭漢軍爲東宮衞軍立衞率府設官十一員延祐四年始改爲忠翊府又改爲御臨親軍指揮司又以御臨非古典改爲羽林六年復隸東宮仍爲左衞率府定置率使三員正三品副使二員從三品僉事二員正四品經歷一員從七品知事一員照磨一員俱從八品令史七人譯史通事知印各二人其屬十有五

鎮撫所鎮撫二員
行軍千戸所十秩正五品達魯花赤一員千戸十員副千戸十員百戸二
百員彈壓一十員
弩軍千戸所一秩正五品達魯花赤一員千戸一員百戸十員彈壓一員
屯田千戸所三秩正五品達魯花赤三員千戸三員百戸六十員彈壓三
員
教官三員蒙古字教授一員儒學教授一員陰陽教授一員
右衛率府秩正三品延祐五年以速怯那兒萬戸府迤東女直兩萬戸府右
翼屯田萬戸府兵合爲右衛率府置官十二員後定置率使二員正三品副
使二員從三品僉事二員正四品經歷二員從七品知事二員照磨一員俱
從八品令史七人譯史通事知印各二人其屬七
鎮撫所鎮撫二員
千戸所五秩正五品千戸五員百戸四十五員彈壓二員

教官一儒學教授一員

河南淮北蒙古軍都萬戶府秩正三品至元二十四年以四萬戶奧魯赤改爲蒙古軍都萬戶府設府官四員奧魯官四員大德七年後改爲河南淮北蒙古軍都萬戶府延祐五年罷奧魯官副鎮撫等員定置都萬戶一員正三品副都萬戶一員從三品經歷一員從七品知事一員提控案牘一員俱從八品令史七人譯史通事各一人屬官鎮撫二員

八撒兒萬戶府萬戶一員副萬戶一員經歷知事提控案牘各一員鎮撫一員

千戶所一十翼達魯花赤一十員千戶十員副千戶十員百戶七十三員彈壓一十員

札忽兒台萬戶府萬戶一員經歷知事提控案牘各一員鎮撫一員

千戶所七翼千戶七員百戶三十八員彈壓七員

脫烈都萬戶府萬戶一員副萬戶一員經歷一員知事一員提控案牘一員

鎮撫一員
千戶所九翼千戶九員百戶六十二員彈壓九員
和尙萬戶府萬戶一員副萬戶一員經歷一員知事提控案牘各一員鎮撫
一員
千戶所六翼達魯花赤四員千戶六員副千戶四員百戶四十七員彈壓
六員
砲手千戶所一翼千戶一員百戶六員彈壓一員
哨馬千戶所一翼達魯花赤一員千戶一員副千戶一員彈壓二員百戶
九員奧魯官二員
右阿速衞親軍都指揮使司秩正三品掌宿衞城禁兼營潮河蘇沽兩川屯
田供給軍儲至元九年初立阿速拔都達魯花赤置屬官二十三年遂名爲
阿速之軍至大二年改立右阿速衞親軍都指揮使司置達魯花赤三員都
指揮使三員副都指揮使二員僉事二員四年省達魯花赤三員後定置達

魯花赤一員正三品都指揮使三員正三品副都指揮使二員從三品僉事二員正四品經歷二員從七品知事二員承發架閣照磨一員從八品令史七人譯史通事知印各一人鎭撫二員其屬五

行軍千戶所千戶七員百戶九員

把門千戶二員百戶五員門尉一員

本投下達魯花赤一員長官一員副長官一員

盧江縣達魯花赤一員主簿一員

教官儒學教授一員

左阿速衞親軍都指揮使司品秩職掌同右阿速衞至元九年初立阿速拔都達魯花赤置屬官二十三年遂名爲阿速之軍至大二年改立左衞阿速親軍都指揮使司置達魯花赤二員都指揮使六員副都指揮使四員僉事二員四年省達魯花赤一員都指揮使三員後定置達魯花赤一員都指揮使三員副都指揮使二員僉事一員經歷二員知事二員照磨一員鎭撫二

員其屬四
本投下達魯花赤二員長官二員
鎮巢縣達魯花赤二員主簿一員
圍宿把門千戶所一十三翼千戶二十六員百戶一百三十員彈壓一十
三員
教官儒學教授一員
回回砲手軍匠上萬戶府秩正三品至元十一年置砲手總管府十八年始
立爲都元帥府二十二年改爲萬戶府後定置達魯花赤一員萬戶一員副
萬戶一員經歷知事提控案牘各一員令史四人譯史一人鎮撫二員
千戶所三翼達魯花赤三員千戶三員副千戶三員百戶三十二員彈壓
三員
唐兀衛親軍都指揮使司秩正三品總領河西軍三千人以備征討至元十
八年始立置都指揮使二員副都指揮使二員二十二年增都指揮使一員

僉事一員大德五年增指揮使二員至大元年增都指揮一員四年省都指揮使三員副都指揮使一員後定置都指揮使三員正三品副都指揮使二員從三品僉事二員正四品經歷一員從七品知事一員照磨一員俱從八品令史七人通事譯史知印各一人鎮撫二員奧魯官正副各一員

千戶所九翼正千戶九員副千戶九員百戶七十五員彈壓九員奧魯官正副各九員

門尉三建德門一和義門一肅清門一

教官二儒學教授一員蒙古字教授一員

貴赤衞親軍都指揮使司秩正三品至元二十四年立置都指揮使二員副都指揮二員僉事二員二十九年置達魯花赤一員大德十一年增達魯花赤一員都指揮使四員副都指揮一員至大元年省達魯花赤一員都指揮使四員副都指揮使三員後定置達魯花赤一員正三品都指揮使二員從三品副都指揮使二員從三品僉事二員正四品經歷二員從七品知事二

員照磨一員令史七人知印一人通事譯史各一人鎮撫二員
千戶所八翼每所置達魯花赤一員千戶一十六員百戶八十員彈壓八
員門尉二員
延安屯田打捕總管府秩從三品管析居放良人戶幷兀里吉思田地北來
蒙古人戶至元十八年始設定置達魯花赤一員總管一員同知一員經歷
知事各一員屬官打捕屯田官一十二員
大寧海陽等處屯田打捕所秩從七品掌北京平灤等路析居放良不蘭奚
等戶至元二十二年置總管府元貞元年罷總管府置打捕所定置達魯花
赤一員長官一員教官蒙古字教授一員儒學教授一員
忠翊侍衛親軍都指揮使司秩正三品至元二十九年始立屯田府大德十
一年增軍數立爲大同等處指揮使司至大四年屬徽政院延祐元年改中
都威衛使司仍隸徽政院尋復改屬樞密院至治元年改爲忠翊侍衛後定
置都指揮使三員正三品副都指揮使二員從三品僉事二員正四品經歷

二員從七品知事二員照磨一員俱從八品令史七人譯史通事知印各一人鎮撫二員

行軍千戶所一十翼達魯花赤一十員副達魯花赤一十員千戶一十員副千戶一十員百戶二百六員彈壓二十員

弩軍千戶所一翼達魯花赤一員千戶一員百戶一十員彈壓一十員

屯田左右手千戶所二翼達魯花赤二員千戶二員百戶四十員彈壓四員

西域親軍都指揮使司秩正三品元貞元年始立設官十一員大德十一年增都指揮使二員又增指揮使三員副都指揮使二員僉事二員至大四年省都指揮使五員副都指揮使二員僉事二員後定置達魯花赤一員正三品都指揮使二員正三品副都指揮使二員從三品僉事二員正四品經歷二員從七品知事二員承發架閣兼照磨一員並從八品令史七人通事譯史知印各一人鎮撫二員

行軍千戶所千戶一十三員百戶二十九員
把門千戶二員百戶八員門尉一員
教官儒學教授一員
宗仁蒙古侍衛親軍都指揮使司秩正三品至治二年以亦乞列思人氏二百戶與所收蒙古子女通三千戶及清州匠二千戶屯田漢軍二千戶立宗仁衛以統之定置都指揮使三員正三品副都指揮使二員從三品僉事二員正四品經歷二員從七品知事二員照磨一員俱從八品令史七人知印
工人怯里馬赤二人譯史二人鎮撫二員
蒙古軍千戶所一十翼千戶二十員百戶一百員彈壓一十員
屯田千戶所千戶四員百戶四十員彈壓四員
教官二儒學教授一員蒙古教授一員
山東河北蒙古軍大都督府秩從二品掌各路軍民科差征進及調遣總攝軍馬公事至元二十一年罷統軍司都元帥府立蒙古軍都萬戶府大德七

年改山東河北蒙古軍都萬戶府延祐五年罷天曆二年改立爲大都督府定置正官大都督三員從二品同知一員從三品副使一員從四品經歷一員從六品都事二員從七品承發兼照磨一員正八品令史八人譯史通事知印各二人宣使五人典吏三人鎮撫二員

左手萬戶府萬戶一員副萬戶一員經歷一員知事一員提控案牘各一員鎮撫一員

千戶九翼千戶一十一員百戶七十四員彈壓一十一員

右手萬戶府萬戶一員副萬戶一員經歷一員知事一員提控案牘一員鎮撫一員

千戶九翼千戶九員百戶六十三員彈壓九員

拔都萬戶府達魯花赤一員萬戶一員副萬戶一員經歷一員知事一員提控案牘一員鎮撫一員

千戶六翼千戶七員百戶四十一員彈壓五員

哈答萬戶府達魯花赤一員萬戶一員經歷一員知事一員提控案牘一員

鎮撫一員

千戶八翼千戶八員百戶二十四員彈壓八員

蒙古回回水軍萬戶府達魯花赤一員萬戶一員副萬戶一員經歷知事提

控案牘各一員鎮撫二員

千戶八翼達魯花赤二員千戶六員百戶四十六員彈壓九員

玘都哥萬戶府初隸都府七千戶翼延祐三年樞密院奏改立萬戶府達魯

花赤一員萬戶一員副萬戶一員經歷知事提控案牘各一員鎮撫二員

千戶七翼千戶九員百戶三十五員彈壓八員

哈必赤千戶翼千戶一員百戶四員彈壓一員直隸大都督府

洪澤屯田千戶趙國宏翼達魯花赤一員千戶一員副千戶一員百戶一

十四員彈壓二員直隸大都督府

左翊蒙古侍衛親軍都指揮使司秩正三品至元十八年以蒙古侍衛總管

府依五衛之例爲指揮使司設官十二員奧魯官二員大德七年奏改爲左
翼蒙古侍衛親軍都指揮使司延祐五年罷奧魯官後定置司官都指揮使
三員正三品副都指揮使二員從三品僉事二員正四品經歷二員從七品
知事二員承發架閣兼照磨一員並從八品令史七人譯史通事知印各一
人典吏二人鎮撫二員
千戶所七翼正千戶七員副千戶七員知事七員彈壓七員百戶六十二
員
教官二蒙古字教授一員儒學教授一員
右翊蒙古侍衛親軍都指揮使司品秩同左衛至元十八年以蒙古侍衛總
管府依五衛例爲指揮使司設官十二員奧魯官二員大德七年奏改爲右
翊蒙古侍衛親軍都指揮使司延祐五年罷奧魯官後定置司官都指揮使
三員正三品副都指揮使二員從三品僉事二員正四品經歷二員從七品
知事二員承發兼照磨架閣一員並從八品令史七人譯史通事知印各一

人典吏二人鎭撫二員
千戶所一十二翼正千戶一十二員副千戶一十二員知事一十二員彈
壓一十二員百戶一百九員
教官二蒙古字教授一員儒學教授一員
虎賁親軍都指揮使司秩正三品管領上都路元籍軍人兼奧魯之事至元
十六年立虎賁軍設官二員十七年置都指揮使二員副都指揮使一員又
增置副都指揮使一員元貞元年以虎賁軍改爲虎賁親軍都指揮使司十
一年增置都指揮使六員至大四年省都指揮使九員後定置司官都指揮
使三員正三品副都指揮使二員從三品僉事二員正四品經歷一員從七
品知事照磨兼承發各一員並從八品令史七人譯史通事知印各一人典
吏二人鎭撫二員都目一員
撒的赤千戶翼正達魯花赤一員副達魯花赤一員正千戶一員副千戶
一員知事一員百戶二十員彈壓二員

不花千戶翼正達魯花赤一員副達魯花赤一員正千戶一員副千戶一員百戶二十二員彈壓二員

脫脫木千戶翼正達魯花赤一員副達魯花赤一員正千戶一員副千戶一員知事一員百戶二十八員彈壓二員

大忽都魯千戶翼正達魯花赤一員副達魯花赤一員正千戶一員副千戶一員知事一員百戶二十四員彈壓二員

楊千戶翼正達魯花赤一員副達魯花赤一員正千戶一員副千戶一員知事一員百戶二十二員彈壓二員

迷里火者千戶翼正達魯花赤一員副達魯花赤一員正千戶一員副千戶一員知事一員百戶二十員彈壓二員

大都督府正二品管領左右欽察兩衞龍翊侍御東路蒙古軍元帥府東路蒙古軍萬戶府哈剌魯萬戶府天曆二年始立欽察親軍都督府秩從二品後改大都督府置大都督三員正二品同知二員正三品副都督三員從三品僉都

督事二員正四品經歷二員從六品都事二員從七品管勾一員照磨一員俱
正八品令史八人蒙古必闍赤二人怯里馬赤二人知印二人宣使六人
右欽察衛秩正三品至元二十三年依河西等衛例立欽察衛設官十員至
治二年分爲左右衛天曆二年撥隸大都督府定置達魯花赤一員正三品
都指揮二員正三品副使二員從三品僉事二員正四品經歷二員從七品
知事二員照磨二員並從八品令史七人譯史通事知印各一人鎭撫一員
行軍千戸十八所達魯花赤各一員千戸三十六員百戸一百八十員彈
壓一十八員
屯田千戸所二達魯花赤二員千戸二員百戸二十員彈壓二員
門尉二員
儒學教授一員至大四年始置蒙古字教授一員延祐四年始置
左欽察衛秩正三品至治二年依阿速衛例分爲兩衛設官十員天曆二年
撥隸大都督府定置衛官都指揮使三員正三品副都指揮二員從三品僉

事二員正四品經歷二員從七品知事二員照磨一員從八品令史七人譯史通事知印各一人屬官鎮撫二員

行軍千戶所一十翼千戶一十員百戶八十二員彈壓九員奧魯官四員

守城千戶所一翼達魯花赤一員千戶一員百戶九員彈壓一員

屯田千戶所一翼達魯花赤一員千戶一員百戶十員彈壓一員

教官儒學教授一員

龍翊侍衞親軍都指揮使司秩正三品天曆元年始立設官十四員二年又置愛馬知事一員又以左欽察衞唐吉失九千戶隸本衞定置官都指揮使三員正三品副都指揮使二員從三品僉事二員正四品經歷一員從七品知事二員照磨一員並從八品令史七人譯史二人怯里馬赤二人知印二人鎮撫二員

行軍千戶所九翼達魯花赤一員千戶六員副千戶一員百戶四十五員彈壓五員

屯田一翼欽察千戶所達魯花赤一員千戶一員百戶二十二員彈壓二
員
教官二蒙古字教授一員儒學教授一員
哈剌魯萬戶府掌守禁門等處應直宿衞至元二十四年招集哈剌魯軍人
立萬戶府尋移屯襄陽後征交趾大德二年置司南陽天曆三年奏隸大都
督府定置官達魯花赤一員萬戶一員經歷知事各一員提控案牘一員鎭
撫一員吏目一員
千戶所三翼千戶三員百戶九員彈壓三員
御史臺秩從一品大夫二員從一品中丞二員正二品侍御史二員從二品治
書侍御史二員從二品掌糾察百官善惡政治得失至元五年始立臺建官設
官七員大夫從二品中丞從三品侍御史從五品治書侍御史從六品典事從
七品檢法二員獄丞一員七年改典事爲都事十九年罷檢法獄丞二十一年
陞大夫爲從一品中丞爲正三品侍御史爲正五品治書爲正六品二十七年

大夫以下品從各陞一等始置經歷一員大德十一年陞中丞爲正二品侍御史爲從二品治書侍御史爲正三品皇慶元年增中丞爲三員二年減一員至治二年大夫一員後定置御史大夫二員中丞二員侍御史二員治書侍御史二員品秩如上經歷一員從五品都事二員正七品照磨一員正八品承發管勾兼獄丞一員正八品架閣庫管勾兼承發一員正九品掾史一十五人譯史四人知印二人通事二人宣使十人臺醫二人蒙古書寫二人典吏六人庫子二人其屬有二

殿中司殿中侍御史二員正四品至元五年始置秩正七品後陞正四品凡大朝會百官班序其失儀失列則糾罰之在京百官到任假告事故出三日不報者則糾舉之大臣入內奏事則隨以入凡不可與聞之人則糾避之知班四人通事譯史各一人

察院秩正七品監察御史三十二員司耳目之寄任刺舉之事至元五年始置御史十一員悉以漢人爲之八年增置六員十九年增置一十六員始參

用蒙古人爲之至元二十二年參用南儒二人書吏三十二人
江南諸道行御史臺設官品秩同內臺至元十四年始置江南行御史臺于揚州尋徙杭州又徙江州二十三年遷于建康以監臨東南諸省統制各道憲司而總諸內臺初置大夫中丞侍御史治書侍御史各一員統淮東淮西湖北浙東浙西江東江西湖南八道提刑按察司十五年增江南湖北嶺南廣西福建廣東三道二十三年以淮東淮西山南三道撥隸內臺三十年增海北海南一道大德元年定爲江南諸道行御史臺設官九員以監江浙江西湖廣三省統江東江西浙東浙西湖南湖北廣東廣西福建海南十道大夫一員中丞二員侍御史二員治書侍御史二員經歷一員都事二員照磨一員架閣庫管勾一員承發管勾兼獄丞一員令史一十六人譯史四人回回掾史通事知印各二人宣使十人典吏庫子臺醫各有差
察院品秩如內察院至元十四年置監察御史十員二十三年增蒙古御史十四員書吏十四人又增漢人御史四員書吏四人後定置御史二十八員

書吏二十八人

陝西諸道行御史臺設官品秩同內臺至元二十七年始置雲南諸路行御史臺官止四員大德元年移雲南行臺於京兆爲陝西行臺而雲南改立廉訪司延祐元年罷二年復立統漢中隴北四川雲南四道定置大夫一員御史中丞二員侍御史二員治書侍御史二員經歷一員都事二員照磨一員架閣庫管勾一員承發司管勾兼獄丞一員掾史一十二人蒙古必闍赤二人回回掾史一人通事二人知印一人宣使十人典吏五人庫子二人

察院品秩同內察院監察御史二十員書吏二十人

肅政廉訪司國初立提刑按察司四道曰山東東西道曰河東陝西道曰山北東西道曰河北河南道至元六年以提刑按察司兼勸農事八年置河東山西道陝西四川道十二年分置燕南河北道十三年以省併衙門罷按察司十四年復置增立八道曰江北淮東道曰淮西江北道曰山南江北道曰浙東海右道曰江南浙西道曰江東建康道曰江西湖東道曰嶺北湖南道十五年復增

三道曰江南湖北道曰嶺南廣西道曰福建廣東道十九年增西蜀四川道二十年增海北廣東道改福建廣東道曰福建閩海道以雲南七路置雲南道以女直之地置海西遼東道二十三年以淮東淮西山南三道撥隸內臺二十四年增河西隴右道是年罷雲南道二十五年罷海西遼東二十七年以雲南按察司所治立雲南行御史臺二十八年改按察司曰肅政廉訪司大德元年徙雲南行臺于陝西復立雲南道三十年增海北海南道其後遂定爲二十二道每道廉訪使二員正三品副使二員正四品僉事四員兩廣海南止二員正五品經歷一員從七品知事一員正八品照磨兼管勾一員正九品書吏十六人譯史通事各一人奏差五人典吏二人

內道八隸御史臺

山東東西道濟南路置司　河東山西道冀寧路置司

燕南河北道真定路置司　江北河南道汴梁路置司

山南江北道中興路置司　淮西江北道廬州路置司

江北淮東道揚州路置司　山北遼東道大寧路置司

江南十道隸江南行臺

江東建康道寧國路置司　江西湖東道龍興路置司

江南浙西道杭州路置司　浙東海右道婺州路置司

江南湖北道武昌路置司　嶺北湖南道天臨路置司

嶺南廣西道靜江府置司　海北廣東道廣州路置司

海北海南道雷州路置司　福建閩海道福州路置司

陝西四道隸陝西行臺

陝西漢中道鳳翔府置司　河西隴北道甘州路置司

西蜀四川道成都路置司　雲南諸路道中慶路置司

元史卷八十六

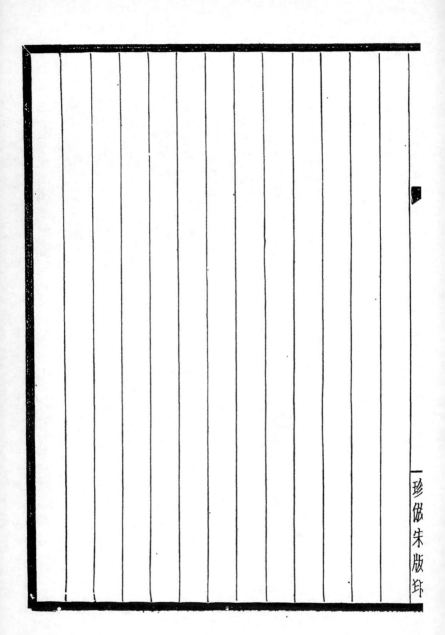

元史卷八十七

明翰林學士亞中大夫知制誥兼修國史宋　濂等修

百官志第三十七

百官三

大宗正府秩從一品國初未有官制首置斷事官曰札魯忽赤會決庶務凡諸王駙馬投下蒙古色目人等應犯一切公事及漢人姦盜詐僞蠱毒厭魅誘掠逃驅輕重罪囚及邊遠出征官吏每歲從駕分司上都存留住冬諸事悉掌之至元二年置十員三年置八員九年降從一品銀印止理蒙古公事以諸王爲府長餘悉御位下及諸王之有國封者又有怯薛人員奉旨署事別無頒受宣命十四年置十四員十五年置十三員二十一年置二十一員二十二年增至三十四員二十八年增至四十六員大德四年省五員十一年四十一員皇慶元年省二員以漢人刑名歸刑部泰定元年復命兼理置札魯忽赤四十二員令史改爲掾史致和元年以上都大都所屬蒙古人幷怯薛軍站色目與漢人

相犯者歸宗正府處斷其餘路府州縣漢人蒙古色目詞訟悉歸有司刑部掌管正官札魯忽赤四十二員從一品郎中二員從五品員外郎二員從六品都事二員從七品承發架閣庫管勾一員從八品掾史十人蒙古必闍赤十三人通事知印各三人宣使十人蒙古書寫一人典吏三人庫子一人醫人一人司獄二員

大司農司秩正二品凡農桑水利學校饑荒之事悉掌之至元七年始立置官五員十四年罷以按察司兼領勸農事十八年改立農政院置官六員二十年又改立務農司秩從三品置達魯花赤一員務農使一員同知二員是年又改司農寺達魯花赤一員司農卿二員司丞一員二十三年仍爲大司農司秩仍正二品大德元年增領大司農事一員皇慶二年陞從一品增大司農一員定置大司農四員從一品大司農卿二員正二品少卿二員從二品大司農丞二員從三品經歷一員從五品都事二員從七品架閣庫管勾一員照磨一員並正八品掾史十二人蒙古必闍赤二人回回掾史一人知印二人通事一人宣

使一人典吏五人

籍田署秩從六品掌耕種籍田以奉宗廟祭祀至元七年始立隸大司農十四年罷司農隸太常寺二十三年復立大司農司仍隸焉署令一員從六品署丞一員從七品司吏一人

供膳司秩從五品掌供給應需貨買百色生料弁桑哥籍入貲產至元二十二年始置隸司農置達魯花赤一員提點一員並從五品司令一員正六品丞一員正七品吏一人

輔用庫秩正九品掌規運息錢以給供需大使一員副使一員

興中州等處油戶提領所秩從九品提領一員大使一員副使一員歲辦油十萬斤以供內庖至元二十九年始置

蔚州麵戶提領所提領一員副使一員掌辦白麵葱菜以給應辦歲計十餘萬斤　右屬供膳

永平屯田總管府秩從三品達魯花赤一員總管一員同知一員知事一員

司吏四人至元二十四年始立於永平路南馬城縣以北京採木三千人隸
之所轄昌國濟民豐贍三署各置署令一員署丞一員直長一人吏目二人
吏二人
翰林兼國史院秩正二品中統初以王鶚爲翰林學士未立官署至元元年始
置秩正三品六年置承旨三員學士二員侍讀學士二員侍講學士二員直學
士二員八年陞從二品十四年增承旨一員十六年增侍讀學士一員十七年
增承旨二員二十年省併集賢院爲翰林國史集賢院二十一年增學士二員
二十二年復分立集賢院二十三年增侍講學士一員二十六年置官吏五員
掌管教習亦思替非文字二十七年增承旨一員大德九年陞正二品改典簿
爲司直置都事一員至大元年置承旨九員皇慶元年陞從一品改司直爲經
歷延祐元年別置回回國子監學以掌亦思替非官屬歸之五年置承旨八員
後定置承旨六員從一品學士二員正二品侍讀學士二員從二品侍講學士
二員從二品直學士二員從三品屬官待制五員正五品修撰三員從六品應

奉翰林文字五員從七品編修官十員正八品檢閱四員正八品典籍二員正八品經歷一員從五品都事一員從七品掾史四人譯史通事知印各二人蒙古書寫五人書寫十人接手書寫十人典吏三人典書二人

蒙古翰林院秩從二品掌譯寫一切文字及頒降璽書並用蒙古新字仍各以其國字副之至元八年始立新字學士於國史院十二年別立翰林院置承旨一員直學士一員待制二員修撰一員應奉四員寫聖旨必闍赤十有一人令史一人知印一人十八年增承旨一員學士三員省漢兒令史置蒙古必闍赤四人二十九年增承旨一員侍讀學士一員知印一人三十年增管勾一員大德五年陞正二品九年置司直一員都事一員皇慶元年改陞從一品設官二十有八吏屬二十有四延祐二年改司直爲經歷後定置承旨七員學士二員侍讀學士二員侍講學士二員直學士二員待制四員修撰二員應奉五員經歷一員都事一員品秩並同翰林國史院承發架閣庫管勾一員正九品必闍赤一十四人掾史三人通事一人譯史一人知印二人書寫一人典吏三人

蒙古國子監秩從三品至元十四年始立置司業一員二十九年准漢人國
學例置祭酒司業監丞延祐四年陞正三品七年復降爲從三品後定置祭
酒一員從三品司業二員正五品監丞一員正六品令史一人必闍赤一人
知印一人
蒙古國子學秩正七品博士二員助教二員教授二員學正學錄各二員掌
教習諸生於隨朝百官怯薛台蒙古漢兒官員家選子弟俊秀者入學至元
八年置官五員後以每歲從駕上都教習事繁設官員少增學正二員學錄
二員三十一年增助教一員典給一人後定置博士二員正七品助教二員
教授二員並正八品學正學錄各二員典書一人典給一人
內八府宰相掌諸王朝覲儐介之事遇有詔令則與蒙古翰林院官同譯寫而
潤色之謂之宰相云者其貴似侍中其近似門下故特寵之以是名雖有是
名而無授受宣命品秩則視二品焉大德九年以滅怯禿等八人爲之天曆
元年爲內八府宰之職故附見于此云

集賢院秩從二品掌提調學校徵求隱逸召集賢良凡國子監玄門道教陰陽祭祀占卜祭遁之事悉隸焉國初集賢與翰林國史院同一官署至元二十二年分置兩院置大學士三員學士一員直學士二員典簿一員吏屬七人二十四年增置學士一員侍讀學士一員待制一員尋陞正二品置院使一員正二品大學士二員從二品學士三員從二品侍讀學士一員從三品侍講學士一員從三品直學士二員從四品司直一員從五品待制一員正五品二十五年增都事一員從七品修撰一員從六品元貞元年增院使一員大德十一年陞從一品置院使六員經歷二員至大四年省院使六員皇慶二年省漢人經歷一員後定置大學士五員從一品學士二員正二品侍讀學士二員侍講學士二員並從二品直學士二員從三品經歷一員從五品都事二員從七品待制一員正五品修撰一員從六品兼管勾承發架閣庫一員正八品掾史六人譯史知印各二人通事一人宣使七人典吏三人

國子監至元初以許衡爲集賢館大學士國子祭酒教國子與蒙古大姓四

怯薛人員選七品以上朝官子孫爲國子生隨朝三品以上官得舉凡民之俊秀者入學爲陪堂生伴讀至元二十四年始置監祭酒一員從三品司業二員正五品掌國之教令皆德尊望重者爲之監丞一員正六品專領監務典簿一員令史二人譯史知印典吏各一人

國子學秩正七品置博士二員掌教授生徒考較儒人著述教官所業文字助教四員分教各齋生員大德八年爲分職上都增置助教二員學正二員學錄二員督習課業典給一員掌生員膳食至元二十四年定置生員額二百人伴讀闕 四年生員三百人延祐二年增置生員一百人伴讀二十人

興文署秩從六品署令一員以翰林修撰兼之署丞一員以翰林應奉兼之至治二年罷置典簿一員從七品掌提調諸生飲膳與凡文牘簿書之事仍置典吏一人

宣政院秩從一品掌釋教僧徒及吐蕃之境而隸治之遇吐蕃有事則爲分院

往鎮亦別有印如大征伐則會樞府議其用人則自爲選其爲選則軍民通攝僧俗並用至元初立總制院而領以國師二十五年因唐制吐蕃來朝見於宣政殿之故更名宣政院置院使二員同知二員副使二員參議二員經歷二員都事四員管勾一員照磨一員二十六年置斷事官四員二十八年增僉院同僉各一員元貞元年增院判一員大德四年罷斷事官至大初省院使一員至治三年置院使六員天曆二年罷功德使司歸宣政定置院使一十員從一品同知二員正二品副使二員從二品僉院二員正三品同僉三員正四品院判三員正五品參議二員正五品經歷二員從五品都事三員從七品照磨一員管勾一員並正八品掾史十五人蒙古必闍赤二人回回掾史二人怯里馬赤四人知印二人宣使十五人典吏有差

斷事官四員從三品經歷知事各一員令史五人知印奏差譯史通事各一人至元二十五年始置

客省使秩從五品大使二員副使一員至元二十五年置

大都規運提點所秩正四品達魯花赤一員提點一員大使一員副使一員

至元二十八年置

上都規運提點所秩正四品達魯花赤一員提點一員大使一員副使一員

知事一員至元二十八年置

大都提舉資善庫秩從五品達魯花赤一員提舉一員同提舉一員副提舉

一員掌錢帛之事至元二十六年置

上都利貞庫秩從七品提領一員副使一員掌飲膳好事金銀諸物元貞元

年置

大濟倉監支納一員大使一員

興教寺管房提領一員

吐蕃等處宣慰司都元帥府秩從二品宣慰使五員經歷二員都事二員照

磨一員捕盜官二員儒學教授一員鎮撫二員其屬二

脫思麻路軍民萬戶府秩正三品達魯花赤一員萬戶一員副達魯花赤

一員副萬戶一員經歷一員知事一員鎮撫一員
西夏中興河州等處軍民總管府秩正三品達魯花赤一員總管一員同
知一員治中一員府判一員經歷一員知事一員屬官稅務提領寧河縣
官寧河脫脫禾孫五員寧河弓甲匠達魯花赤
洮州元帥府秩從三品達魯花赤一員元帥二員知事一員
十八族元帥府秩從三品達魯花赤一員元帥一員同知一員知事一員
積石州元帥府達魯花赤一員元帥一員同知一員知事一員脫脫禾孫一
員
禮店文州蒙古漢軍西番軍民元帥府秩正三品達魯花赤一員元帥一員
同知一員經歷知事各一員鎮撫二員蒙古奧魯官一員蒙古奧魯相副官
一員
禮店文州蒙古漢軍奧魯軍民千戶所秩從五品達魯花赤一員千戶一
員副千戶一員總把五員百戶八員

禮店文州蒙古漢軍西番軍民上千戶所秩正四品達魯花赤一員千戶

一員百戶一員新附千戶二員

禮店階州西水蒙古漢軍西番軍民總把二員

吐蕃等處招討使司秩正三品招討使二員知事一員鎮撫一員其屬附

脫思麻探馬軍四萬戶府秩正三品萬戶五員千戶八員經歷一員鎮撫

一員

脫思麻路新附軍千戶所秩從五品達魯花赤一員千戶一員副千戶一

員

文扶州西路南路底牙等處萬戶府秩從三品達魯花赤一員萬戶二員

鳳翔等處千戶所秩從五品達魯花赤一員千戶一員百戶二員

慶陽寧環等處管軍總把一員

文州課程倉糧官一員

岷州十八族週迴捕盜官二員

常陽帖城阿不籠等處萬戶府秩從三品達魯花赤一員千戶一員

階文扶州等處番漢軍上千戶所秩正五品達魯花赤一員千戶二員

貴德州達魯花赤知州各一員同知州判各一員脫脫禾孫一員捕盜官一員

必呈萬戶府達魯花赤二員萬戶四員

松潘宕疊威茂州等處軍民安撫使司秩正三品達魯花赤一員安撫使一員同知一員僉事一員經歷知事照磨各一員鎮撫一員威州保寧縣茂州文山縣文川縣皆隸焉

靜州茶上必里溪安鄉等二十六族軍民千戶所達魯花赤一員千戶一員

龍木頭都留等二十二族軍民千戶所達魯花赤一員千戶一員

岳希蓬蘿蔔村等處二十二族軍民千戶所達魯花赤一員千戶一員

折藏萬戶府達魯花赤一員萬戶一員

吐蕃等路宣慰使司都元帥府宣慰使四員同知二員副使一員經歷都事各二員捕盜官三員鎮撫二員

朵甘思田地裏管軍民都元帥府都元帥一員經歷一員鎮撫一員

剌馬兒剛等處招討使司達魯花赤一員招討使一員經歷一員

奔不田地裏招討使司招討使一員經歷一員鎮撫一員

奔不兒亦思剛百姓達魯花赤一員

碉門魚通黎雅長河西寧遠等處軍民安撫使司秩正三品達魯花赤一員安撫使一員同知一員副使一員僉事一員經歷知事照磨各一員鎮撫二員

六番招討使司達魯花赤一員招討使一員經歷一員知事一員雅州嚴道縣名山縣隸之

天全招討使司達魯花赤一員招討二員經歷知事各一員

魚通路萬戶府達魯花赤一員萬戶一員經歷知事各一員黎州隸之

碉門魚通等處管軍守鎮萬戶府達魯花赤一員萬戶二員經歷知事各

一員鎮撫二員千戶八員百戶二十員彈壓四員

長河西管軍萬戶府達魯花赤一員萬戶二員

長河西裏管軍招討使司招討使二員經歷一員

朵甘思招討使一員

朵甘思哈答李唐魚通等處錢糧總管府達魯花赤一員總管一員副總

管一員答剌答脫脫禾孫一員哈裏脫脫禾孫一員朵甘思瓮吉剌滅吉

思千戶一員

亦思馬兒甘萬戶府達魯花赤一員萬戶二員

烏思藏納里速古魯孫等三路宣慰使司都元帥府宣慰使五員同知二員

副使一員經歷一員鎮撫一員捕盜司官一員其屬附見

納里速古兒孫元帥二員

烏思藏管蒙古軍都元帥二員

擔裏管軍招討使一員

烏思藏等處轉運一員

沙魯思地裏管民萬戶一員

搽里八田地裏管民萬戶一員

烏思藏田地裏管民萬戶一員

速兒麻加瓦田地裏管民官一員

撒剌田地裏管民官一員

出蜜萬戶一員

嗸籠答剌萬戶一員

思答籠剌萬戶一員

伯木古魯萬戶一員

湯卜赤八千戶四員

加麻瓦萬戶一員

札由瓦萬戶一員

牙里不藏思八萬戶府達魯花赤一員萬戶一員千戶一員擔裏脫脫禾孫一員

迷兒軍萬戶府達魯花赤一員萬戶一員初厚江八千戶一員卜兒八官一員

宣徽院秩正三品掌供玉食凡稻粱牲牢酒醴蔬菓庶品之物燕享宗戚賓客之事及諸王宿衞怯憐口糧食蒙古萬戶千戶合納差發係官抽分牧養孳畜歲支芻草粟菽羊馬價直收受闌遺等事與尚食尚藥尚醞三局皆隸焉所轄內外司屬用人則自爲選至元十五年置院使一員同知同僉各二員主事二員照磨一員二十年陞從二品增院使一員置經歷二員典簿三員二十三年陞正二品置院判二員省典簿置都事三員三十一年院使四員大德二年增同知二員三年陞從一品四年置副使二員皇慶元年增院使三員始定怯薛丹一萬人本院掌其給授後定置院使六員從一品同知二員正二品副使二

員從二品僉院二員正三品同僉二員正四品院判二員正五品經歷二員從五品都事三員從七品照磨一員承發架閣庫一員並正八品掾史二十人蒙古必闍赤六人回回掾史二人怯里馬赤二人知印二人典吏六人蒙古書寫二人其屬附見

光祿寺秩正三品掌起運米麴諸事領尚飲尚醞局沿路酒坊各路布種事至元十五年罷都提點置寺設卿一員少卿三員主事一員照磨一員管勾一員二十年改尚醞監正四品二十三年復爲光祿寺卿二員少卿丞各一員二十四年增少卿一員二十五年撥隸省部三十一年復隸宣徽延祐七年降從三品後復正三品定置卿四員正三品少卿二員從四品丞二員從五品主事二員從七品令史八人譯史知印各二人通事一人奏差二十四人典吏三人蒙古書寫一人

大都尚飲局秩從六品中統四年始置設大使副使各一員俱帶金符掌醞造上用細酒至元十二年增副使二員十五年陞從五品置提點一員後定

置提點一員從五品大使一員正六品副使二員正七品

上都尚飲局秩正五品皇慶中始置提點一員大使副使各一員品秩同上

大都尚醞局秩從六品掌醞造諸王百官酒醴中統四年立御酒庫設金符宣差至元十一年始設提點十六年改尚醞局從五品置提點一員從五品大使一員正六品副使二員正七品直長一員正八品

上都尚醞局秩從五品至元二十九年始置設提點一員大使一員副使直長各一員品秩同上

大都醴源倉秩從六品掌受香莎蘇門等酒材糯米鄉貢麴藥以供上醞及歲賜諸王百官者至元二十五年始置設提舉一員從六品大使一員從七品副使一員正八品

上都醴源倉秩從九品掌受大都轉輸米麴并醞造車駕臨幸次舍供給之酒至元二十五年始置設大使一員直長一員

尚珍署秩從五品掌收濟寧等處田土子粒以供酒材至元十三年始立十

五年罷入有司二十三年復置設達魯花赤一員令一員並從五品丞二員
正七品吏目二員
安豐懷遠等處稻田提領所秩從九品掌稻田布種歲收子粒轉輸醴源倉
定置提領二員
尚舍寺秩正四品掌行在帷幙帳房陳設之事牧養駱駝供進愛蘭乳酪至
元三十一年始置監至大元年改爲寺陞正三品四年仍爲監尋復爲寺延
祐三年復降爲正四品定置太監二員少監二員監丞二員知事二員
諸物庫秩從七品掌出納大德四年置設提領一員大使一員副使一員
闌遺監秩正四品掌不闌奚人口頭疋諸物至元二十年初立闌遺所秩九
品二十五年改爲監正四品二十八年陞正三品至大四年復正四品尋復
正三品延祐七年復爲正四品定置太監一員正四品少監二員正五品監
丞二員正六品知事一員從八品提控案牘一員從九品令史五人譯史一
人知印兼通事一人奏差五人

尙食局秩從五品掌供御膳及出納油麪酥蜜諸物至元二年置提點領進納百色生料二十年省併尙藥局爲尙食局別置生料庫本局定置提點一員從五品大使一員正六品副使二員正七品直長一員正八品

大都生料庫秩從五品至元十一年置生料野物庫隸尙食局二十年別置庫擬內藏庫例置提點二員從五品大使二員正六品副使三員正七品

上都生料庫秩從五品掌受弘州大同虎賁司農等歲辦油麪大都起運諸物供奉內府放支宮人宦者飲膳提點一員大使一員副使二員品秩同上直長一員正八品

大都大倉上都大倉秩正六品掌內府支持米豆及酒材米麴藥物至元五年初立設官三員俱受制國用使司劄付十二年改立提舉大倉設官三員隸宣徽二十五年陞正六品定置二倉各設提舉一員正六品大使一員從六品副使一員從七品

大都上都柴炭局各一至元十二年置秩從六品十六年改提舉司陞五品

大德八年仍爲局降正七品置達魯花赤各一員正七品大都大使一員上都大使三員各正七品副使各二員正八品直長各一人掌葦場典吏各一人

尚牧所秩從五品至大四年始置設提舉二員從五品同提舉一員從六品副提舉一員從七品吏目一員

沙糖局秩從五品掌沙糖蜂蜜煎造及方貢果木至元十三年始置秩從六品十七年置提點一員十九年陞從五品置達魯花赤一員從五品提點一員從五品大使一員正六品副使一員正七品

永備倉秩從五品至元十四年始置給從九品印掌受兩都倉庫起運省部計置油麪諸物及雲需府所辦羊物以備車駕行幸膳羞二十四年陞從五品置提點一員從五品大使一員正六品副使各一員正七品

豐儲倉秩從九品大使一員掌出納車駕行幸支持膳羞

淮東淮西屯田打捕總管府秩正三品掌獻田歲入以供內府及湖泊山場

漁獵以供內膳至元十四年始立總管府弁管連海高郵河泊提舉司沂州等處提舉司事十六年置揚州鷹房打捕達魯花赤總管府二十二年省併爲淮東淮西屯田打捕總管府二十五年以兩淮新附手號軍千戶所隸本府及分置提舉司一十處定置達魯花赤一員正三品總管一員正三品同知一員正五品府判一員正六品經歷一員從七品知事一員從八品提控案牘一員從九品司吏六人

淮安州屯田打捕提舉司高郵屯田打捕提舉司招泗屯田打捕提舉司安東海州屯田打捕提舉司揚州通泰屯田打捕提舉司安豐廬州等處打捕提舉司鎮巢等處打捕提舉司塔山徐邳沂州等處山場屯田提舉司凡九處秩俱從五品每司各設達魯花赤一員提舉一員並從五品同提舉一員從六品副提舉一員從七品吏目二人

抽分場提領所凡十處曰柴墟東西口曰海州新垻曰北砂太倉曰安河桃源曰大湖東西口曰時堡與化曰高郵寶應曰汶湖等處曰雲山白水

曰安東州每所各設提領一員同提領一員副提領一員俱受宣徽院劄
付
滿浦倉秩正八品掌收受各處子粒米麪等物以待轉輸京師至元二十
五年始置設大使一員正八品副使一員正九品
圓米棋子局軟皮局各置提領一員同提領一員副提領一員俱受宣徽
院劄付
手號軍人打捕千戶所秩從四品管軍人打捕野物皮貨至元二十五年
始置設達魯花赤一員上千戶一員上副千戶一員彈壓一員
上百戶七所各置百戶二員
鍾離縣　定遠縣　真揚州　安慶
安豐　招泗　和州
下百戶二所各置百戶一員
璉海　懷遠軍

龍慶栽種提舉司秩從五品管領縉山歲輸粱米并易州龍門淨邊官園瓜菓桃梨等物以奉上供至元十七年始置提舉司延祐七年縉山改爲龍慶州因以名之定置達魯花赤一員提舉一員並從五品同提舉一員從六品副提舉一員從七品

弘州種田提舉司秩正六品掌輸納麥麪之事以供內府定置達魯花赤一員提舉一員並正六品同提舉一員正七品副提舉一員正八品直長一員

豐潤署秩從五品掌歲入芻粟以給飼養駝馬之事定置達魯花赤一員令一員並從五品丞一員從六品直長一員正八品

常湖等處茶園都提舉司秩正四品掌常湖二路茶園戶二萬三千有奇採摘茶芽以貢內府至元十三年置司統提領所凡十有三處十六年陞都提舉司又別置平江等處榷茶提舉司掌歲貢御茶二十四年罷平江提舉司併掌其職定置達魯花赤一員提舉一員俱從五品同提舉一員從六品副提舉一員從七品提控案牘一員都目一員

提領所七處每所各設正同副提領各一員俱受宣徽院劄付掌九品印

烏程　武康德清　長興　安吉

歸安　湖汶　宜興

建寧北苑武夷茶場提領所提領一員受宣徽院劄掌歲貢茶芽直隸宣徽

大禧宗禋院秩從一品掌神御殿朔望歲時諱忌日辰禋享禮典天曆元年罷會福殊祥二院改置大禧院以總制之初院官秩正二品陞從一品置參議二員改令史爲掾史二年改大禧宗禋院置院使六員增副使二員立諸總管府爲之屬凡錢糧之出納營繕之作輟悉統之定置院使都典制神御殿事六員同知兼佐儀神御殿事二員副使兼奉贊神御殿事二員僉院兼祗承神御殿事二員同僉兼肅治神御殿事二員院判供應神御殿事二員參議二員經歷二員都事二員管勾照磨各一員掾史二十人譯史四人知印二人怯里馬赤二人宣使一十五人斷事官四員客省使大使副使各二員

隆禧總管府秩正三品至大元年建立南鎭國寺初立規運提點所二年改爲規運都總管府三年陞爲隆禧院天曆元年罷會福殊祥二院以隆禧殊祥併立殊祥總管府尋又改爲隆禧總管府定置達魯花赤一員總管一員副達魯花赤一員同知一員治中一員判官一員經歷一員知事照磨各一員令史六人譯史知印各一人怯里馬赤一人奏差四人

福元營繕司秩正五品達魯花赤一員司令一員大使一員副使一員吏目一人司吏一人天曆元年以南鎭國寺所立怯憐口事產提舉司改爲崇恩福元提點所三年又改爲福元營繕司

普安智全營繕司秩五品達魯花赤一員司令一員大使副使各一員吏目一人司吏一人天曆元年以太玉山普安寺大智全寺兩規運提點所併爲一置提點二員三年又改爲營繕司

祐國營繕都司秩五品達魯花赤一員司令一員大使副使各一員知事一員提控案牘一員天曆元年初置萬聖祐國營繕提點所三年改爲營繕都

司
平松等處福元田賦提舉司秩五品置達魯花赤一員提舉一員同提舉副
提舉各一員
田賦提舉司秩五品置提舉一員同提舉一員副提舉一員
資用庫提領一員大使一員
萬聖庫提領一員大使一員副使一員
會福總管府秩正三品至元十一年建大護國仁王寺及昭應宮始置財用
規運所秩正四品十六年改規運所爲總管府至大元年改都總管府從二
品尋陞會福院置院使五員延祐三年陞正二品天曆元年改爲會福總管
府正三品定置達魯花赤一員總管一員同知一員治中一員府判一員經
歷知事提控案牘各一員令史八人譯史通事知印各一人奏差四人
仁王營繕司正五品至元八年立護國仁王寺鎭遏提舉司十九年改鎭
遏所二十八年併三提領所爲諸色人匠提領所天曆元年改爲鎭遏民

匠提領所三年改爲仁王營繕司置達魯花赤一員司令一員大使一員副使一員

襄陽營田提舉司秩從五品初置襄陽等處水陸地土人戸提領所設官四員大德元年改提舉司天曆二年仍爲襄陽營田提舉司定置達魯花赤一員提舉一員同提舉一員副提舉一員

江淮等處營田提舉司秩從五品至元二十七年始置達魯花赤一員提舉一員同提舉一員副提舉一員

大都等路民佃提領所至元二十九年以武清等一十處併立大都水陸地土種田人民提領所十五年又設隨路管民都提領所天曆元年併爲大都等路民佃提領所定置提領一員大使副使各一員

會福財用所秩從七品掌大護國仁王寺糧草諸物至元十七年始立財用庫二十六年立盈益倉天曆元年併財用盈益爲所提領一員大使一員副使二員

崇祥總管府秩正三品至大元年立大承華普慶寺都總管府二年改延禧監尋改崇祥監四年陞爲崇祥院秩二品泰定四年復改爲大承華普慶寺總管府天曆元年改爲崇祥總管府定置達魯花赤一員總管一員副達魯花赤一員同知治中府判各一員經歷知事提控案牘兼照磨各一員令史六人譯史知印各一人怯里馬赤一人奏差四人

永福營繕司秩正五品延祐三年以起建新寺始置營繕提點所天曆元年改爲永福營繕提點所三年改營繕司設達魯花赤一員司令一員大使一員副使一員都目一員

昭孝營繕司秩正五品天曆元年立壽安山規運提點所三年改昭孝營繕司定置達魯花赤一員司令一員大使副使各一員

普慶營繕司天曆元年始置普慶營繕提點所三年改爲營繕司定置達魯花赤一員司令一員大使副使各一員

崇祥財用所至大二年始置諸物庫四年置普贍倉天曆二年併諸物庫

普贍倉改爲崇祥財用所定置官提領一員大使副使各一員
永福財用所掌出納顏料諸物延祐三年始置諸物庫又置永積倉天曆
二年以諸物庫永積倉併改置爲所設提領大使副使各一員
鎭江稻田提舉司達魯花赤提舉同提舉副提舉各一員
汴梁稻田提舉司達魯花赤提舉同提舉副提舉各一員
平江等處田賦提舉司達魯花赤提舉同提舉副提舉各一員
蕘寧提領所提領二員
隆祥使司秩正三品天曆二年中宮建大承天護聖寺立隆祥總管府設官
八員至順二年陞爲隆祥使司秩從二品置官司使四員同知副使司丞各
二員經歷一員都事二員照磨兼架閣一員令史十人譯史通事知印各二
人宣使十人典吏六人
普明營繕都司秩正四品天曆元年㨫大龍興普明寺于海南置規運提
點所設官六員二年撥隸龍祥總管府三年改爲都司品秩仍舊以掌營

造出納錢糧之事定置達魯花赤司令大使副使各一員知事一員提控
案牘一員
集慶萬壽營繕都司秩正四品天曆二年建龍翔萬壽兩寺于建康立龍
翔萬壽營繕提點所爲隆祥總管府屬三年改爲營繕都司秩仍舊以掌
營造錢糧之事定置達魯花赤司令大使副使各一員知事提控案牘各
一員
元興營繕都司秩正四品掌營造錢糧之事天曆元年始置大元興規運
提點所置官五員三年改都司置達魯花赤二員司令大使副使各一員
知事提控案牘各一員
宣農提舉司秩從五品達魯花赤提舉同提舉副提舉各一員掌徵收田
賦子粒之事天曆二年以大都等處田賦提舉司隸隆祥總管府三年改
提舉司
護聖營繕司秩正五品達魯花赤司令大使副使各一員掌營造工匠寺

僧衣糧收徵房課之事天曆二年始立大承天護聖營繕提點所三年改爲司

平江善農提舉司秩從五品達魯花赤提舉同提舉副提舉各一員天曆二年立田賦提舉司設官四員二年改爲善農提舉司

善盈庫天曆二年隸龍祥總管府置提領一員大使副使各一員掌金銀錢糧之事

荆襄等處濟農香戸提舉司秩正五品天曆三年以荆襄提舉司所領河南湖廣田土爲大承天護聖寺常住改爲荆襄濟農香戸提舉司隸隆祥總管府置達魯花赤司令提舉同提舉副提舉各一員

龍慶州等處田賦提領所秩九品提領副提領各一員天曆二年置掌龍慶州所有土田歲賦平江集慶崇禧田賦提領所提領同提領副提領各一員天曆三年始置

集慶崇禧財用所大使副使各一員天曆三年始置

壽福總管府掌祭供錢糧之事秩正三品至大四年因建大聖壽萬安寺置
萬安規運提點所秩正五品延祐二年陞都總管府秩正三品尋陞爲壽福
院正二品天曆元年改立總管府仍正三品定置官達魯花赤總管副達魯
花赤同知治中府判各一員經歷知事案牘照磨各一員令史六人知印通
事譯史各一人奏差四人典吏二人
萬安營繕司秩正五品三年以萬安規運提點所既廢復立萬安營繕司
定置達魯花赤司令大使副使都目各一人
萬寧營繕司秩正四品大德十年始置萬寧規運提點所天曆元年改營
繕司定置達魯花赤司令大使副使都目各一員
收支庫提領一員大使一員
延聖營繕司秩正五品初立天源營繕提點所天曆三年改營繕司定置
達魯花赤司令大使副使都目各一員
諸物庫提領一員大使一員

元史卷八十七

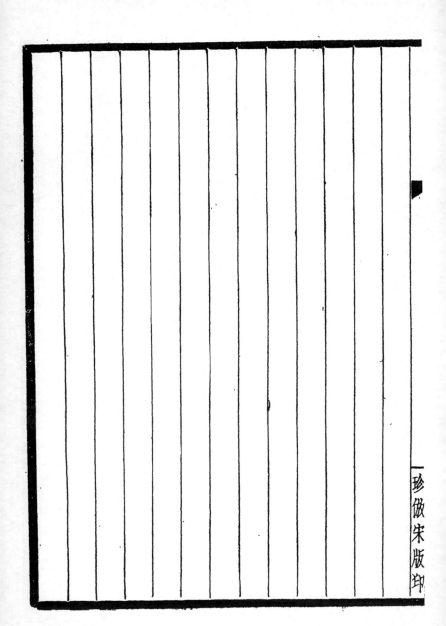

元史卷八十八

明翰林學士亞中大夫知制誥兼修國史宋　濂等修

百官志第三十八

百官四

太常禮儀院秩正二品掌大禮樂祭享宗廟社稷封贈謚號等事中統元年中都立太常寺設寺丞一員至元二年翰林兼攝太常寺九年立太常寺設卿一員正三品少卿以下五員品秩有差十三年省併衙門以侍儀司併入太常寺十四年增博士一員十六年又增法物庫子掌公服法服之藏二十年陞正三品別置侍儀司至大元年改陞院設官十二員正二品四年復爲太常寺正三品延祐元年復改陞院正二品以大司徒領之七年降從二品天曆二年復陞正二品定置院使二員正二品同知二員正三品僉院二員從三品同僉二員正四品院判二員正五品經歷一員從五品都事一員從七品照磨兼管勾承發架閣一員正八品屬官博士二員正七品奉禮郎二員奉禮兼檢討一員並

從八品協律郎二員從八品太祝十員從八品禮直管勾一員從九品令史四
人通事知印譯史各二人宣使四人典吏三人
太廟署秩從六品掌宗廟行禮兼廩犧署事至元三年始置令二員從六品
丞一員從六品
郊祀署秩從六品大德九年始置掌郊祀行禮兼廩犧署事令二員從六品
丞二員從七品
社稷署秩從六品大德元年始置令二員從六品丞一員從七品
大樂署秩從六品中統五年始置令二員從六品丞一員從七品掌管禮生
樂工四百七十九戶
典瑞院秩正二品掌寶璽金銀符牌中統元年始置符寶郎二員至元十六年
立符寶局給六品印十七年陞正五品十八年改典瑞監秩正三品二十年降
爲正四品省卿二員二十九年復正三品仍置監卿二員大德十一年陞典瑞
院正二品置院使四員正二品同知二員正三品僉院二員從三品同僉二員

正四品院判二員正五品經歷二員從五品都事二員從七品照磨兼管勾承發架閣庫一員正八品令史四人譯史四人知印通事各一人宣使四人典吏三人

太史院秩正三品掌天文曆數之事至元十五年始立院置太史令等官一員至大元年陞從二品設官十員延祐三年陞正二品設官十五員後定置院使五員正二品同知二員正三品僉院二員從三品同僉二員正四品院判二員正五品經歷一員從五品都事一員從七品管勾一員從九品令史三人譯史一人知印二人通事一人宣使二人典吏二人

春官正兼夏官正一員正五品　秋官正兼冬官正中官正一員正五品

保章正五員正七品　保章副五員正八品

掌曆二員正八品　腹裏印曆管勾一員從九品

各省司曆十二員正九品　印曆管勾二員從九品

靈臺郎一員正七品　監候六員從八品

副監候六員正九品　星曆生四十四員

挈壺正一員從八品　司辰郎二員正九品

燈漏直長一人　教授一員從八品

學正一員從九品　校書郎二員正八品

太醫院秩正二品掌醫事製奉御藥物領各屬醫職中統元年置宣差提點太醫院事給銀印二十年改爲尚醫監秩正四品二十二年復爲太醫院給銀印置提點四員院使副使判官各二員大德五年陞正二品設官十六員十一年增院使二員皇慶元年增院使二員二年增院使一員至治二年定置院使一十二員正二品同知二員正三品僉院二員從三品同僉二員正四品院判二員正五品經歷二員從七品都事二員從七品照磨兼承發架閣庫一員正八品令史八人譯史二人知印二人通事二人宣使七人

廣惠司秩正三品掌修製御用回回藥物及和劑以療諸宿衛士及在京孤寒者至元七年始置提舉二員十七年增置提舉一員延祐六年陞正三品

七年仍正五品至治二年復爲正三品置卿四員少卿丞各二員後定置司卿四員少卿二員司丞二員經歷知事照磨各一員

大都上都回回藥物院二秩從五品掌回回藥事至元二十九年始置至治二年撥隸廣惠司定置達魯花赤一員大使二員副使一員

御藥院秩從五品掌受各路鄉貢諸蕃進獻珍貴藥品修造湯煎至元六年始置達魯花赤一員從五品大使二員從五品副使三員正七品直長一員都監二員

御藥局秩從五品掌兩都行篋藥餌至元十年始置大德九年分立行御藥局掌行篋藥物本局但掌上都藥倉之事定置達魯花赤一員從五品局使二員從五品副使二員正七品

行御藥局秩從五品達魯花赤一員大使二員副使三員品秩同上掌行篋藥餌大德九年始置

御香局秩從五品提點一員司令一員掌修合御用諸香至大元年始置

大都惠民局秩從五品掌收官錢經營出息市藥修劑以惠貧民中統二年
始置受太醫院劄至元十四年定從六品秩二十一年陞從五品
上都惠民司提點一員司令一員中統四年始置品秩並同上
醫學提舉司秩從五品至元九年始置十三年罷十四年復置掌考校諸路
醫生課義試驗太醫教官校勘名醫撰述文字辨驗藥材訓誨太醫子弟領
各處醫學提舉一員副提舉一員
官醫提舉司秩從五品掌醫戶差役詞訟至元二十五年置
大都保定彰德東平四路設提舉同提舉副提舉各一員
河間大名晉寧大同濟寧廣平冀寧濟南遼陽興和十路設提舉副提舉
各一員
衛輝懷慶大寧設提舉一員
奎章閣學士院秩正二品天曆二年立於興聖殿西命儒臣進經史之書考帝
王之治大學士二員正三品尋陞爲學士院大學士正二品侍書學士從二品

承制學士正三品供奉學士正四品參書從五品多以宅官兼領其職至順元年增大學士二員共四員侍書學士二員承制學士二員供奉學士二員首領官參書二員典籤二員照磨一員內掾四人譯文內掾二人知印二人怯里馬赤一人宣使四人典書五人屬官授經郎二員

羣玉內司秩正三品天曆二年始置掌奎章圖書寶玩及凡常御之物監司一員正三品司尉一員從三品亞尉一員正四品僉司二員從四品司丞二員正五品典簿一員正七品令史二人知印一人怯里馬赤一人奉差典吏各二人給使八人司膳四人

藝文監秩從三品天曆二年置專以國語敷譯儒書及儒書之合校讎者俾兼治之大監檢校書籍事二員從三品少監同檢校書籍二員從四品監丞參檢校書籍事二員從五品典簿一員照磨一員令史四人譯史一人怯里馬赤一人奏差二人典吏三人

監書博士秩正五品天曆二年始置品定書畫擇朝臣之博識者爲之博士

二員正五品書吏一人
藝林庫秩從六品提點一員從六品大使一員副使一員正七品庫子二人
本把二人掌藏貯書籍天曆二年始置
廣成局秩七品掌傳刻經籍及印造之事天曆二年始置大使一員從七品
副使一員正八品直長二人正九品司吏二人
侍正府秩正二品至順二年置侍正一十四員正二品同知二員正三品參府
二員從三品侍判二員正四品經歷一員從六品都事一員從七品照磨一員
從八品掌內廷近侍之事領速古兒赤四百人奉御二十四員拱衛直都指揮
使司爲其屬掾史八人譯史四人通事知印各二人宣使八人典吏五人
奉御二十四員秩五品尚冠奉御二員從五品尚冠副奉御二員從六品尚
衣奉御二員從五品尚衣副奉御二員從六品尚輦奉御二員從五品尚輦
副奉御二員從六品尚沐奉御二員從五品尚沐副奉御二員從六品尚飾
兼尚輦奉御二員正六品尚飾兼尚輦副奉御二員正七品奉御掌簿四員

從七品天曆初置以四怯薛之速古兒赤爲之

給事中秩正四品至元六年始置起居注左右補闕掌隨朝省臺院諸司凡奏聞之事悉紀錄之如古左右史十五年改陞給事中兼修起居注左右補闕改爲左右侍儀奉御兼修起居注皇慶元年陞正三品延祐七年仍四品後定置給事中兼修起居注二員右侍儀奉御同修起居注一員左侍儀奉御同修起居注一員令史一人譯史四人通事兼知印一人

將作院秩正二品掌成造金玉珠翠犀象寶貝冠佩器皿織造刺繡段疋紗羅異樣百色造作至元三十年始置院使一員經歷都事各一員三十一年增院使二員元貞元年又增二員延祐七年省院使二員後定置院使七員正二品同知二員正三品同僉二員正四品院判二員正五品經歷一員從五品都事一員從七品照磨管勾一員正八品令史六人譯史知印各二人宣使四人

諸路金玉人匠總管府秩正三品掌造寶貝金玉冠帽繫腰束帶金銀器皿幷總諸司局事中統二年初立金玉局秩正五品至元三年改總管府置總

管一員經歷提控案牘各一員十二年又置同知副總管各一員二十五年
置達魯花赤一員大德四年又置副達魯花赤副總管各一員後定置達魯
花赤二員正三品總管二員正三品副達魯花赤二員正四品同知二員從
四品副總管二員正五品經歷一員從七品知事一員從八品照磨管勾各
一員令史五人譯史一人奏差二人
玉局提舉司秩從五品提舉一員正七品同提舉一員從七品副提舉一
員正八品中統二年以和林人匠置局造作始設直長至元三年立玉匠
局用正七品印十五年改提舉司
金銀器盒提舉司秩從五品提舉一員同提舉一員副提舉一員品秩同
上吏目一員至元十五年始置金銀局秩從七品二十四年改爲提舉司
秩正六品大德間陞從五品
瑪瑙提舉司秩從五品提舉一員同提舉一員吏目一員至元九年置大
都等處瑪瑙局秩從七品管領瑪瑙匠戶五百有奇置提舉三員受金玉

府劄十五年改立提舉司領大都宏州兩處造作陞從五品三十年減副提舉一員定置如上

陽山瑪瑙提舉司秩從五品至元十五年置提舉一員同提舉一員副提舉一員品秩同前

金絲子局秩從五品大使一員從五品副使一員正七品直長一員中統二年設二局二十四年併爲一

鞓帶斜皮局秩從八品至元十五年置大使副使各一員

瓘玉局秩從八品至元十五年置大使一員

浮梁磁局秩正九品至元十五年立掌燒造磁器幷漆造馬尾椶藤笠帽等事大使副使各一員

畫局秩從八品掌描造諸色樣製至元十五年置大使一員

管領珠子民匠官正七品掌採撈蛤珠於楊村直沽等處中統二年立管領官子孫世襲

裝釘局從八品至元十五年置大使一員
大小雕木局秩從八品至元十五年置大使一員
宣德隆興等處瑪瑙人匠提舉司秩正六品至元十五年置提舉一員從
七品副提舉一員從八品
温犀玳瑁局秩從八品至元十五年置大使一員
上都金銀器盒局秩從六品至元十六年置大使一員副使一員直長一
員
漆紗冠冕局至元十五年置大使副使各一員
大同路採砂所至元十六年置管領大同路撥到民一百六戶歲採磨玉
夏水砂二百石起運大都以給玉工磨礲之用大使一員
管匠都提領所秩從七品至元十三年置掌金玉府諸人匠詞訟都提領
一員
監造諸般寶貝官秩正五品至元二十一年置達魯花赤二員

收支諸物庫秩從八品至元十五年置大使副使各一員

行諸路金玉人匠總管府秩從三品至大間始置于杭州路達魯花赤總管各一員並從三品同知一員正五品副總管一員從五品經歷一員從七品知事一員從八品提控案牘一員

異樣局總管府秩正三品中統二年立提點所至元六年改爲總管府總管一員十四年置同知副總管各一員二十一年增總管一員二十九年置達魯花赤一員三十年減同知副總管各一員後定置達魯花赤一員總管一員並正三品同知一員從四品副總管一員從五品經歷一員從七品知事一員從八品

異樣紋繡提舉司秩從五品中統二年立局至元十四年改提舉司提舉一員從五品同提舉一員正七品副提舉一員正八品

綾綿織染提舉司秩從五品至元二十四年改局置提舉司提舉一員同提舉一員副提舉一員品秩同上

紗羅提舉司秩從五品至元十二年改局置提舉司提舉同提舉副提舉
各一員品秩同上
紗金顏料總庫秩從九品中統二年置大使副使各一員從九品
大都等路民匠總管府秩正三品府官總管一員從三品同知一員正五品
副總管一員從五品經歷一員從七品知事一員從八品提控案牘一員至
元七年初立府秩從三品十四年改陞正三品
備章總院秩正六品大使副使各一員至元十三年省併楊蘭等八局爲
總局
尙衣局秩從五品至元二年置達魯花赤一員從五品提舉一員從五品
同提舉一員正七品副提舉一員正八品都目一人
御衣局秩從五品至元二年置達魯花赤提舉各一員從五品同提舉一
員正七品副提舉一員正八品都目一人
御衣史道安局秩從六品至元二年置以史道安掌其職因以名之大使

副使各一員
高麗提舉司秩從五品至元二十二年置提舉一員
織佛像提舉司秩從五品延祐四年改提領所爲提舉司提舉副提舉各
二員
通政院秩從二品國初置驛以給使傳設脫脫禾孫以辨奸僞至元七年初立
諸站都統領使司以總之設官六員十三年改通政院十四年分置大都上都
兩院二十九年又置江南分院大德七年罷至大元年陞正二品四年罷以其
事歸兵部是年兩都仍置止管達達站赤延祐七年復從二品仍兼領漢人站
赤大都院使四員從二品同知二員正三品副使二員從三品僉院一員正四
品同僉一員從四品院判一員正五品經歷一員從五品都事一員從七品照
磨兼管勾承發架閣一員正八品令史十三人通事一人知印二人宣使十人
上都院使同知副使僉院判官各一員經歷都事各一員品秩並同大都令史
四人譯史三人通事一人知印一人宣使十人

廩給司秩從七品掌諸王諸蕃各省四方邊遠使客飲食供張等事至元十九年置提領司令司丞各一員

中政院秩正二品院使七員正二品同知二員正三品僉院二員從三品同僉二員正四品院判二員正五品掌中宮財賦營造供給幷番衞之士湯沐之邑元貞二年始置中御府秩正三品大德四年陞中正院秩正二品至大三年陞從一品院使七員同知僉院同僉院判各二員四年省併入典內院皇慶二年復爲中政院設官如舊其幕職則司議二員從五品長使二員正六品照磨兼管勾承發架閣一員正八品吏屬蒙古必闍赤四人掾史十二人回回掾史二人怯里馬赤二人知印二人宣使十人

中瑞司秩正三品掌奉寶冊卿五員正三品丞二員正四品典簿二員從七品寫懿旨必闍赤四人譯史一人令史四人知印一人通事一人奏差二人典吏二人

內正司秩正三品掌百工營繕之役地產孳畜之儲以供膳服備賜予卿四

員正三品少卿二員正四品丞二員從五品典簿二員從七品照磨兼管勾
一員正九品吏屬各有差領署二提舉司一及其司屬凡十有六歲賦之額
工作之程終歲則會其數以達焉
尙工署秩從五品令一員從五品丞二員從六品書吏一人書吏四人掌
營繕雜作之役凡百工名數與造程式與其材物皆經度之而責其成功
皇慶元年始置隸內正司
玉列赤局秩從七品提領一員大使一員副使一員直長二員掌裁製
縫綫之事延祐六年始置隸尙工署
贊儀署秩正五品提領一員大使一員副使一員直長二員掌車輿器備
雜造之事皇慶二年始置隸內正司
管領六盤山等處怯憐口民匠都提舉司秩正四品達魯花赤一員都提舉
一員同提舉二員副提舉二員知事一員提控案牘一員吏四人奏差二人
至大四年始置國初未有官署賦無所稽後遣使覈實始著爲籍設司以領

之

奉元等路平涼等處開城等處甘肅寧夏等路察罕腦兒等處長官司凡五處秩正五品各設達魯花赤一員長官一員副長官一員提控案牘一員都目一員吏十人延祐二年以民匠提舉司所領地里闊遠人戶散處於政不便乃酌遠近衆寡立長官司提領所以分理之

提領所凡十並正七品奉元等路鳳翔等處平涼寧環等處開城等處察罕腦兒等處甘州等路肅沙等路永昌寧夏等路長城等路各設提領一員同提領一員副提領一員典史一人分掌怯憐口地方隸各長官司

翊正司秩正三品令五員正三品丞四員正四品典簿二員從七品照磨一員從八品譯史二人令史六人知印二人通事奏差典吏各二人掌怯憐口民匠五千餘戶歲辦錢糧造作以供公上至元三十一年始置御位下管領隨路民匠打捕鷹房納綿等戶總管府正三品復隸正宮位下延祐六年改

翊正司歲終會其出納以達于院而糾其弊領提舉司二提領所一
管領上都等處諸色人匠提舉司秩從五品達魯花赤一員提舉一員並從五品同提舉一員從六品副提舉一員從七品直長一員都目一員吏目一員司吏四人部役二人元貞元年始置管戶二千五百有奇隸翊正司
管領隨路打捕鷹房納綿等戶提舉司秩從五品達魯花赤一員提舉一員同提舉一員副提舉一員品秩同上直長一員都目一員吏目一員司吏四人部役二人元貞元年始置隸翊正司
管領歸德亳州等處管民提領所秩從七品提領一員同提領一員副提領一員典史一員司吏一人國初平江南收附歸德楚通等三百五十六戶令脫忽伯管領大德二年始置提領所隸翊正司
典飲局秩正七品大使二員副使二員典史一員攢典二人掌醞造酒醴以供內府及祭祀宴享賓客賜頒之給初置嘉醞局秩六品隸家令至大二年

改典飲兩都分置皇慶元年撥隸中宮
管領大都等路打捕民匠等戶總管府秩正三品達魯花赤一員總管一員
並正三品同知一員正四品副總管一員正五品經歷一員從七品知事一
員從八品提控案牘照磨一員譯史一人令史奏差各四人掌錢糧造作之
事國初平定河南諸郡收聚人戶一萬五千有奇置官管領至元八年屬有
司二十年改隸中尚監二十六年始置總管府領提舉司十有一提領所二
十有五
在京提舉司二秩從五品達魯花赤一員提舉一員從五品同提舉一員
從六品副提舉一員從七品都目一員分管各處人戶至元十六年給從
七品印大德四年省併爲十一處改提舉司陞從五品
涿州保定真定冀寧河南大名東平東昌濟南等路提舉司凡九處各設
達魯花赤一員提舉一員同提舉一員副提舉一員都目一員
提領所凡二十五處大都等路東安州濟寧曹州沂州完州河間濟南濟

陽大同元氏冀寧晉寧歸德南陽懷孟汝寧衛輝曹州涿州真定中山平山大名高唐等處每處各設提領一員同提領一員副提領一員典史一員

管領諸路打捕鷹房民匠等戶總管府秩正三品達魯花赤一員總管一員正三品同知一員正五品副總管二員從五品經歷三員從七品知事一員從八品提控案牘一員照磨一員譯史一人令史四人奏差二人掌錢糧造作之事大德三年始置元貞元年撥隸中宮位下領提舉司四提領所十有一

管民提舉司大都等路冀寧等路南陽唐州等處河南路府等處凡四司秩從五品每司設達魯花赤一員提舉一員同提舉一員副提舉一員都目一員吏二人

提領所凡十有一大都保定河間真定南陽鄧州濟南嵩汝汴梁裕州汝濟陳州唐州泌陽襄陽湖廣晉寧冀寧等處各設所秩正七品每所提領

二員同提領一員副提領一員典史一員司吏二人至元十六年置至大
元年改提領所
江浙等處財賦都總管府秩正三品達魯花赤一員都總管一員並正三品
同知一員正五品副總管一員從五品經歷一員從七品知事一員從八品
照磨一員提控案牘一員從九品譯史一人令史一十五人奏差一十五人
典吏二人掌河南沒入貲產課其所賦以供內儲至大元年置領提舉司三
庫局各一
平江松江建康等處提舉司凡三處秩並正五品每司各設達魯花赤一
員提舉一員同提舉一員副提舉一員都目一員吏目一員司吏六人
豐盈庫提領一員大使一員副使一員典吏一人掌收本府錢帛
織染局局使一員典吏一人掌織染歲造段匹
管領種田打捕鷹房民匠等戶萬戶府秩正三品掌歸德亳州永宿二十餘
城各蒙古漢軍種田戶差稅中統二年置初隸塔察兒王位下其後改屬中

宮萬戶一員經歷一員知事一員提控案牘一員令史四人領司屬凡十處

管領大名等處種田諸色戶總管府秩正五品總管一員副總管一員都目一員中統二年置至元二十三年置府大名

管領本投下大都等處諸色戶計都達魯花赤秩正五品達魯花赤一員提控案牘一員都目一員中統三年置至元十五年置司大都

管領大都河間等路打捕鷹房總管府秩正五品總管一員副總管一員都目一員司吏二人中統二年置三年給印

管領東平等路管民官秩正五品總管一員相副官一員都目一員吏一人中統二年置至元二十二年給印

管領大名等路宣撫司燕京路管民千戶所秩從七品提領一員副提領一員中統二年置

管領曹州等處本投下民戶管領東明等處本投下戶計管領蒲城等處本投下諸色戶計管領汴梁等路本投下種田打捕軀戶四提領所秩正七品

提領各二員同提領副提領各一員典史各一人司吏各一人中統二年置
至元十四年頒印
海西遼東哈思罕等處鷹房諸色人匠怯憐口萬戸府秩正三品達魯花赤
一員萬戸一員副萬戸一員經歷一員知事一員提控案牘兼照磨一員譯
史一人掌錢糧造作之事管領哈思罕等處肇州朶因温都兒諸色人匠四
千戸仍領鎮撫所千戸所
鎮撫司鎮撫一員吏一人延祐四年始置
哈思罕等處打捕鷹房怯憐口千戸所秩從五品達魯花赤一員千戸一
員副千戸一員吏目一員司吏四人彈壓一人部役二人至大二年置提
舉司延祐六年改千戸所
諸色人匠怯憐口千戸所秩從五品達魯花赤一員千戸一員副千戸一
員都目一員司吏四人部役二人初爲提舉司後改千戸所
肇州等處女直千戸所達魯花赤一員千戸一員副千戸一員吏目一員

司吏四人延祐三年置
朵因温都兒乃良哈千戶所延祐三年置
灰亦兒等處怯憐口千戶所至治元年置
開元等處怯憐口千戶所至治元年置
石州等處怯憐口千戶所延祐七年置
瀋陽等處怯憐口千戶所至治元年置
遼陽等處怯憐口千戶所至治二年置
蓋州等處怯憐口千戶所延祐五年置
斡盤等處怯憐口千戶所至治元年置
遼陽等處金銀鐵冶都提舉司秩正四品都提舉一員同提舉一員副提舉一員提控案牘一員譯史一人吏六人奏差二人掌辦金銀碙鐵等課分納中書省及中政院七年以其賦盡歸中宮
管領本位下怯憐口隨路諸色民匠打捕鷹房都總管府秩正三品達魯花

赤一員都總管一員並正三品同知一員正五品副總管一員從五品掌怯憐口二萬九千戶田萬五千餘頃出賦以備兵奉營繕之事中統二年置府大德十年隸詹事院至大三年隸徽政院延祐三年改善政司至治二年徽政院及其屬盡廢天曆三年復立府仍正三品設官如上其首領官則經歷一員從七品知事一員從八品照磨一員從九品吏屬令史一十二人譯史四人通事知印各二人奏差一十人典吏六人

管領諸路打捕鷹房民匠等戶總管府秩正三品達魯花赤一員總管一員同知一員副總管一員品秩如上經歷一員知事一員提控案牘一員照磨一員令史四人譯史一人奏差二人大德三年置其屬附見

大都等路管民提舉司達魯花赤一員同提舉一員副提舉一員都目一員

大都保定提領所提領二員同提領一員副提領一員典史一員

河間真定提領所提領二員同提領一員副提領一員典史一員

唐州提舉司達魯花赤一員提舉一員同提舉一員副提舉一員都目一員

南陽鄧州提領所提領二員同提領一員副提領一員典史一員

唐州泌陽提領所提領二員同提領一員副提領一員典史一員

襄陽湖陽提領所提領二員同提領一員副提領一員典史一員

汝寧陳州提領所提領二員同提領一員副提領一員典史一員

河南提舉司達魯花赤一員提舉一員同提舉一員都目一員

汴梁裕州提領所提領二員同提領一員副提領一員典史一員

河南嵩汝提領所提領二員同提領一員副提領一員典史一員

南陽唐州提領所提領二員同提領一員副提領一員典史一員

冀寧提舉司達魯花赤一員提舉一員都目一員

冀寧提領所提領二員同提領一員副提領一員典史一員

晉寧提領所提領二員同提領一員副提領一員典史一員

寶昌庫提領一員大使一員掌受金銀䃴鐵之課以待儲運

金銀場提領所凡七梁家寨銀場明世銀場密務銀場寶山銀場燒炭峪銀場胡寶峪金場七寶山䃴炭場俱從七品每所各設提領一員同提領一員副提領一員

鐵冶管勾所凡二處各設管勾一員同管勾一員副管勾一員

奉宸庫秩五品提點四員副使二員提控案牘一員庫子六人掌中藏寶貨錢帛給納之事大德元年置

廣禧庫達魯花赤一員提舉一員大使一員副使二員提控案牘一員庫子四人大德八年置掌收支御膳野物職視生料庫

元史卷八十九

明翰林學士亞中大夫知制誥兼修國史宋　濂等修

百官志第三十九

百官五

儲政院，秩正二品。至元十九年立詹事院，備左右輔翼皇太子之任，置左右詹事各一員，副詹事、詹事丞、院判各二員，吏屬六十有二人。別置宮臣賓客二員，左右諭德、左右贊善各一員，校書郎二員，中庶子、中允各一員。三十一年，太子裕宗既薨，乃以院之錢糧、選法、工役，悉歸太后位下，改爲徽政院以掌之。大德九年，復立詹事院，尋罷。十一年，更置詹事院，秩從一品，設官十二員。至大四年罷。延祐四年復立，七年罷。泰定元年，罷徽政院，改立詹事，如前。天曆元年，改詹事院爲儲慶使司。二年罷，復立詹事院。未幾，改儲政院。院使六員，正二品；同知二員，正三品；僉院二員，從三品；同僉二員，正四品；院判二員，正五品；司議二員，從五品；長史二員，正六品；照磨二員，管勾二員，俱正八品；掾史一十二人，譯史

四人回回掾史二人通事知印各二人宣使十人典吏六人其屬附見
家令司秩三品家令家丞各二員典簿二員照磨一員掌太子飲膳供帳倉
庫至元二十年置三十一年改內宰司隸徽政大德十一年復立秩陞從二
至大四年罷延祐四年復立秩正三品七年罷泰定元年復以內宰司爲家
令司天曆元年罷未幾復立二年又罷
典幄署掌太子供帳令丞各二員書史書吏各二人
府正司秩從三品掌鞍轡弓矢等物至元二十年置府正府丞各二員典簿
二員照磨一員三十一年改官正司大德十一年復爲府正司至大四年罷
延祐四年復立七年罷泰定元年復立天曆二年增府正府丞各二員尋罷
資武庫掌軍器提點一員大使一員
冀用庫掌鞍轡提點一員大使一員
延慶司秩正三品掌修建佛事使二員同知一員副使典簿各二員照磨一
員至元二十一年始立隸詹事院三十一年隸徽政院大德十一年立詹事

院別立延慶司秩仍正三品置卿丞等員泰定元年改隸詹事院天曆元年罷二年復立增丞二員

典用監卿四員太監二員少監二員丞二員經歷知事各一員照磨一員掌供須文成藏珍三庫內府供給段匹寶貨等物至大元年立天曆二年設官如故以三庫隸內宰司

典醫監秩正三品領東宮太醫修合供進藥餌至元十九年置典醫署秩從五品三十一年改掌醫署尋罷大德十一年復立典醫監至大四年罷泰定四年復立署天曆二年改典醫監秩正三品置達魯花赤二員卿三員太監二員少監二員丞二員經歷知事各一員吏屬凡十八人其屬司一局二

廣濟提舉司達魯花赤一員提舉同提舉副提舉各一員掌修合藥餌以施貧民

行典藥局達魯花赤一員大使副使各二員掌供奉東宮藥餌

典藥局達魯花赤一員大使副使直長各二員掌修製東宮藥餌

典牧監秩正三品卿二員太監二員少監二員丞二員經歷知事各一員照磨一吏屬凡十六人掌孳畜之事天曆二年始置

儲膳司秩正三品卿四員少卿二員丞二員主事二員照磨一員令史六人譯史通事知印各二人奏差六人典吏四人掌皇太子飲膳之事天曆二年立

典寶監秩正三品卿太監少監丞各二員經歷知事各一員吏屬八人至元十九年立典寶署從五品二十年陞正五品三十一年罷大德十一年立監秩正三品至大四年罷延祐四年復立七年罷泰定元年復置天曆元年罷二年復置

以上俱係詹事院司屬

掌謁司秩正三品司卿四員少卿四員丞二員典簿二員典書九人奏差二人知印譯史通事各一人至元三十一年改典寶署爲掌謁司秩從五品設官如之元貞元年陞四品設官四員大德十一年陞正三品至治三年罷

甄用監秩正三品卿三員太監少監丞各二員經歷知事照磨各一員掌供
須文成藏珍三庫出納之事至大元年設至治三年罷
延福司秩正三品令丞各四員典簿二員照磨一員掌供帳及扆從葢造之
人大德十一年置後併入羣牧監
章慶使司秩正三品司使四員同知副使司丞各二員經歷都事各二員照
磨管勾各一員至大三年立至治三年罷
奉徽庫秩從五品提點大使各二員副使四員庫子六人掌內府供給至治
三年罷併入文成等庫
壽和署秩正五品署令四員署丞六員舊隸儀鳳司皇慶元年改隸徽政院
遂爲章慶使司之屬至治二年罷
上都掌設署秩正五品署令五員署丞二員至大四年立至治三年罷
掌醫監秩正五品領監官一員達魯花赤一員卿四員太卿五員太監五員
少監六員丞二員至元三十一年改典醫爲掌醫署秩五品至大元年陞監

設已上官員至治三年罷

修合司藥正司秩從五品達魯花赤一員副使直長各二員掌藥六人掌修合御用藥餌至治三年罷

行篋司藥局秩從五品達魯花赤一員使副使各二員掌供奉御用藥餌至治三年罷

廣濟提舉司秩從五品達魯花赤提舉同提舉副提舉各一員掌修合藥餌以濟貧民

羣牧監秩正二品掌中宮位下孳畜卿三員太卿少卿監丞各二員至大四年立至治三年罷

掌儀署秩正五品令丞各二員掌戸口房舍等至元二十年立隸詹事院三十一年改隸徽政院泰定元年改典設署

上都掌儀署秩五品令丞各一員掌戸口房舍等大德十一年立至治三年罷

江西財賦提舉司秩從五品達魯花赤一員提舉同提舉副提舉各一員掌

事産戶口錢糧造作等事至元二十七年立至治二年罷

織染局局使副使局副各一員相副官一員

桑落娥眉洲管民提領所提領副提領各一員

封郭等洲管民提領所提領同提領副提領各一員

龍興打捕提領所提領副提領各一員

鄂州等處民戶水陸事産提舉司達魯花赤一員提舉同提舉副提舉各一

員掌太子位下江南園囿地土莊宅人戶至元二十一年立隸詹事後改隸

徽政至治三年罷

瑞州上高縣戶計長官司秩從五品達魯花赤一員長官副長官各一員領

本處戶八千後隸徽政院至治三年罷

以上俱係徽政院司屬

左都威衞使司秩正三品使三員副使二員僉事二員經歷知事照磨各一員

至元十六年以侍衛親軍一萬戶撥屬東宮立侍衛都指揮使司三十一年改隆福宮左都威衛使司隸中宮至大三年選造作軍士八百人立千戶所一百戶翼八以領之而分局造作延祐二年置教授二至治三年罷軍匠千戶所

鎮撫所鎮撫二員都目一員

行軍千戶所千戶二員副千戶二員知事彈壓各一員百戶二十員

屯田左右千戶二所千戶二員都目一員彈壓一員百戶每所二十員

弩軍千戶所千戶二員都目一員彈壓一員

資食倉大使一員副使一員

右都威衛使司秩正三品衛使三員副使二員僉事二員經歷知事照磨各一員中統三年以世祖五投下探馬赤立總管府秩四品設總管一員二十一年撥屬東宮二十二年改蒙古侍衛親軍都指揮使司秩正三品三十一年改隆福宮右都威衛使司秩仍舊延祐二年置儒學教授一員四年增蒙古字教授一員其屬附見

鎭撫司鎭撫二員都目一員

行軍千戶凡五所秩正四品千戶五員副千戶五員知事五員百戶五十員

彈壓五員

屯田千戶所秩正五品千戶二員彈壓一員百戶七員都目一人

廣貯倉秩從九品大使一員副使一員攢典一人

衞候直都指揮使司秩正四品至元二十年以控鶴一百三十五人隸府正司三十年隸家令司三十一年增控鶴六十五人立衞候司以領之兼掌東宮儀從金銀器物置衞候一員副衞候二員及儀從庫百戶大德十一年復增懷孟從行控鶴二百人陞都指揮使司秩正四品延祐元年陞正三品七年降正四品至治三年罷四年以控鶴六百三十人歸中宮位下泰定四年復立司秩仍正四品達魯花赤二員佩三珠虎符都指揮使二員佩三珠虎符副指揮使二員佩雙珠虎符知事一員提控案牘一員令史四人譯史通事各一人奏差二人其屬附見

百戶所凡六秩從七品每所置百戶二員
儀從庫秩從七品大使二員副使一員
內宰司秩三品至元三十一年旣立徽政院改家令爲內宰司泰定元年復爲
家令司天曆元年罷未幾復立二年罷復改內宰司內宰六員司丞四員典簿
二員照磨一員令史十有二人譯史知印通事各二人奏差六人典吏四人其
屬附見
典膳署秩五品令二員丞二員書吏二員倉赤三十五人掌內府飲膳之事
至元十九年始立隸家令司三十一年改掌膳隸內宰泰定元年復改爲典
膳
洪濟鎭提領三員掌辦納鴈隻隸典膳署
柴炭局秩從七品提領一員大使一員副使一員至元二十年以東宮位下
民一百戶燒炭二月軍一百人採薪二月供內府歲用立局以主其出納設
官三員俱受詹事院劄大德十一年隸徽政院

藏珍文成供須三庫秩俱從五品各設提點二員大使二員副使二員分掌
金銀珠玉寶貨段匹絲綿皮氈鞍轡等物國初隸事出納之事未有官署印
信至元二十七年分爲三庫各設官六員及庫子有差
提舉備用庫秩從五品達魯花赤一員提舉一員大使一員提控案牘一員
掌出納田賦財賦差發課程一切錢糧規運等事至元二十年置二十二年
設達魯花赤及首領官
嘉醞局秩五品至元十七年立掌飲局大德十一年改掌飲司秩陞正四品
延祐六年降掌飲司爲局至治三年罷泰定四年復立天曆二年改嘉醞局
提點二員大使二員副使二員書史一員書吏四人
西山煤窰場提領一員大使一員副使二員俱受徽政院劄至元二十四年
置領馬安山大峪寺石灰煤窰辦課奉皇太后位下
保定等路打捕提領所秩從七品提領四員典史一員至元十一年收集人
戶爲打捕戶計及招到管絲銀差發稅糧等戶立提領所

廣平彰德課麥提領所秩從七品至元三十年以二路渡江時駐蹕之地召民種佃遂立所置官統之

廣惠庫大使一員副使一員至元三十年以鈔本五千錠立庫放典收息納于備用庫

豐裕倉秩從七品掌收貯中官位下糯米至治二年設提領等官三年罷天曆二年立儲政院復給印置監支納一員倉使一員攢典二人

備物庫秩從七品掌東宮造作顏料及雜器等物至元二十五年置隸詹事院大德元年給印十一年置官四員至治三年罷泰定三年復立大使二員副使二員庫子二人攢典二人

管領怯憐口諸色民匠都總管府秩正三品達魯花赤一員總管一員並正三品同知一員正四品副總管二員正五品經歷一員從七品知事一員從八品提控案牘照磨管勾各一員令史十人知印二人通事一人譯史二人奏差六人典史四人領怯憐口人匠造作等事至大三年立總管府至治三年罷天曆

元年復立隸儲政院其屬附見

管領大都怯憐口諸色人匠提舉司秩正五品達魯花赤一員提舉一員同提舉副提舉各一員首領官一員司吏四人部役二人

管領上都怯憐口諸色人匠提舉司秩正五品達魯花赤一員提舉一員同提舉副提舉各一員首領官一員司吏四人部役二人

典製局秩從七品大使副使各一員直長二員

典設署秩從五品令丞各四員書史一員書吏四人掌內府尨剌赤二百二十戶至元二十年置三十一年改掌儀署隸內宰司泰定元年復爲典設天曆二年隸本府

雜造人匠提舉司秩從四品達魯花赤一員提舉一員同提舉副提舉各一員都目一員司吏二人部役二人至元八年置初隸繕珍司至大三年改隸章慶司章慶罷凡造作之事悉歸之天曆二年隸本府

雜造局秩正九品院長一員直長一員管勾一員

隨路諸色人匠都總管府秩正三品中統五年命招集析居放良還俗僧道等戶習諸色匠藝立管領怯憐口總管府以司其造作秩正四品至元九年陞正三品大德十一年改繕珍司延祐六年陞徽儀使司秩正二品七年仍爲繕珍司官屬如舊至治三年復改都總管府達魯花赤一員總管二員並正三品同知一員正五品副總管二員從五品經歷知事照磨提控案牘各一員令史四人譯史一人奏差二人典吏一人其屬附見

上都諸色民匠提舉司秩從五品提舉一員同提舉副提舉吏目各一員至元十九年立至大元年增達魯花赤一員至治三年省增置之員設官如舊

金銀器盒局秩從八品大使一員副使一員至元七年置

染局秩正八品大使一員副使一員至元七年置

雜造局正八品大使副使各一員至元七年置

泥瓦局大使副使各一員至元七年置

鐵局大使一員副使一員至元七年置

上都葫蘆局大使一員副使一員至元七年置
器物局副使一員中統五年置
砑金局大使一員至元二十年置
鞍子局大使一員至元七年置
雲州管納色提領所提領一員掌納色人戸至元七年置
大都等路諸色人匠提舉司秩從五品提舉同提舉副提舉各一員至元十六年置其屬附見
雙線局提領一員副使一員至元十八年置受詹事院劄
大小木局大使一員副使一員直長一員至元十八年置受詹事院劄元貞元年併領皇后位下木局
盒鉢局大使一員副使一員直長一員至元七年立受府劄
管納色提領一員受府劄管銅局筋局鎖兒局粧釘局雕木局至元三十年置

成製提舉司秩從五品達魯花赤一員提舉一員同提舉副提舉各一員吏目一員司吏四人部役二人掌縫製之事至元二十九年置設官四員受院劄大德二年陞提舉司至治三年罷泰定四年復置

上都大都貂鼠軟皮等局提領所提領二員至元九年置受府劄二十七年給從七品印改受省劄大德十一年給從六品印改受勅牒至治三年仍改受省劄其屬附見

大都軟皮局使一員副使一員至元十三年置

斜皮局局使一員副使一員至元十三年置

上都軟皮局局使一員副使一員至元十三年置

牛皮局大使一員至元十三年置

金絲子局大使一員副使一員直長一員至元十二年置掌金絲子匠造作之事

畫油局大使一員副使一員直長一員至元二十年置受詹事院劄

氈局提領一員大使一員副使一員直長一員至元十三年收集人戶爲
氈匠二十六年始立局
材木庫大使副使各二員至元十六年置掌造作材木
瑪瑙玉局大使副使各一員直長二員至元十四年置
大都輿𩊠提領所提領一員掌理人匠詞訟至元十八年置受詹事院劄
上都輿𩊠提領所提領一員同提領一員掌理人匠詞訟至元十八年置受
詹事院劄
上都異樣毛子局大使一員副使一員至元二十年置受詹事院劄
上都氈局大使一員副使一員直長一員至元二十年置受詹事院劄
上都斜皮等局大使一員副使一員至元二十年置受詹事院劄
蔚州定安等處山場採木提領所秩正八品提領一員大使一員副使二員
至元十二年置
上都隆興等路雜造鞍子局提領一員大使一員直長二員至元二十二年

置受給事院劄

真定路冀州雜造局大使一員副使一員掌造作之事至元十九年置

珠翠局大使副使各一員直長一員至元三十年置

管領大都等路打捕鷹房𦡱粉人戸總管府秩正四品至元十四年打捕鷹房達魯花赤招集平灤散逸人戸二十九年立總管府大德十一年撥隸皇太后位下延祐六年陞正四品置達魯花赤一員總管一員首領官一員令史四人譯史一人奏差二人

管領本投下大都等路怯憐口民匠總管府國初招集怯憐口哈赤民匠一千一百餘戸中統元年立總管府二年給六品印掌戸口錢帛差發等事至元九年撥隸安西王位下皇慶元年又屬公主皇后位下延祐元年改隸章慶司天曆二年又改隸儲政院達魯花赤一員總管一員俱受御寶聖旨同知一員副總管一員俱受安西王令旨知事一員令史二人其屬附見

織染提舉司秩正七品掌織造段匹提舉一員受安西王令旨同提舉一員

本府擬人副提舉一員都目一員俱受安西王傅劄司吏一人

管民提領所凡三大都路兼奉聖州提領六員曹州提領二員河間路提領三員受本府劄

管地提領所凡二奉聖州提領三員東安州提領三員受本府劄

管領諸路怯憐口民匠都總管府秩正三品至元七年招集析居從良還俗僧道編籍人戶爲怯憐口立總管府以領之十四年以所隸戶口繕造作屬中宮十六年立織染雜造二局以司造作立提領所以司傜役二十五年改陞正三品延祐六年改繕用司仍三品七年復改府達魯花赤一員總管一員並正三品同知二員正五品副總管二員從五品經歷知事提控案牘兼照磨各一員令史五人譯史一人其屬附見

各處管民提領所秩正七品

河間　益都　保定　冀寧　晉寧

大名　濟寧　衛輝　宣德

以上九所提領副提領各一員相副官二員典史一人司吏二人

汴梁　曹州　大同　開元　大寧

上都　濟南　真定

以上八所提領副提領相副官各一員典史一人司吏一人

大都　歸德　鄂漢

以上三所提領同提領副提領各一員相副官一員大都增一員典史司吏各一人

織染局秩正七品大使副使相副官各一員典史司吏各一人

雜造局秩正七品大使副使相副官各一員典史司吏各一人

弘州衣錦院秩正七品大使副使直長各一員典史司吏各一人

豐州毛子局秩正七品大使副使各一員典史司吏各一人

縉山毛子旋匠局秩正七品大使一員典史司吏各一人

徐邳提舉司秩正五品提舉同提舉副提舉各一員吏目司吏各一人

廣備庫大使副使各一員俱受院劄

汴梁等路管民總管府秩正三品達魯花赤總管同知府判各一員經歷知事提控案牘各一員國初立息州總管府領歸附六千三百餘戶元貞元年又併壽穎歸附民戶二千四百餘戶改汴梁等路管民總管府掌各屯佃戶差發子粒隸徽政院泰定元年改隸詹事院後隸儲政院其屬庫一提領所八管佃提領十二

常盈庫大使副使各一員

提領所

新降戶　真陽新蔡　息州　汝寧　陳州

汴梁　鄭州　真定

以上八所每所提領各一員副提領相副官有差

管佃提領

汝陽五里岡　許州堰城縣　青龍宋岡

陳州須城商水等屯　分山曲堰　許州臨潁屯
許州襄城屯　汝陽金鄉屯　潁豐堰
遂平橫山屯　上蔡浮召屯　汝陽縣烟亭屯
以上十有二處各設提領二員
江淮等處財賦都總管府秩正三品達魯花赤總管各一員並正三品同知一員正五品副總管二員從五品經歷知事照磨兼提控案牘各一員令史十五人奏差十五人譯史一人典吏三人至元十六年以宋謝太后福王所獻事產及賈似道地土劉堅等田立總管府以治之大德四年罷命有司掌其賦天曆二年復立其賦復歸焉
儲用庫提領大使副使各一員
杭州織染局大使副使相副官各一員
揚州等處財賦提舉司達魯花赤提舉同提舉副提舉各一員提控案牘都目各一員其屬附見

安慶等處河泊所提領大使副使各一員

建康等處財賦提舉司達魯花赤提舉同提舉副提舉各一員提控案牘都目各一員

建康織染局大使副使相副官各一員

黃池織染局大使副使相副官各一員

建康等處三湖河泊所提領大使副使相副官各一員

池州等處河泊所提領大使副使各一員

平江等處財賦提舉司達魯花赤提舉同提舉副提舉各一員提控案牘都目各一員

杭州等處財賦提舉司設官同上

陝西等處管領毛子匠提舉司達魯花赤提舉各一員國初收集織造毛子人匠至元三年置官二員皆世襲

昭功萬戶都總使司秩正三品都總使二員正三品同知一員從三品副使二

員正四品經歷知事照磨各一員令史六人譯史六人知印二人怯里馬赤二
人奏差六人典吏四人至順二年立凡文宗潛邸扈從之臣皆領於是府其屬
則宮相膳工等司
宮相都總管府秩正三品達魯花赤二員都總管一員副達魯花赤二員同
知二員副總管二員經歷知事提控案牘承發架閣各一員至順二年罷宮
相府幷鶴馭司改怯憐口錢糧總管府爲本府
織染雜造人匠都總管府秩正三品達魯花赤一員總管一員同知一員副
總管二員經歷知事提控案牘照磨各一員至元二十年爲管領織染段匹
匠人設總管府元貞二年以營繕浩繁事務冗滯陞爲都總管府隸徽政院
天曆元年改隸儲慶使司三年改屬宮相
織染局從七品大使一員副使一員至元二十三年改織染提舉司爲局
綾綿局秩從七品大使一員副使一員至元八年置九年以招收析居放
良還俗僧道爲工匠二百八十有二戶教習織造之事遂定置以上官

紋錦局秩從七品大使一員副使一員國初以招收漏籍人戶各管教習立局領送納絲銀物料織造段匹至元八年設長官十二年以諸人匠賜東宮十三年罷長官設以上官掌之

中山局秩從七品大使一員副使一員國初以招收隨路漏籍不當差人戶立局管領教習織造至元十二年以賜東宮遂定置局官如上

真定局秩從七品大使一員國初招收戶計中統元年置掌織染造作至正十六年以賜東宮設官悉如舊

弘州蕁麻林納失失局秩從七品二局各設大使一員副使一員至元十五年招收析居放良等戶教習人匠織造納失失於弘州蕁麻林二處置局十六年併爲一局三十一年徽政院以兩局相去一百餘里管辦非便後爲二局

大名織染雜造兩提舉司秩正六品至元二十一年置掌大名路民戶內織造人匠一千五百四十有奇各置提舉同提舉副提舉一員三十年增

置雜造達魯花赤一員

供用庫秩從九品大使副使各一員受徽政院劄國初爲綾錦總庫至元二十一年改爲供用庫

管領諸路打捕鷹房納綿等戶總管府秩正三品達魯花赤都總管同知治中府判各一員經歷知事提控案牘各一員掌人匠一萬三千有奇歲辦稅糧皮貨採捕野物鷹鷂以供內府至元十二年賜東宮位下遂以真定所立總管府移置大都隸詹事十六年合併所管之戶置都總管以總治之三十一年詹事院罷隸徽政至大四年隸崇祥院延祐六年又隸詹事天曆元年隸儲慶使司至順元年改屬宮相府

管領上都等處打捕鷹房納綿等戶大使司大使副使各一員

管領順德等處打捕鷹房納綿等戶提領所達魯花赤提領副提領各一員

管領冀寧等處打捕鷹房納綿等戶提領所提領副提領各一員

管領大都左右巡院等處打捕鷹房納綿等戶提領所提領副提領各一員

管領固安等處打捕鷹房納綿等戶提領所提領副提領各一員

管領中山等處打捕鷹房納綿等戶提領所提領副提領各一員

管領濟南等處打捕鷹房納綿等戶提領所提領副提領各一員

管領德州等處打捕鷹房納綿等戶提領所提領副提領各一員

管領益都等處打捕鷹房納綿等戶提領所提領副提領各一員

管領大同等處打捕鷹房納綿等戶提領所提領副提領各一員

管領濟寧等處打捕鷹房納綿等戶提領所提領副提領各一員

管領興和等處打捕鷹房納綿等戶提領所提領副提領各一員

管領晉寧等處打捕鷹房納綿等戶提領所提領副提領各一員

管領順州稻田提領所提領副提領各一員

管領懷慶稻田提領所提領一員

管領檀州等處打捕鷹房納綿等戶提領所提領副提領各一員

管領大寧等處打捕鷹房納綿等戶提領所提領副提領各一員

管領薊州等處打捕鷹房納綿等戶提領所提領副提領各一員

管領真定等處打捕鷹房納綿等戶提領所設官同上

管領趙州等處打捕鷹房納綿等戶提領所設官同上

管領保定等處打捕鷹房納綿等戶提領所設官同上

管領冀州等處打捕鷹房納綿等戶提領所設官同上

管領汴梁等處打捕鷹房納綿等戶提領所設官同上

廣衍庫大使一員

管領滑山炭場所大使一員

繕工司秩正三品卿二員少卿二員丞二員經歷知事照磨兼提控案牘管勾承發架閣各一員令史四人譯史二人知印二人怯里馬赤一人典吏三人掌人匠營造之事天曆二年置其屬附見

金玉珠翠提舉司達魯花赤提舉同提舉副提舉各一員吏目一員司吏四人

大都織染提舉司提舉二員同提舉副提舉各一員吏目一員司吏四人

大都雜造提舉司達魯花赤提舉同提舉副提舉各一員吏目一員司吏四人

富昌庫大使一員副使一員庫子二人攢典一人

內史府秩正二品內史九員正二品中尉六員正三品司馬四員正四品諮議二員從五品記室二員從六品照磨兼管勾承發架閣庫從八品掾史八人譯史四人知印通事各二人宣使五人典吏二人至元二十九年封晉王于太祖四斡耳朵之地改王傅爲內史秩從二置官十四員延祐五年陞正二品給印分司京師并分置官屬

延慶司秩正三品掌王府祈禳之事使三員正三品同知二員正四品典簿一員從七品令史二人譯史知印通事各一人奏差二人至元二十七年置

斷事官秩正三品理王府詞訟之事斷事官一十六員正三品經歷知事各

一員令史三人

典軍司秩從七品掌控鶴百二十有六人典軍二員副使二員大德四年置

隨路諸色民匠打捕鷹房都總管府秩正二品總四斡耳朵位下戸計民匠造

作之事達魯花赤二員都總管一員同知一員副總管二員經歷知事提控案

牘各一員令史四人奏差二人至元二十四年置官吏不入常調凡斡耳朵之

事復置四總管以分掌之

管領保定等路阿哈探馬兒諸色人匠總管府秩從二品掌太祖大斡耳朵一

切事務達魯花赤總管同知副總管各一員知事一員吏二人至元十七年置

管領曹州東平等路民匠提舉司秩從五品達魯花赤提舉同提舉副提舉各

一員至元十七年置

管領大都納綿提舉司秩從六品達魯花赤提舉副提舉各一員至元十七年

置

管領上都大都奉聖州長官司秩從六品管領出征軍五十有一戶達魯花赤長官各一員至元十七年置
管領保定織染局秩從六品管匠一百有一戶達魯花赤提舉同提舉副提舉各一員至元十七年置
管領豐州捏只局頭目一員掌織造花毯至元十七年置
管領打捕鷹房民匠達魯花赤總管府秩正四品掌二皇后斡耳朵位下歲賜財物造作等事達魯花赤總管同知副總管知事各一員吏二人至元二十一年置
管領口子迤北長官司秩從五品掌領戶計二百有六達魯花赤長官副長官各一員至元二十一年置
管領隨路諸色民匠達魯花赤等官秩正五品統民匠一千五百二十有五戶達魯花赤總管同知副總管各一員至元二十一年置
管領隨路打捕納綿民匠長官司秩從五品掌民匠一百七十有九戶達魯花

赤長官各一員至元二十一年置
管領大都民匠提舉司秩正七品掌民匠二百有二戶提舉同提舉副提舉各
一員至元二十一年置
管領涿州成錦局人匠提舉司秩從五品領匠一百有二戶達魯花赤提舉同
提舉副提舉各一員至元二十一年置
管領河間民匠提舉司秩從四品掌民匠二百一十戶達魯花赤提舉同提舉
副提舉各一員至元二十一年置
管領河間滄州等處長官司秩正五品領戶計五百四十有八達魯花赤長官
副長官各一員至元二十一年置
管領河間臨邑等處軍民長官司秩正七品掌軍民二百有二戶達魯花赤長
官副長官各一員至元二十一年置
管領隨路諸色民匠打捕鷹房等戶總管府秩從四品掌太祖斡耳朵四季行
營一切事務達魯花赤總管同知副總管知事各一員司吏二人大德二年置

管領涿州等處民匠異錦局秩正五品掌民匠一百五十戶達魯花赤提舉同提舉副提舉各一員大德二年置

管領上用織染局秩從七品掌工匠七十有八戶提舉同提舉副提舉各一員大德二年置

管領上都大都麴米等長官司秩從七品領民匠七十有九戶達魯花赤長官副長官各一員大德二年置

管領彰德等處長官司秩從七品掌民一百一十有七戶達魯花赤長官副長官各一員大德二年置

管領上都大都等處長官司秩從五品掌民二百六十有一戶達魯花赤長官副長官各一員大德二年置

管領泰安等處長官司秩正七品掌民一百有一戶達魯花赤長官副長官各一員大德二年置

管領曹州等處長官司秩從五品管民一百有五戶達魯花赤長官副長官各

一員大德二年置
管領隨路打捕鷹房諸色民匠怯憐口總管府秩從三品掌太祖四皇后位下四季行營弁歲賜造作之事達魯花赤總管同知副總管各一員經歷知事提控案牘兼照磨各一員司吏二人延祐五年置
管領大都上都打捕鷹房納米麪提舉司秩從五品統領一百九十有五戶達魯花赤提舉各一員延祐五年置
管領大都涿州織染提舉司秩從七品掌領九十有六戶達魯花赤提舉各一員延祐五年置
管領河間路清州人匠提舉司秩從五品掌戶計二百三十有四戶達魯花赤提舉各一員延祐五年置
管領隨路打捕鷹房諸色民匠總管府秩正四品掌北安王位下歲賜錢糧之事達魯花赤總管同知副總管知事各一員至元二十二年置
管領大都等處納綿提舉司秩正七品掌納綿戶計七百有三戶達魯花赤提

舉副提舉各一員至元二十二年置

管領大都等處金玉民匠稻田提舉司秩從五品掌納綿人匠五百二十有一戶達魯花赤提舉副提舉各一員至元二十二年置

管領大都薊州等處打捕提舉司秩從五品掌打捕戶及民匠六百餘戶達魯花赤提舉副提舉各一員至元二十二年置

雜造局秩正六品達魯花赤一員提舉同提舉副提舉各一員至元十六年置

怯憐口諸色民匠達魯花赤幷管領上都納綿提舉司秩正五品掌迭只斡耳朶位下怯憐口諸色民匠及歲賜錢糧等事達魯花赤長官同知副長官各一員提控案牘一員

上都人匠提領所秩從七品達魯花赤提領同提領副提領各一員至元二十四年置

上都大都提領所秩從七品掌本位下怯憐口等事達魯花赤大使副使各一員至元二十七年置

歸德長官司秩從六品達魯花赤長官副長官各一員至治三年置
管領上都大都諸色人匠納綿戸提舉司秩從五品掌斡耳朶位下歲賜等事
達魯花赤提舉同提舉各一員至元十七年置
致用庫秩從七品提領大使各一員副使二員至元二十七年置
提領司秩從八品提領三員副提領一員至元十一年置
上都人匠局秩從七品達魯花赤二員副使二員至元二十七年置
諸王傅官寬徹不花太子至齊王位下凡四十五王每位下各設王傅傅尉司
馬三員傅尉唯寬徹不花也不干斡羅温三王有之自此以下皆稱府尉別於
王傅之下司馬之上而三員並設又多寡不同或少至一員或多至三員者齊
王則又獨設王傅一員
都護府秩從二品掌領舊州城及畏吾兒之居漢地者有詞訟則聽之大都護
四員從二品同知二員從三品副都護二員從四品經歷一員從六品都事一
員從七品照磨兼承發架閣庫管勾一員正八品令史四人譯史二人通事知

印各一人宣使四人典吏二人至元十一年初置畏吾兒斷事官秩三品十七年改領北庭都護府秩二品置官十二員二十年改大理寺秩正三品二十二年復爲大都護品秩如舊延祐三年陞正二品七年復從二品定官制如上

崇福司秩二品掌領馬兒哈昔列班也里可温十字寺祭享等事司使四員從二品同知二員從三品副使二員從四品司丞二員從五品經歷一員從六品都事一員從七品照磨一員正八品令史二人譯史通事知印各一人宣使二人至元二十六年置延祐二年改爲院置領院事一員省併天下也里可温掌教司七十二所悉以其事歸之七年復爲司後定置已上官員

元史卷八十九

西元二〇二〇年十一月一日重製一版

元史（附考證）冊五（明宋濂撰）

平裝十冊基本定價陸仟伍佰元正
（郵運匯費另加）

發行人：張敏君

發行處：中華書局
臺北市內湖區舊宗路二段一八一巷八號五樓（5FL., No. 8, Lane 181, JIOU-TZUNG Rd., Sec 2, NEI HU, TAIPEI, 11494, TAIWAN）
客服電話：886-2-8797-8396
公司傳真：886-2-8797-8909
匯款帳戶：華南商業銀行西湖分行 179100026931

印刷：維中科技有限公司
海瑞印刷品有限公司

No. N1060-5

國家圖書館出版品預行編目(CIP)資料

元史/(明)宋濂撰. -- 重製一版. -- 臺北市 : 中
華書局, 2020.11
冊 ; 公分
ISBN 978-986-5512-38-5(全套 : 平裝)

1.元史

625.701 109016937